Outdoor Learning in the Early Years

MANAGEMENT AND INNOVATION

Third Edition

Helen Bilton

幼儿园户外学习译丛

（第3版）

儿童早期户外学习

——————— 管理与创新

［英］海伦·比尔顿 ——— 著

罗丽 ——— 译

南京师范大学出版社

图书在版编目（CIP）数据

儿童早期户外学习：管理与创新（第3版）/（英）海伦·比尔顿著；罗丽译. — 南京：南京师范大学出版社，2022.1
（幼儿园户外学习译丛）
书名原文：Outdoor Learning in the Early Years: Management and Innovation (Third Edition)
ISBN 978-7-5651-5066-1

Ⅰ.①儿… Ⅱ.①海… ②罗… Ⅲ.①游戏课—学前教育—教学参考资料 Ⅳ.① G613.7

中国版本图书馆 CIP 数据核字（2022）第 000995 号

Outdoor Learning in the Early Years: Management and Innovation (Third edition) / by Helen Bilton / 978-0-415-45477-3
Copyright © 2010 by Routledge
Authorised translation from the English language edition published by Routledge, a member of the Taylor & Francis Group
All Rights Reserved.
本书原版由 Taylor & Francis 出版集团旗下的 Routledge 出版公司出版，并经其授权翻译出版。版权所有，侵权必究。
Nanjing Normal University Press is authorised to publish and distribute exclusively the Chinese (Simplified Characters) language edition. This edition is authorised for sale throughout Mainland of China. No part of the publication may be reproduced or distributed by any means, or sorted in a database or retrieval system, without the prior written permission of the publisher.
本书中文简体翻译版由南京师范大学出版社独家出版并在中国大陆地区销售。未经出版者书面许可，不得以任何方式复制或发行本书的任何部分。
Copies of this book sold without a Taylor & Francis sticker on the cover are unauthorized and illegal.
本书封面贴有 Taylor & Francis 公司防伪标签，无标签者不得销售。
著作权登记号　图字10-2018-316号

书　　名	儿童早期户外学习：管理与创新（第3版）
丛 书 名	幼儿园户外学习译丛
著　　者	［英］海伦·比尔顿（Helen Bilton）
译　　者	罗　丽
丛书策划	张泽芳
责任编辑	张　莉
出版发行	南京师范大学出版社
地　　址	江苏省南京市玄武区后宰门西村9号（邮编：210016）
电　　话	（025）83598919（总编办）　83598412（营销部）　83598312（邮购部）
网　　址	http://press.njnu.edu.cn
电子信箱	nspzbb@njnu.edu.cn
排　　版	南京文脉图文设计制作有限公司
印　　刷	南京凯德印刷有限公司
开　　本	787 mm × 1092 mm　1/16
印　　张	16.5
字　　数	308千字
版　　次	2022年1月第1版　2022年1月第1次印刷
书　　号	ISBN 978-7-5651-5066-1
定　　价	50.00元
出 版 人	张志刚

南京师大版图书若有印装问题请与销售商调换
版权所有　侵权必究

户外学习
是一个值得深入研究和实践的课题

"幼儿园户外学习译丛"是一套旨在介绍国外户外学习理念和实践的读物，都有良好的学习和研究基础，有较为系统的经验积累，产生了一定的社会影响。这些读物有以下几个基本特点：

一、高扬亲近自然的理念

对儿童来说，亲近自然是天性所使然。儿童天生具有趋近自然、发现自然和探索自然的愿望，这是儿童成长过程中不可或缺的经历，对于儿童自然经验和生态意识的形成具有重要的意义。消除儿童与自然之间的隔离，改变儿童自然缺失的状态，是世界儿童教育界的共识。为此，很多国家都进行了积极的探索，积累了很多有价值的经验。亲近自然是儿童内在的自然性得以彰显，儿童与自然世界形成呼应关系的过程。亲近自然是儿童与自然环境物理距离的拉近，也是儿童对自然环境探索、发现、表达的历程。亲近自然需要空间和时间，需要鼓励和支持。

二、强调自然学习的优势

户外学习打破了班级和幼儿园的空间限制。在不同的空间，不同的时节，儿童可以进入户外环境之中，进入一个更加开阔的世界，儿童可以接触更多事物，关注更多的现象，从日月星辰、风霜雨雪，到各种动植物的生长变化，再到大千世界中包含的各种关系。儿童在发现和比较的过程中与周围世界发生相互作用，从而加深对环境及事物的认识和理解。户外学习丰富和拓展了儿童学习的内容，充实了儿童的经验。此外，户外空间中儿童开展多样化的游戏活动，充分发挥自己的想象力和创造性，发展运动能力、创新能力和社会性能力等。

三、倡导自主探索的学习

户外环境中的学习是发现式、探究式的学习。儿童可以充分展现自己的天性，充分满足自己的好奇心和求知欲，动用多种感官，去观察、发现、操作、交往、感受和体验，去运动和游戏。这是全身心的学习，是在真实的场景中学习。户外学习符合儿童的身心发展规律和学习特点。儿童可以提出问题，也可以尝试解决问题，还可以得到成人的支持和帮助。户外学习已经成为儿童整个学习体系的重要组成部分，对于儿童好奇、专注、独立、坚持、乐于尝试等学习品质的形成也具有重要的作用。

四、确认成人儿童的关系

户外学习同样需要成人的支持和帮助。因此，儿童与成人关系的构建是户外学习有效性不可忽视的因素。成人对儿童的观察和理解是成人和儿童建立关系的基础，以儿童为本，推进户外学习，是各国户外活动实践中普遍认同的观念。在户外学习中，儿童的活动与成人的作用之间应该形成适宜的张力，成人的作用能鼓励和推动儿童的学习和探索，儿童的困难和问题能得到成人的支持和引导。成人参与而不限制，引导而不控制，对于儿童户外学习的开展非常重要。

五、承认冒险挑战的价值

喜欢冒险是儿童的特性。冒险经常与挑战联系在一起，但冒险是否值得，有赖于对冒险的风险评估。儿童的认识水平和经验还不足以判断风险，因此成人要发挥风险评估的作用，既要充分满足儿童的天性，激发儿童的探究精神和冒险经验，又要保护儿童身心免受伤害。这种平衡既是成人基于经验做出的判断，也是与儿童交流和讨论做出的判断。要关注冒险性活动的价值，要满足儿童冒险的愿望，也要关注儿童的身心健康和安全。

"幼儿园户外学习译丛"在不同的角度上很好地回答了这些问题，对于各地推进户外学习的研究和实践一定具有指导意义。我相信，我国的广大学前教育工作者和家长一定会在借鉴的同时，不断积累经验，深入反思，创造性地开创我国幼儿园户外学习的新局面。

虞永平

2021 年 7 月

内容简介

《儿童早期户外学习：管理与创新》第三版给我们提供了一个全面指南，以便为年幼儿童的学习创设有效的户外环境。经过全面修订，这一版本覆盖了儿童早期高质量户外学习的每一个方面，并且充分地阐释了户外游戏在儿童发展中的重要作用。

本书包括以下核心主题：

- 如何管理和创设户外区域
- 儿童从户外收获了什么
- 如何让儿童接受控制性的挑战
- 让工作和游戏变得有意义
- 户外设施如何帮助儿童发展自我调控能力
- 为男孩和女孩提供户外环境
- 支持户外取向的相关研究

本书适用于身处不同职业发展阶段的实践工作者。每一章节都包括与实践工作者持续发展有关的讨论和问题，并易于融入在职教育与高等教育等培训中。

《儿童早期户外学习：管理与创新》包含众多与儿童早期户外区域有关的想法和活动，并为专业人士提供了一个分析和创设户外设施与户外环境的框架。这本书是所有0—5岁早期保育教育（Early Years Foundation Stage，EYFS）[①]和（小学低年级）关键阶段1（Key Stage 1）[②]实践工作者、实习教师和他们的培训者/指导者的重要资源。

海伦·比尔顿（Helen Bilton）就职于英国雷丁大学（University of Reading）早期教育专业，并担任该校PGCE初等和早期教育项目的主任。

[①] 译者注：又称为"早期奠基阶段"或"早期基础教育阶段"（0—5岁）。
[②] 译者注：小学1—2年级（5—7岁）。

目 录

户外学习是一个值得深入研究和实践的课题   001
内容简介   001

导 论   001
    儿童与户外   001
    对户外游戏日益增长的兴趣   002
    户外活动的类型   003
    优质的户外活动   005
    本版介绍   005
    各章概要   007
    如何使用本书   007
    术语   008

第一部分   正确理解户外   011

第一章   户外学习的益处   013
    概要   013
    在户外的儿童   014
    环境影响   016
    新鲜的空气   019
    阳光和日照   022
    平和与安静   023
    身体发育、动作发展、锻炼和休息   023
    自由   029
    风险与挑战   030
    通过活动学习   033

第二章　教与学的环境　　　　　　　　　　　　039

　　概要　　　　　　　　　　　　　　　　　　　039

　　环境　　　　　　　　　　　　　　　　　　　039

　　组织与管理　　　　　　　　　　　　　　　　040

　　期望　　　　　　　　　　　　　　　　　　　041

　　时间　　　　　　　　　　　　　　　　　　　042

　　儿童自发的活动　　　　　　　　　　　　　　044

　　空间　　　　　　　　　　　　　　　　　　　046

　　教与学　　　　　　　　　　　　　　　　　　047

　　学习经验或挑战　　　　　　　　　　　　　　049

　　重新定义工作和学习　　　　　　　　　　　　051

　　工作和游戏的过程与成果　　　　　　　　　　052

　　游戏的重要性　　　　　　　　　　　　　　　054

　　游戏的连续统一体　　　　　　　　　　　　　056

　　分析游戏过程中的行为　　　　　　　　　　　057

　　游戏螺旋　　　　　　　　　　　　　　　　　058

　　支持性的游戏环境　　　　　　　　　　　　　059

　　精心设计的游戏　　　　　　　　　　　　　　061

　　成人参与　　　　　　　　　　　　　　　　　062

　　丰富的材料和多样的资源　　　　　　　　　　062

　　儿童掌控　　　　　　　　　　　　　　　　　064

　　他人参与　　　　　　　　　　　　　　　　　065

　　交谈和倾听　　　　　　　　　　　　　　　　065

　　拥有时间进行游戏　　　　　　　　　　　　　066

　　一个关于角色扮演的词　　　　　　　　　　　067

　　打斗游戏　　　　　　　　　　　　　　　　　067

　　谈论游戏　　　　　　　　　　　　　　　　　069

　　支持性的工作环境　　　　　　　　　　　　　070

　　精心设计和实施　　　　　　　　　　　　　　071

　　所有人参与　　　　　　　　　　　　　　　　071

教学谈话和教学行为　　072
　　充足的时间　　072

第三章　历史和国际背景　　075
　　概要　　075
　　影响　　075
　　小学里 5 岁以下的儿童　　076
　　对童年的兴趣　　077
　　儿童的花园　　078
　　户外游戏区域的消逝　　081
　　补偿教育　　081
　　学前班的兴起　　082
　　缺乏训练有素的从业人员　　083
　　向过去学习　　084
　　当前状况　　085
　　国际视野　　086
　　童年　　087

第二部分　让户外发挥作用　　091

第四章　户外教学与学习的指导原则　　093
　　概要　　093
　　室内和户外应被视为一个整体的环境　　093
　　室内和户外应同时对儿童开放　　094
　　户外和室内一样，应提前计划、管理、评价、收集资源、
　　布置，以及进行同步互动　　102
　　户外是一个教学与学习的环境　　103
　　户外设计和布置需要悉心规划　　105
　　户外游戏是儿童学习的核心　　107
　　户外给儿童提供了有效利用自己的学习风格的机会　　108

儿童需要丰富的器材和环境	108
儿童需要学会控制、改变、调适他们的环境	110
教师应支持儿童的户外游戏	111

第五章 学习经验/港湾 121

概要	121
户外空间的划分	121
空间与场所	126
灵活性	127
布局	128
从室内移到户外	129
材料	130
边界	132
供给的连续性	133
户外活动并非把室内活动挪到室外	134
户外课程	134
想象游戏	134
脚踏车	137
建筑、建构和积木游戏	139
粗大动作技能发展	141
精细动作技能发展	144
园艺活动	146
环境与科学探索	149
艺术、绘画和音乐等创造性发展活动	151
静思区	152
其他户外经验	153

第六章 儿童对户外环境的使用 158

概要	158
自我价值	158

自控力	160
学习品质	162
在室内和户外工作的儿童	166
性别	168
性别与户外	172
儿童在户外的玩伴	174
户外游戏和玩耍时间	175
视力障碍儿童对户外空间的使用	175

第七章 成人的角色 178

概要	178
计划与评价学习	179
"微调"	189
知道要寻找什么	190
成人的行为与性别	193
参加儿童游戏	197
技能的教授	201
与儿童交谈并倾听儿童	203
教师的部署	205
设置与整理	206
父母	208
支持性的学习环境，并非只是健康与安全	209
对实践的分析	212

第三部分 做出改变 217

第八章 打造户外空间的供给 219

概要	219
场地大小与布局	219
小型空间	220

大型空间	221
固定的设施	222
斜坡	224
天气	225
被覆盖的区域	225
地面	226
座位	227
外观	227
存储室	228
水龙头	230
设计师	231
小学的课间休息	231
让游戏时间发挥作用	235
有计划的小学课程与户外活动	237
参考文献	240
后　记	254

导 论

儿童与户外

儿童在户外进行游戏,是随处可见、由来已久的现象。在早期教育机构中,户外一直被视为是有存在价值的,并且幼儿园和班级都为儿童提供了安全的户外空间。户外区域是一个完整的学习环境,能够满足儿童的多种需求,包括认知、语言、情绪、社会性和身体运动等方面。在一年四季中,户外区域应该与室内教室一样每天向儿童开放。在户外,儿童享有空间、自由和新鲜的空气,并能把时间投入到他们目前正感兴趣的事物中。

每一位观察过年幼儿童的人都清楚,在大多数情况下,年幼儿童对当地的气候条件并不关心。不论晴雨天,年幼儿童都想去户外玩耍。即使是一个设备简陋、缺乏资源的户外区域,儿童也会迫不及待地想去那里:他们似乎天生就喜欢户外。或许年幼儿童是倔强的,又或许事实上他们本能地知道一些事情,即对于年幼儿童来说,户外是一个天然的学习和教学环境,且大多数儿童在户外感到安全和无所不能。在培训项目中,我让培训参与者分享他们自己童年时期在户外(如当地公园、自家花园、大街上或田野里)玩耍的经历,图0.1呈现了在一个近期培训项目中参与者回答的活动清单。值得注意的是,这个清单(或者参与者分享的其他活动清单)中有一些活动是有危险的,且一些参与者的确受过伤,但没有造成死亡。所有参与讨论的人都喜欢谈论他们的这些经历,在交谈中总是伴随着欢声笑语和乐趣。这些活动大多数使用了当时可利用的一些资源。在没有任何资源的情况下,儿童就会使用树叶和细枝等。这些活动所体现的创造性振奋人心,有一些游戏具有普适性并涉及儿童身心各领域的发展。这样的儿童早期户外游戏足够了,只需要把这类环境变成一个可以"控制"的地方,而非一个完全自由的领地;成人进行大量的榜样示范和解释说明,因而儿童能够理解什么行为是被期望的、什么行为是被允许的。除非成人非常有意识地努力尝试过,否则儿童会认为户外游戏只是简单地出现在小学的课间休息时间里,伴随着许多东奔西

挖泥巴	把杂草种在花盆里，然后卖掉
登楼	采摘树叶，并假装树叶是食物
点火	采摘花瓣，将其浸泡在水中制成
用酸奶罐收集柳絮	香水
在路边抛球	玩跳房子游戏
制作泥饼	铃儿响叮当
抓子游戏	缠绕花瓣
在塑料鞋上烧孔	浇湿地面以寻找虫子
搏斗	蹦跳
用水和洗涤液酿啤酒	球类游戏
乘坐独轮手推车	爬到树上挂绳子
制作陷阱	玩家庭和军队游戏
关闭道路并清洗	用沙/泥来建造村庄和道路系统
跳高	录鸟鸣声
猛击旧汽车的保险杠	静坐

图 0.1　成人在童年时期玩的游戏和活动

跑和适者生存的行为。这本身就很有趣，因为很多儿童如果没有哥哥姐姐，就没有机会提前见到小学操场的活动。

对户外游戏日益增长的兴趣

户外游戏的重要性不断地受到关注（DfEE 1996）。诸如"户外学习"（Learning Through Landscapes）等机构表达了明确的立场，并且政府在《户外学习宣言》（Learning Outside the Classroom Manifesto, DfES 2006）和《英国游戏》（Play England, Shackell et al 2008）等文件中展示了对户外游戏日益高涨的兴趣。虽然值得赞扬，但我对这些文件所体现的理解水平持有强烈的怀疑态度。例如，《英国游戏》中只有两张图片显示了儿童正在玩开放性材料；而在其他的每一张照片中，儿童都只能与提供的物体互动，与成人为他们创设的材料互动，而没有机会去改变和调适环境，这些都是负面的实例。有越来越多的半官方机构对游戏等主题武断地发表意见。当所有的图片都展示了固定的攀岩器材时，我再次强烈质疑：他们是否真正知道和理解什么是户外游戏？人们对游戏和户外活动重新产生了兴趣，但我们必须非常谨慎，确保他们知道自己在说什么，并警惕他们不会为了自身的发展而"劫持"这些概念。

幼儿园户外场地的重要性在英国政府于2000年9月颁布的《早期奠基阶段指南》（Early Years Foundation Stage Guidance）中正式确立，并于2008年5月在《早期奠基阶段法定框架：0—5岁儿童学习、发展与保育标准》（Early Years Foundation Stage Framework）中被再次确认。《早期奠基阶段法定框架》坚定地把户外设施和户外游戏置于5岁以下儿童早期教育机构的核心位置。在《早期奠基阶段法定框架》的文本中列出了户外游戏的参考文献，包括"支持儿童学习和发展的丰富多样的环境。让儿童有信心在安全且具有挑战性的室内、户外去探索和学习"（DfCSF 2008 Cards：3.3）和"游戏能巩固早期教育的所有内容，必须让儿童有机会在室内和户外开展游戏"（DfCSF 2008 Practice Guidance：07）。所以这并不是你喜欢去户外玩耍，而是必须去。这也意味着必须提供高质量的户外区域。我总是赞同："克服困难，抓住机会"或"有志者事竟成"。

户外活动的类型

户外活动有很多类型，但并非每一个都能代表高质量的户外供给。因而有必要揭示这些类型以保证我们确实是在提供高质量的户外活动。在我看来，户外活动可划分为六大类，但其中只有一类是真正的户外游戏和户外活动。

1. 小学玩耍时间：这是指儿童去操场上玩一段时间，通常是午餐后的15—20分钟（或更长时间）。儿童很少受到成人的监管，通常表现为无所事事。这是教师很少关注的地方，且他们认为这不是一个学习或教学的环境。然而，相反的是，儿童视其为进行社会交往和体育活动的场地，在这里儿童离开了成人，对他们来说，这个场地的活动时间可能比一日在校的其他时间更有意义。这个场地对儿童来说非常重要，是儿童与他人互动的场地。但这里有可能出现一些孩子主导，另一些孩子跟从的现象。玩耍时发生的事情会对课间休息后的事件产生很大影响，因为表现不佳的儿童会被教师"处置"，而未能解决的冲突问题也会蔓延到课堂上。在"嘈杂、混乱、无序、野蛮"（引自6—9岁儿童的原话）的气氛中，儿童常常会遭受不必要的伤害。这些并非是人们对高质量户外环境的期望。

2. 户外课堂：有些人用这个词来描述户外活动本身，然而，我倾向于用这个词来描述一个户外区域，这个区域是为容纳全班儿童或成人主导的活动（如讲故事、唱歌、上科学课）而创建的，儿童也可以自己使用这个区域。这可以是一个树屋、温迪屋、圆木圈、有藤架和边界的座位区或操场标识区等。它有明确的边界。这或许是一个高质量的户外区域，但并不是其全部内涵。

3. 利用户外特征：这指的是走向户外去发现、试验和讨论户外独特的特点，如天气、小野生动物和植物的过程。全班、小组或个别儿童都可以走进户外。这个活动可能是由成人主导、有特定的目标，也可能是由儿童主导的。这是优质的户外区域的一个特征，但仅仅因配有池塘或花园并不足以使其成为最佳的儿童早期户外场地。

4. 最近，政府文件《户外学习宣言》提出了"教室外的学习"（learning outside the classroom）这一说法，并把它定义为"使用教室以外的场地开展教学和学习活动"（DfES 2006:1）。这是指一个活动或一节课在户外进行，但并不是非要利用户外的特征，而只是单纯地想去户外活动，例如在户外开展数学活动或者讲故事。它也可以发生在外部人员参观一所学校或者儿童去参观其他场所时。尽管值得赞扬的是目前政府开始把户外学习视为儿童教育的一个重要组成部分，但如果他们认为这是户外的所有内容，那么他们就没有抓住要点。儿童早期户外环境只能算是整体的一部分，并不是这个宣言所暗示的附加部分。因而，高质量的户外活动应纳入这种做法，但仅仅把室内设备带到户外并不能构成高质量的户外活动。

5. 此外，户外设施的规划很差。据称，儿童可以在一天的特定时间里进行户外游戏，每一位儿童都应该去户外。然而随之出现的是"自行车热"这一现象。大家不惜一切代价去寻找和购买自行车。户外以骑着自行车的儿童为主，教师只是简单地回应儿童骑车转弯的要求或听儿童抱怨同伴的行为。教师把这段时间视为休息时间，因而并未计划学习活动，而是 20 分钟的户外活动结束时把自行车扔回车棚，然后这些自行车直到下周四才会再次被儿童使用。

6. "户外教学和学习环境"（the outdoor teaching and learning environment）描述了教与学相结合的环境，并涉及详细的规划和评估。这些户外区域拥有草坪和柏油碎石、隐匿处和开放空间、高低起伏的地面，以及资源和活动等。儿童能够控制和改变环境以促进他们的学习，同时，与感兴趣的、见多识广的成人一起工作。工作和游戏之间没有分割，也没有室内工作和户外游戏之间的层次划分。户外教室和使用户外功能都是户外活动，但并非仅凭此就构成了户外活动的全部。如果仅仅是玩耍时间，那么它就与儿童早期的高质量户外活动相差甚远。

优质的户外活动

当我写这本书的第一版时,有人认为"育苗圃或花园"(nursery garden)这个标题是不恰当的。我觉得这很可惜,因为当你把它描述为花园时你脑中会浮现一幅美丽、芬芳、有新鲜的空气、在草地放松或工作的画面。当我在优质的户外区域观察时,我看到儿童专注于正在做的事情,自信地追逐着自己的兴趣,热衷于自己正在做的事情,直到需要成人时才会注意到他们,表现出创造性和探索性。我会看到纷繁复杂的作品,无论是用木块、乐高积木、棒棒糖棒棒做成的道路系统,还是在树冠下建造的房子(用木块、钉子和板条箱做炊具和洗衣机,并用藤条做墙面)。这些活动将会持续下去,儿童的想法也将永远不会结束。还有其他儿童忙着挖土、浇水、扫地、修剪,全神贯注地做着他们手头上的工作。儿童需要成人做他们的玩伴、帮手或激励者。儿童会平等地与教师谈论他们当前的兴趣,从哪里种植胡萝卜种子,轮到谁除草或者如何将圆木固定在滑车上。无论是18个月大的婴儿,还是15岁的儿童,都可以与他们交谈这些。图0.2所呈现的就是这类场地开展游戏活动的一个例子。

本版介绍

本书于1998年首次出版,目前是第三版,这一版本保留了首次出版时的大部分内容。例如,这个版本仍然强调组织和管理的中心地位,若不正确地规划户外空间,就不能有效发挥它的作用;相比之下,这些内容在本书中得到了更好的体现。这一版本更多地讨论了"教学""学习"和"游戏",为反映这一理念,书名也发生了变化,即与室内环境一样,户外环境也是一个学习和教学的场所,且游戏是教学方法的一部分。这本书的每一章都包括照片、案例和讨论、问题与延伸活动这几个部分。这本书聚焦教育机构中的2至6岁儿童,但与那些在学校、家庭或其他环境中与较年幼和较年长的儿童一起工作的成人也是有关的。一名15岁的儿童可能仍然想扮演一个虚构的角色,例如战壕里的一名士兵,而非送奶工人。18个月大的婴儿也可以爬上设备,但需要成人的帮助,且要求成人有一双非常警觉的眼睛。我试图综合已有的研究,以便使其易于管理和发挥作用。

本书立足于儿童需要什么,而不是政府文件告诉我们什么或者如何实现最好的学

图 0.2　高质量的户外游戏

前期（EYFS）。本书以儿童为起点，讨论如何确保他们的需求得到满足。阅读列表已经更新，也保留了一些看似陈旧的、但仍然相关且可获取的参考资料。有些文献我阅读得更仔细，如怀特布莱德（Whitebread）、古拉休（Gallahue）和凯茨（Katz）的，因为我认为这些研究是极其重要的。

各章概要

本书由三大部分组成：第一部分是情景引入，第二部分是理论联系实践，第三部分关注场地的多样性。

第一章着眼于儿童在户外需要什么及能收获什么。我们必须相信所有这些户外的努力都是值得的。为什么不仅仅在室内开展教育呢？这就引出了一个问题，即我们所说的户外游戏是指什么。必须有达成一致的定义才能对户外游戏有共同的理解。第二章探讨教与学的环境，以及时间、空间、游戏和工作等重要术语及其意义。第三章关注幼儿园教育的根源，了解为什么幼儿教育是这样的，特别是为什么要给儿童提供户外经验，包括关于儿童和国际视角的讨论。

第四章介绍了十项户外指导原则，这些原则确保户外环境得到组织和管理，使其成为一个有效的空间。第五章描述了可以纳入户外环境的学习区域或经验。第六章考察了儿童在户外游戏和活动的情况，并挑选出一些重要的研究证据，提出了与核心技能和态度有关的建议。第七章聚焦成人在户外的角色，讨论了成人的行为及与不良行为相关的问题。

第八章侧重于改进实践及提出一些需要解决的关键问题。此外，还对小学玩耍时间和小学户外课程进行了讨论。

如何使用本书

读者可以根据自己的兴趣和需求自主选择阅读本书的内容。本书的目标读者是在任何环境中与任何年龄阶段的儿童，包括身处自家花园的与 9 岁儿童相处的成人。无论年龄和地点如何，原则和目标都是不变的。研究主要是来源但不限于学前阶段和小学阶段的儿童。这本书更加针对那些与 2 至 6 岁或 2 至 8 岁儿童一起工作的成人。

这本书既适合经验丰富的人，又适合新手。目录中的副标题能使读者明确地知道他们想要关注什么。每一章都有讨论和问题，这可以融入教师在职培训、进修培训或高等教育中。本书旨在为专业人士分析实践和发展户外活动提供一个框架，同时也旨在促进户外游戏，为提供户外学习场所加强论证。

术语

本书用了许多术语来描述这个区域,如"室外"(outdoors)、"花园"(garden)、"外面"(outside)、"露天课"(outdoor class)、"户外区域"(outdoor area)、"操场"(playground)和"院子"(yard)等。幼儿园教育的先驱们最初把幼儿园称为"花园",因为它被看成是儿童的花园,不同于郊区的花园、公园或小学的操场。随着时间的推移,受到小学和小学教育的影响,这个词变成了"操场"。在本书中,我最常用"户外游戏区域"(outdoor play area)、"户外空间"(outdoor space)、"户外区域"(outdoor area)、"户外环境"(outdoor environment)等词,有时候也会用"花园"(garden)一词。

早期奠基阶段(Early Years Foundation Stage,简称 EYFS)是指儿童 0 至 5 岁时期。英国的《早期奠基阶段指南》规定了这一阶段教育的基本原则,对不同年龄阶段儿童的发展期望,以及从业人员如何把理论应用于实践等。因此贯穿这本书的始终,我使用 EYFS 这一词来描述 0—5 岁儿童的保育教育。与此同时,我也会使用"幼儿园"(nursery)一词,它有两个含义:一方面,它是指当地政府资助的给儿童提供教育和保育的机构,通常是在专门的建筑物里,并配有教师和保育员;另一方面,自 1997 年以来,该词也被用于描述所有为 5 岁以下儿童提供服务的场所,比如操场和商业机构,这些并不是幼儿园创始人所设想的"真正的"幼儿园(这一点本书第三章会有更详细的讨论)。

想要户外游戏能够有效地帮助儿童学习,就必须以一种特殊的方式把它组织起来,本书为此提出了一些需要遵循的指导原则。教师要以让户外游戏发挥功能为意愿,对户外游戏的价值持有坚定的信念,并且要真正热爱户外游戏。离开了这些,指导原则就不能发挥作用。

讨论

我热爱户外游戏,但它必须是合适的。以下是我想体验的内容。

- 我会看到什么:儿童活跃在他们的兴趣中,独自玩耍,与他人(同伴和成人)在充满想象力的游戏,比如攀爬、建构、绘画、园艺、探索与发现中获得满足。不是轻轻掠过,而是长时间全神贯注,不管是在 2 岁还是在 16 岁。大量的天然材料,绝对不是色彩鲜艳的塑料。

- 我会听到什么:快乐的尖叫声,笑声(从你的肚子深处发出的笑声),有时除了车辆、飞机、鸟叫声外,没有其他的声音;有时在玩耍中大喊大叫,高声交谈。人们(儿童与成人)真的在交流,倾听彼此。
- 我会闻到什么:新鲜的空气,身体的汗味,有时是地面的潮气,地面扑鼻的热浪,废气味。
- 我会感受到什么(情感和身体上的):一种自由、幸福的感觉,震撼人心灵的手(儿童的手是如此美丽,他们一定是世界第八大奇迹),有时寒冷,有时炎热,呼吸在我的脸上(当我与儿童视线齐平交谈时),植物,泥土,沙子,水,以及在活动中逐渐疲惫。
- 我会品尝什么:可食用的植物,食品,饮料。

如果在户外,你和儿童看、听、摸、尝、闻这些东西,那么说明你做得很好;如果不是,那么是时候改善儿童的生活了。

第一部分
正确理解户外

第一章　户外学习的益处

概要

在户外活动会比在室内更困难，因为个体在生理上可能会更活跃，还经常要与户外的自然环境做斗争，也变得更警惕，更加注意身边可能出现的危险。专注于游戏和持续关注游戏开展的各种可能性是非常费神的。这一额外压力加重了大脑运转的负荷量。总之，户外学习既费力又费神。因而，我们很有必要为户外活动找个"好理由"。

首先，儿童有必须去户外的理由，因为户外有他们所需的事物，如新鲜的空气、灿烂的阳光。他们也要学会不惧户外，自然地视其为生活的一部分，就像水一样。在户外时，他们的身体会比在室内更活跃，也因此变得更健康。他们能够在轻松愉快、不惧威胁的环境中，通过游戏和运动两种适宜儿童的方式开展学习。布伦特项目（Brent Project）里的一位家长完美地总结了该项目是如何改善户外活动的，她描述道："我的孩子神清气爽地回家，一点也不沮丧。"（Bilton et al.2005）"沮丧"代表幼儿园户外时间安排得糟糕时儿童的感受，而"神清气爽"则意味着儿童体验到了高质量的户外游戏。

儿童会做许多我们盼咐的事，例如在卡片上贴绵纸、完成活页练习题、像无头苍蝇般在户外东奔西跑，但是会做这些事并不意味着这些事对儿童来说是适宜的。儿童喜爱垃圾食品和电视，但是这些并不适合儿童。就像凯茨和查德（Chard）所言："当把发展的标准维度和动态维度都考虑进去时，提这个建议似乎是合理的，仅凭儿童在年幼时能做某事并不意味着他们该做。"（1989:18–19）我们需要保护儿童，并且确保他们做年龄适宜和阶段适宜的事情，而非那些会损害他们发展的事情。对儿童（尤其是幼儿）来说，待在户外和参与有意义的户外活动是适宜的。我们无须证明户外比室内好，因为两者皆有裨益。户外是我们生活的一部分，并且它能使我们在生理、心理、身体和社会性发展等方面受益。它对我们身心都有益处。

关于游戏时间，佩列格里尼（Pellegrini）说过："一个长期以来就存在的对学校的批评是过于重视儿童的认知需要,却忽视了儿童的社会性和情感需要……对于我而言,学校的角色是教育良好的公民。良好公民应该是友好、合作的,且会识字、算术。确实,如果我们保证了儿童统一的识字和算术能力,却出现了高少年犯罪率,那么学校还能被视为是成功的吗?"(1991:234)

户外活动兼具教育性和社会性的经验。如果回顾简介部分中成人在童年时期玩的游戏时(见图0.1),你会发现其中有许多对话、协商以及学习。阿森(Aasen)和沃特斯(Waters)认为,虽然学习同时包含正式和非正式的成分,但是儿童的年龄越小,他们的非正式学习会越多(2006)。年幼儿童在"游戏、社会交往,以及日常活动与保育中"学习(127)。户外可以很轻易地提供这一切(见图1.1)。

儿童待在户外及参与我们现在所见到的、有意义的户外活动是非常有益的。

图 1.1　简单的户外游戏和团体玩具

在户外的儿童

已有确凿的证据表明,儿童在户外玩耍和停留的时间比以前要少。1985—1986 年,

21%的5—10岁的儿童独自上学；到2005年，这个比例下降到6%（Department for Transport 2002，2006）。在1971年的英格兰，80%的7—8岁儿童可获家长许可在没有成人的陪同下独自去上学；到1990年这个比例下降到9%（Hillman et al. 1990）。研究者同时参考了其他无人陪护的户外活动，包括过马路、乘公交、在路上骑车和天黑时外出。数据显示，1990年的英格兰儿童比1971年的儿童拥有更少的自由。但是有趣的是，研究者却发现1990年的德国儿童比英格兰儿童拥有更多的自由。

家长对儿童因车辆受伤或死亡的恐惧，使得他们限制了儿童离校时的户外游戏；对年幼儿童遭受诱拐或伤害的恐惧给了他们另一个不让儿童外出的理由。技术的诱惑，诸如电脑游戏和电子产品的诱惑，意味着除非家长确实有心把儿童赶到户外，否则儿童可以整天待在室内。城郊花园的"傲慢"会使一些儿童被拒之门外，因为他们被禁止破坏花园，而其他儿童则可能连他们自己的私人户外空间都无法进入。更讽刺的是，汽车给成人带来更多自由，却给儿童带来更少自由。对汽车的依赖使得儿童失去户外的经历。一些家长甚至没有给孩子穿上外套就把他们送到学校。儿童被带去参加有组织的活动，如踢足球、跳芭蕾、上体操课，但是在以前，他们会组织自己的比赛或自己动手。对于一些儿童而言，尤其是青少年，他们认为穿外套一点都不酷，而没有外套他们在户外很快就会觉得冷，所以他们开始讨厌在户外活动。一些成人强制儿童待在室内而不让他们去户外，因为他们觉得儿童在户外太过喧闹或会制造麻烦（Children's Play Council 2003）。一些儿童因对成人所提醒的所有危险太过忧虑而选择不去户外玩耍，他们觉得户外充满了危险（Thomas & Thompson 2004，Dillon et al. 2006）。以上所有证据告诉我们，相比以往，儿童在户外的时间要少得多，甚至有一些儿童与户外格格不入。

有研究者设计了一项全面且严谨的研究项目，该研究使用日记、问卷、活动监测仪和全球定位系统等方法和工具收集了8—11岁儿童在当地开展独立运动的数据（Mackett et al. 2007）。该研究发现：

- 除了参加有组织的活动之外，相比女孩，男孩被允许参加更多的旅行活动；
- 那些被允许外出而无成人陪护的儿童事实上比禁止外出的儿童去过更多地方；
- 在那些被允许外出而无成人陪护的儿童中，三分之二的儿童会在周末有三个多小时是待在户外的，差不多一半的儿童在平时也会有三个多小时待在户外；
- 那些被允许外出而无成人陪护的儿童会表现得更活跃；
- 那些被允许外出而无成人陪护的儿童更可能去拜访朋友；

- 当无成人陪伴时,儿童会走得更慢些;尽管走得慢,男孩们会消耗更多热量,因为他们会进行随机的、时而转弯、时而加速的运动,这是他们走路的方式,且他们喜欢嬉戏打闹;
- 当没有成人陪伴且与同伴一起走时,女孩走得最慢,这可能是由于她们比男孩更健谈。

无成人陪护下步行去学校这一类活动是很有益处的,可能其中一些是我们未曾考虑过的,包括社会化、更高水平的活动、参观更多地方和拜访更多人。关于步行去学校的研究表明了仔细研究儿童的重要性。我们可能会觉得儿童仅仅是走路上下学,这并没什么特别的。但是研究显示,"在微观层面上,儿童的表现不尽相同"(Mackett et al. 2007:11),例如儿童上下学走路的方式不同,男孩和女孩走路的方式不同。儿童在上学的路上会比放学回家时做更多回旋运动,很可能是因为晚上回家时他们太过疲劳。男孩比女孩更喜欢蹦蹦跳跳和四处转,可能是由于他们更活泼,也更热衷于嬉戏打闹。鲜有机会在无成人陪护下上学的儿童会变得更不活跃,拥有更少的机会和朋友待在一起进行交流,也更少有机会游历许多新地方以开阔视野。虽然我们关注的是年幼儿童,但是这个研究带来的启示是:儿童的行为表现是不同的,非常具体且受环境的影响,我们必须去观察而不是假设。另一个启示是:我们需要确保儿童尽可能多地待在户外,因为他们远离成人的机会越来越少。

环境影响

我们发现所处的环境会对我们产生不同的影响。环境是指任何空间,包括房间、走廊、树林、田地、街道等。例如,到地下乘坐伦敦地铁是在体验一种环境,有人喜欢,也有人不喜欢。询问任何一组人,我们都会发现有些人享受地铁系统带来的便利及熙熙攘攘的氛围,也不排斥遇见形形色色的乘客;而有些人则认为地铁是瘆人的,给人带来被禁闭的厌恶感,以及与陌生人过分靠近的不自在感。这是同一个环境对不同人的影响。类似地,待在户外对不同儿童的影响也是不同的,他们在户外的行为举止是不同的,也会做不同的事情。有时一种环境对一些儿童的影响要远大于其他儿童。

我们可以说儿童无须外出，但是如果我们看了布莱克默（Blakemore）和弗里斯（Frith）所写的经典著作《学习的大脑，给教育的启示》（The Learning Brain，Lesson for Education 2005），我们就会发现，他们的研究证据证明不能否认环境对儿童的影响。这本书关注大脑如何及在何时学习，并且考虑了科学研究对教育政策和实践的启示。他们认为：

- 教养和天性共同促成人的发展；
- "被剥夺"的环境永远对大脑的发展是不利的；
- "没有证据表明过分保护有利于大脑的发展"（见第35页）；
- 虽然"在某种程度上可以弥补错失的发展良机"（见第36页），但是无疑遵循学习敏感期会有更好的效果。

如上所述，儿童需要全方位的体验，户外活动作为人类的一部分，也应该成为儿童经历的一部分。如果我们拒绝让儿童去户外，那么我们为他们提供的就是一种"被剥夺"的环境。允许儿童玩耍并不意味着他们会失败，实际上，过早用事实和技能填满儿童的小脑袋才不利于他们的成长。儿童需要特定的方式去满足特定时期的发展需要。正如特热沃森（Trevarthen 1994）所说，激发好奇心的敏感期大约发生在4岁左右。我们需要确保以一种发展适宜性的方式对待儿童。最后，户外为我们提供了另一个场所，我们可以观察儿童并了解他们可能遇到的（尤其是视听上的）困难。正如作者所言，我们越早发现儿童所遇到的问题，我们就能越快实施补救措施，并且使一切重回正轨。

从第三章内容可见，户外一直被视为让人恢复精力的环境。"修道院曾有疗养花园"（Bird 2009:22），富人在极美的花园里散步和骑马，海边成为回春圣地。20世纪30年代的铁路海报上印着"斯凯格内斯（英格兰的海边小镇），令人精神焕发"。在维多利亚时代晚期，大众交通的廉价和闲暇时光的增多使较富裕的工薪阶层和中下阶层一样能拥有海边偷闲时光，远离城市的病态。公园也由此而变成了城市的肺：

> 维多利亚公园位于伦敦东区。它的形成并非出于环境因素的考量，而是由于贝斯纳尔格林区的生育、婚姻和死亡登记记录。这些记录显示，过度拥挤、不洁的环境和受污染的空气使贝斯纳尔格林区的人口死亡率远高于伦敦的其他区域。（Bird 2009:22）

维多利亚公园建于 1850 年。汉普斯特德公园（Hampstead Heath）是伦敦人逃离工厂和贫民窟的一处散步圣地（Martin 1974:62）。大海、泉水和温泉浴场吸引着人们。如今，这些地方游客依然络绎不绝。户外对儿童大有裨益。博尔德（Bird 2009:22）指出了自然环境的强大效用：

儿童变得不那么活跃，能更好地集中注意力，更独立地玩耍并保持平衡。唯有能自由地在溪涧和林间嬉戏，12 岁以下的儿童才能发展出与大自然连接的终身能力。但是 12 岁以后，培养效果大不如前。

户外	室内
"看着我"	"看我已经完成的作品"
变化的环境	稳定的环境
更加自由和更少限制	受控制的
不同的互动	
开放的	封闭的

图 1.2　室内和户外的区别
资料来源：Stephenson 2002

斯蒂芬森（Stephenson 2002）调查了新西兰某地室内和户外的关系，并描述了图 1.2 所列的四项主要差异，这些区别也许并不适用于英国，但重要的是在不同空间中，儿童和成人的视角及行为是不同的。因而，成人与儿童对户外的需求也是不一样的。在户外，儿童通过身体动作引起成人注意，但是在室内，儿童想要成人看他们的作品。在户外，儿童更专注于长时间的活动，例如在沙子里建房，他们的身体变得更活跃，进行着更多的运动。斯蒂芬森也指出了年龄差异，小童倾向于使用更固定的工具，而大童更喜欢四处奔跑。户外是一种变化的空间，拥有变化的"温度、光线、运动、颜色、气味和质地"（2002:31），因而儿童接触的事物更多。斯蒂芬森发现户外发生的变化比室内更多，相较于室内更稳定的环境，户外对儿童来说是很好的平衡。室内比户外有更多常规，户外的规则比室内的更宽松。相比室内，在户外制造噪声更易被人接受。在室内，我们更关注具体的结果，如完成拼图；但是户外则是去结构化的，关注未知的结果，接受开放式的游戏。发生在户外的材料运送在室内能看到，而这一行为能有效地帮助儿童形成运输图式。不同空间内的教学方式也存在差异。由于我们在户外可以进行更多动作技能教学，所以户外适合实施更多指导性教学。这一特色是室内所不具备的，因为在室内，教师进行教学，但是不必示范类似踢球的技能。在户外，更多儿童尤其是混龄儿童更倾向于一起玩耍，但是在室内时却并非如此。总体上，这种差异被归结为户外是"开放的"，而室内则是"封闭的"。户外是：

一个可以被形容为"开放的"环境；开放意味着接受以及较少的控制，包含变化和不可预测性，但也意味着缺乏围墙和院墙庇护的安全性。两者结合在一起形成了一种既拥有动态开放，又存在不可预测性甚至有风险的环境。（Stephenson 2002:37）

因此，很明显地，待在户外有多种多样的好处。

格兰等人（Grahn et al.）对丹麦学前教育进行了研究，"比较了很少或从不待在户外的幼儿园中的儿童和每天都在户外停留很长时间的幼儿园中的儿童"。结果显示，具有更多户外经验的儿童表现出更好的"专注力、游戏技能、创造力、运动能力和控制力"，同时"这些儿童更少出现感染和过敏的症状"（引自 Williams-Siegfredsen 2005:5）。虽然笔者尚未看过该研究的方法部分，但是该研究中的证据却是令人信服的，是否接触户外的确能产生差异。丹麦经验最突出的地方在于大多数儿童都有着某种形式的自然或森林体验，这种与自然世界的联系是最重要的。

这样的学习环境必然是一种能够激发儿童潜力的环境，而非"被剥夺"的环境。

新鲜的空气

所有人都需要氧气来维持生存。在任何有人的房间内，二氧化碳和热度都会不断累积。待在拥挤的房间里不利于个体正常工作、思考，也不利于保持良好的身体状态。所有人都需要外出以保持健康和警醒。

雷丁大学的德里克·克莱门茨－克鲁姆（Derek Clements-Croome）教授关注教室的二氧化碳和热度与儿童表现之间的关系，其研究结果表明，许多教室的环境非常不利于健康。接受调查的教室的二氧化碳含量是推荐的均值水平（百万分之 1 500 的二氧化碳含量；Building Bulletin 101，2006）的3.5倍，这会导致教室过热。该研究在八所小学开展，主要监测学生的反应时间和记忆力，"当二氧化碳含量非常高时，学生的反应时间变长，记忆力受到影响，学生们也变得昏昏欲睡"（Clements-Croome et al. 2008）。尤其是当学生需要表现复杂技能时，糟糕的空气质量所带来的负面影响更加明显。研究也凸显了其他与高二氧化碳含量相关的健康问题，包括头痛、晕眩、昏睡和呼吸困难。根据我的教学经验，我同意这些研究结果，因为我经常发现自己被困在闷热和烟雾缭绕的房间里，里面的学生满脸通红且表现不安。我只能用令人厌恶这个词来形容发臭的、腐旧的和潮湿的环境。克莱门茨-克鲁姆教授和他的同事表示：

- 应优先保障教室空气质量；
- 所有教室都需要充足的新鲜空气；
- 需要通过某种方式持续监测教室内的二氧化碳含量和热度水平。

他推荐平均每人8升的通风率（Bako-Biro et al. 2008），"一项对室内空气质量、通风和建筑相关的健康问题的300多篇同行评议文章的分析显示，许多教室通风不足，这被认为是生病的主因"（Clements-Croome et al. 2008:362）。相比于成人的工作环境，教室内的人员密度相当高：教室内每人1.8—2.4平方米，而办公室内每人10平方米（Clements-Croome et al. 2008）。最后，研究表明，即使仅用15分钟，室内二氧化碳的含量就已达到有害健康的水平。在午休前，教室内的二氧化碳的含量是最高的。由此，笔者建议如果教室得以通风，且空气质量得以改善，那么教师的工作表现将更佳，类似地，教室里的儿童的表现也更优。这给实践带来如下启示：

- 教室需要通风，而不是最终成为桑拿房，使得教室里的人缺氧；
- 考虑到教师经常会忽略这一问题，监测空气和热度的系统亟待建立；
- 儿童可以讨论他们是否感到过热，以及自由移动以便使自己感到凉爽，或打开窗户；
- 每天，我们需要多次开关教室的窗户和门，使得室内空气得以流通；
- 儿童和教师定期去户外活动应成为每日常规，这对通风条件不好的教室尤为重要。

在讨论过室内空气质量之后，我们需要探讨疾病和新鲜空气之间的关系。一些家长以孩子得了感冒或者不想让孩子感冒为理由限制幼儿园里的孩子外出。感冒病毒不存在于新鲜空气中，而存在于我们体内。所以新鲜空气不会使儿童得病，寒冷或许会使儿童生病，但是待在户外本身却不会。

2005年，加的夫（英国一座港口城市）的普通感冒中心做了一项研究，让90名学生的双脚浸泡在冷水中20分钟，结果发现，受冻组在接下来5天里的感冒人数是控制组的两倍。这说明，当感冒在群体中传播时，一些病毒携带者尚未显现症状，但是如果他们受冻，感冒症状就会出现。研究发现双脚受冻导致鼻子里的血管收缩，这会抑制鼻子的免疫反应和防御，从而引发病毒繁殖，进一步导致感冒。受冻的人认为他们是因为受冻而得了感冒，但是实际上病毒早已在鼻腔中，只是尚未发作而已（Eccles 2008）。

这项研究进一步论证感冒是季节性的，很多人在冬季患感冒。一种理论对此的解释是冬天的低温使我们的鼻子受冻，进而降低了我们抵御传染的免疫力（Eccles 2002）。同时也有证据表明感冒病毒通过受污染的物体表面进行传播，例如在触碰自己的鼻子之后，感染者再触碰门把手、其他人和其他物品（Gwaltney et al. 1980）。最后，该研究显示，接触感染的时间越长，患病的概率就会越大。这也就是为什么很多人在乘坐长途航班之后容易感冒，因为航班上长时间的近距离接触使病毒成功窜进了一些乘客的体内。

那么，以上所有证据对实践的启示是什么呢？

- 儿童不应该受冻，他们需要穿得暖和，尤其要注意脚部、手部和头部的保暖；
- 儿童需要注意在冷天保暖鼻子，所以戴围巾或巴拉克拉瓦盔式帽（balaclavas）是个好主意；
- 儿童和教师必须勤洗手；
- 我们必须经常清洁设备、家具和玩具 / 材料；
- 儿童不能被困在闷热不透气的室内；
- 儿童和教师每天都需要长时间待在户外，以防细菌有机可乘。

1914年，英国保育学校运动的发起者玛格丽特·麦克米伦（Margaret McMillan）明确提出，如果儿童待在户外，他们将会更健康且不太可能患病。本书第三章有相关描述。第一次世界大战期间及20世纪三四十年代，许多地方当局采纳了这一理念，由此，露天学校得以建立以便帮助贫困儿童。有人认为，如果这些儿童能获得有营养的食物、休息、锻炼和新鲜空气，他们的健康和力量就会恢复。这些生病的儿童大部分时间待在户外，待在有充足新鲜空气的地方，甚至在户外休息。一战时被构想出来的赫尔露天学校就是这样一所学校。市议会通过政府贷款买了一块地，从 1931 年起，患有营养不良、哮喘以及结核病和贫血的儿童送到这所学校。儿童经常穿着外套、戴着手套在户外上课；儿童花大量时间在户外积极地活动，如参加园艺、体育活动或游戏（Booth 2008）。这所学校共开放了 270 天。现在，人们仍然相信只要给予儿童有营养的食物、充分的休息、锻炼和新鲜空气，他们就会变得健康。参与比尔顿项目（Bilton et al. 2005）的一所学校证实了这一信念，他们发现长时间待在户外减少了学生感冒发烧的概率，甚至连一名患有严重哮喘的学生也没再频繁发病。

我们不能让家长命令孩子是否待在户外。如果儿童穿得很暖并且待在一个有氧的环境中，他们能够集中注意力并有效地学习，且不会得病。所以，待在户外不应该是一个可能性事件，而应是儿童每天都需要经历的必然事件。

阳光和日照

待在户外的另一个重要原因是我们能感受到光。没有阳光，尤其是冬日只有 8 小时日照的情况下，人类无法过得好。维生素 D 调节人体内钙和磷酸盐的含量，而这两种物质对于健康的骨骼至关重要。但是，皮下维生素 D 的激活是对阳光的回应，因此，我们需要依靠接触阳光来激活维生素 D。虽然格拉茨医科大学的哈拉尔德·多布尼格博士（Dr. Harald Dobnig）研究的是老年人，但是他发现人体缺乏维生素 D 与过早离世的风险存在联系。该研究显示，维生素 D 对于身体总体健康情况（包括健康的骨骼）十分重要，维生素 D 的缺乏与由于心脏疾病以及其他疾病引发的死亡有关（Endocrine Society 2008）。

在过去，儿童因缺乏维生素 D 而患上佝偻病，缺少光照而无法激活维生素 D 使病情无法得到缓解。如今，我们应该让儿童尽量外出，在没有防晒霜的保护下，他们每天接触 10—15 分钟的日照就足以激活他们体内的维生素 D。这有助于童年期和成年期健康体魄的形成，强化骨骼，预防骨质疏松，降低患癌症、动脉堵塞和心脏病的风险（Fletcher 2008）。莫尔等人（Mohr et al. 2008）发现缺少阳光照射会增加患肺癌的风险。维生素 D 能刺激抗癌化学物质的释放，这种化学物质与体内的钙相结合，会形成一种能与癌细胞紧密联结的胶质物，以便抑制癌细胞的分裂，进而阻止其对身体的感染。该研究中有证据显示，当癌症开始形成时，维生素 D 可能使这一过程变缓。

海斯庄等人（Heschong et al. 2002）在有关美国两个区的小学生的研究中发现，"总体上，相比日光照射最少的教室里的学生，日光照射最多的教室里的学生的学习效率提高了21%"。该研究表明，日照对学生的学习有着积极的影响。

因为维生素D的激活并不需要太多的日光照射，所以儿童需要在户外接触太阳，或至少在白天时待在户外，以促进现在和将来的身体健康。这意味着除非碰上极端恶劣的天气，儿童每日都需要外出，而不仅仅只在夏天时外出。

平和与安静

教室可能是相当嘈杂的地方，操场也一样，但是这对儿童来说重要吗？谢尔德和多克雷尔（Shield and Dockrell 2008）发现，无论儿童是待在室内还是户外，过量的噪声会对儿童产生有害影响。这种影响对有特殊需求的儿童更为明显。在室内，背景噪声对儿童的影响最大；在户外，个体活动所产生的噪声对儿童影响最大。这意味着需要减少室内外的噪声。许多吵吵嚷嚷的儿童汽车四处乱转，这并不能促进儿童学习。此外，我们需要更仔细地思考待在教室外的情况。

多克雷尔（2009）建议可以通过隔音措施（如屋顶的瓦片）以及扩大室内空间来降低噪声。她发现降噪确实会对儿童的拼写、阅读理解和阅读速度产生积极影响。她还发现采取隔音措施后，儿童举手的次数下降了，这表明儿童举手并不一定是由于不理解，有时也可能因为他们听不清授课内容。

身体发育、动作发展、锻炼和休息

身体发育并不仅指儿童变得更大个，而是有关儿童的成长、发育和成熟。正如比尔顿（2004a: 6）所言，成长、发育和成熟的表现如下：

- 成长——身体一天天长大；
- 发育——身体每时每刻在变化，以至于身体各部位更有效地协调工作；
- 成熟——身体发育越来越接近成人的状态。

即使在某种程度上这些过程都将发生，但是支持性的环境（其中之一就是户外环境）有益于儿童的成长、发育和成熟。通过经常运动，儿童学会完善和改进动作技能，发展协调能力、平衡感和身体意识。体育锻炼有助于强化肌肉，提高肌肉耐性，增加骨骼密度和灵活度，以及改善心肺功能。博尔德声明经常运动"有助于降低血压、产生有益胆固醇，输送更多氧气至心脏和肌肉，以及维持关节健康和免受病痛"（Bird，2009:21）。邓巴联盟全国健康调查（Allied Dunbar National Fitness Survey）证实了不同年龄组实际的活动量都很少，而个体前期参加运动和身体反应情况与呼吸急促、心绞痛以及心脏病的发生率明显相关（Sports Council 1992）。该研究发现，随着社会经济地位的变化，研究对象的活动水平也大不相同，总体上，较低的社会经济地位伴随着更少的运动量。一项针对10—16岁儿童的研究发现，英国儿童很少参加强力持续的活动，而这类活动能优化他们的心肺适能（Armstrong and Bray 1991）。美国骨质疏松学会发现，锻炼和优质钙的摄取是预防骨质疏松的两大关键，这对幼小的儿童来说尤为重要。但是，他们还指出这种情况并没有发生在儿童身上（Edwards 1992）。威尔士议会于2005年公开了锻炼和运动的政策。这一文件重申了十三年前邓巴联盟的研究发现，作为不活动的后果，"太多人处于亚健康或不健康状态，太多的人也因而过早离世"（Pugh 2005:14）。该文件规定了一些有关运动和体育活动的优先事项，包括威尔士需要"最大程度发挥运动、体育活动和自然环境的协同作用"，以便确保"公民更加健康和长寿"，拥有"更精通体育"的人民和"更精力充沛的团体"（Pugh 2005:5-6）。该文件声明，锻炼能减轻压力，并且使人们感到更快乐和自信，具体措施包括"在日常生活中渗透体育活动""鼓励把游戏作为健康发展的重要组成部分"，同时视这些措施为"个体发展"的一部分，认为"身体素养的习得与发展读写和算术能力同样重要"（Pugh 2005:18）。

布莱克默和弗里斯的研究将成人活动与身心健康联系起来，指出锻炼"可能增强大脑机能，改善心情和促进学习"（Blakemore & Frith 2005:134）。他们指出锻炼实际上能影响大脑中改变心情的化学物质，因而锻炼也被作为一种治疗抑郁和心理健康问题的手段。首席医疗官表示，"经常活动能起到与服用药片相同的抗抑郁功效"（Bird 2009:21）。心理疾病的患病率在日渐增加，世界卫生组织因而指出抑郁将成为全球范围内不健康的第二大主因。类似地，对于健康的老年人及那些身患中风和头部受损的人来说，"日常体育活动提高学习效果和整体心智能力"（Blakemore & Frith 2005:136）。锻炼能使个体情绪高涨，减轻焦虑和提高自尊（Gruber 1986，Calfas & Taylor 1994，

Fox 1996）。动作不协调的儿童往往缺乏自信，表现不佳，书写杂乱。为存在动作协调问题的儿童提供结构化的体育项目不仅使儿童提高了动作技能，增强了毅力，也使他们在体育和一般的班级活动中变得更加自信（Stewart 1989:32）。

锻炼是常态，我们应该锻炼。锻炼能使大脑更有效地学习，"通过增强血细胞吸收氧气的能力，锻炼不仅强化肌肉、心肺功能，也能改善大脑机能"（Blakemore & Frith 2005:136）。这些发现来源于英格兰的一项研究，该研究发现，相比不锻炼的儿童，在接手必须完成的学习任务之前，锻炼过的儿童更干劲十足，也更有能力完成任务。在综述许多有关特殊儿童认知机能和锻炼关系的研究之后，普劳曼（Ploughman）得出结论，由于特殊儿童不太活跃，所以这有碍于他们认知机能的提高。观察动物之后，他认为学习能力和记忆力是通过活动提升的。"在临床案例中，锻炼增加涉及执行处理的脑容量，提高脑瘫儿童的知觉，增强阅读困难儿童的语音技能"（2008:236）。戈达德－布莱斯（Goddard-Blyth 2000）认为那些不经常外出却长期沉迷于电子产品的儿童会遇到许多问题：

这些儿童面临未来患有学习困难、行为问题和社会性问题的风险，而造成这些问题的不是由于儿童智商不够，而是当他们上学时，这些儿童学习所依赖的基础系统没有完全到位。注意力、平衡感和协调能力是他们今后学习的重要基础。（Goddard-Blyth 2000:23）

我们必须确保这些儿童的基础系统到位。

有趣的是，戈达德－布莱斯认为，适度而非激烈的锻炼最为有益，因为后者实际上可能会带来压力。"很明显，适度的体育活动对于大脑高度可塑的年轻人来说是重要的，对身体残疾的年轻人尤为重要。"（Goddard-Blyth 2000：237）杰戈（Jago 参照 Blair and Connelly 1996，the Health Education Authority 1998）在考虑儿童应该做多少体育活动时指出，"最近的科学证据和'专家意见'……普遍认为重复的、中等强度的锻炼可以促进儿童的健康"（Jago 2002:43）。福格勒（Vogele 2005）回顾了许多研究证据，他得出同样的结论，即适度而不激烈的活动可以保持健康。莫夫托夫斯基和扎克考斯凯（Mostofsky & Zaichkawsky 2006）研究了锻炼和运动如何缓解慢性疾病及人们如何积极回应计划周全的锻炼项目以便改善自己的健康状况。这些研究传递出的信息是，无论儿童还是对成人，运动和锻炼至关重要。

但是，我们必须确保我们把锻炼作为生活的一部分，而不是一种发生在指定地点（如健身房）的事情。博尔德（2009）认为，锻炼不是有意要去健身房和使用跑步机。当你看到出游的人们，无论是在溪流中的儿童，还是户外徒步的成年人，他们不是为了保持健康而做这些事，而是因为享受有趣的过程才做这些事。锻炼应该发生在我们的日常生活里，而不是因为它是我们养生的一部分而不得不为之。在过去，我们很健康，这是因为我们别无选择，我们不得不步行至学校，不得不使用手动割草机割草，不得不用手拧洗衣服。节省人力的设备的诞生带来了改变：我们只需要把衣服扔进机器里而无须手拧；我们使用电动割草机而无须锻炼手臂肌肉群。随着这些改变，我们健身和运动的方式也发生了变化，大量涌现的健身俱乐部从某种程度上使最初的日常锻炼转变成一种选择性生活方式的健身。在某种程度上，这种情况也反映在学校里，那就是希望儿童参加锻炼课程。但是这些锻炼课程本身并不能使儿童保持健康，这是因为儿童需要保持身体的活跃，需要促进"全身运动"（Jones 1996:52），需要经常积极活动。学校将体育和其他活动分开已经使得身体和心智的发展分离，就如同心智需要在教室里才能得到发展，而身体发展则需要通过体育课。伯曼（Boorman）认为"认知、身体和情绪是协同发展、互相促进的"（1988:232）。体育活动需要渗透到各项活动中并带动全身心的发展。所以，儿童待在户外的益处是他们可以自由积极地活动，无论是拉车还是挖泥巴都能使他们从诸如看电视或玩电脑游戏的久坐活动中脱离出来。"儿童应该拥有以前人们所拥有的在安全环境下游戏和锻炼的自由"（IOTF 2002:28）。在没有任何压力的情况下，他们表现活跃，同时进行锻炼。

"全欧洲的肥胖率以惊人的速度增长。这形成了一种全欧洲的地方病，成为预防慢性非传染性疾病的主要障碍。"（IOTF 2002:3）"全世界，超过 2 200 万的 5 岁以下儿童体重严重超标，类似的情况也发生在 15 500 万的学龄儿童身上。欧盟有 1 400 万的超重学龄儿童，其中有 300 万的儿童达到肥胖。每年欧盟中超重儿童的数量正在以 40 万的速度增长，其中有 85 000 名肥胖儿童。"（BMA 2005:8）1997 年，9.6% 的 10 岁以下儿童是肥胖儿童，截至 2003 年，这一比例上升至 13.7%，相当于每 7 个儿童中有 1 个是肥胖儿童。每 10 个儿童中有 9 个会成为电视迷或"沙发土豆"（Couch potato）[①]（Cunningham 2006:242）。

最后，儿童参加体育活动也反映在他们成年后的体育活动参与中。如果儿童不参

---

① 译者注：沙发土豆（Couch potato）指的是长时间坐在沙发上看电视的人。

与体育活动，那么等成年以后，他们也不太可能会参与体育活动：

强有力的证据表明，体育活动的质量有持久的影响力：当学生在离校时对体育和自身能力怀有积极的态度，他们成年后更有可能进行体育锻炼（BMA 2005:23）。

言下之意就是儿童需要参与全身活动，这并不仅限于运动，也包括走路和游戏中的移动等活动。杰戈（Jago 2002）调查了小学里的锻炼，他认为通过游戏时间的活动，儿童已经在很大程度上满足了健康教育局（Health Education Authority 1998）建议的儿童每天参与1小时身体活动要求。杰戈发现，通过增加所有参与者（包括所有成年人）的知识，确保充分的时间和空间，儿童能够也确实增加了参与体育活动的时间，不过，男孩比女生表现得更活跃。所有儿童都需要机会参与充满活力、中等强度的活动，这带来的身心益处将在他们的成年期持续。拥有健康生活方式的儿童一般也会变成身心健康的成人。欧洲健康促进学校网络(The European Network of Health Promoting School)这一研究项目，正在使若干学校参与一项健康课程，从而达到促进社区公民健康的目的。

同锻炼一样，儿童也需要休息，儿童不仅夜间需要有充足的睡眠，日间也需要休息时间。锻炼、健康、能力和睡眠是相互联系的。成人每晚平均需要7.5小时的睡眠，儿童则需要更多睡眠时间（见图1.3）。学前儿童平均所需的睡眠比我们想象的要多。最重要的是，人类和动物的相关研究显示，睡眠对学习有重要影响，白天学到的东西可以通过睡眠进入长期记忆。睡眠提高活跃水平，并且"有可能促进学习、决策和创新"（Blackmore & Frith 2005:173）。国家课程的实施，宣告学生（尤其是3—5岁的儿童）午休制度的终止。我们需要在所有学前儿童学习的场所恢复午休制度。这不是因为午休能避免家长接到劳累一天、昏昏欲睡的孩子，而是因为儿童需要通过休息来恢复精力。"睡眠时大脑的重新激活反映了对任务起重要作用的神经元连接的强化，如此一来，这些连接使得新技能得以进入长期记忆。"（Blackmore & Frith 2005:175）在笔者所引用的研究中，研究者发现人们完成任务的能力会随着时间的推移而退化，但是适当的小憩能够提高完成任务的能力。有研究表明，睡眠不足会激发与饥饿感有关的荷尔蒙的分泌。在一项对成人的研究中，仅有5小时睡眠的参与者体内的相应荷尔蒙比拥有8小时睡眠的参与者高出15个百分点。睡眠越少，越会感到饥饿，并因此吃得更多。睡眠也与锻炼有关，因为如果你在醒来时或在白天感到疲劳，那么你不太可能会很活跃且想要进行体育锻炼。我们生活的方方面面都是彼此联系的。

米尔庞德（Millpond）儿童睡眠诊所建议不同年龄阶段适宜的睡眠时长	
一周 ● 日间：8 小时 ● 夜间：8.5 小时	五岁 ● 夜间：11 小时
四周 ● 日间：6.75 小时 ● 夜间：8.75 小时	六岁 ● 夜间：10.75 小时
三个月 ● 日间：5 小时 ● 夜间：10 小时	七岁 ● 夜间：10.5 小时
六个月 ● 日间：4 小时 ● 夜间：10 小时	八岁 ● 夜间：10.25 小时
九个月 ● 日间：2.75 小时 ● 夜间：11.25 小时	九岁 ● 夜间：10 小时
十二个月 ● 日间：2.5 小时 ● 夜间：11.5 小时	十岁 ● 夜间：9.75 小时
两岁 ● 日间：1.25 小时 ● 夜间：11.75 小时	十一岁 ● 夜间：9.5 小时
三岁 ● 日间：1 小时 ● 夜间：11 小时	十二岁 ● 夜间：9.25 小时
四岁 ● 夜间：11.5 小时	十三岁 ● 夜间：9.25 小时
	十四岁 ● 夜间：9 小时
	十五岁 ● 夜间：8.75 小时
	十六岁 ● 夜间：8.5 小时

图 1.3　睡眠时长
资料来源：米尔庞德儿童睡眠诊所

世界卫生组织（1981）将健康教育定义为"一切有利于人们渴望健康（健康动机）、了解如何实现健康（健康知识）、将健康知识转化为行动（健康行为）的有计划的活动，不管这些活动是个人独自开展的还是在他人/组织的帮助下开展的"（Vogele 2005:272）。

所以，这不是一个把做些有氧运动视为一学期某个主题活动的一部分且定期外出活动的问题，而是关系建立长期的健康教育和促进健康的活动。所以，我们十分有必要去帮助家长和照料者理解待在户外和积极活动的作用，并可以通过以下方式向他们展示户外活动的益处：

- 让家长参与，教师解析儿童学习的内容；
- 分发相关宣传手册给家长；
- 所有人都能参与工作坊；
- 日常沟通户外活动对健康的作用。

为了促成改变，人们必须看到这样做的好处以及他们是可以实现这一目标的。无论儿童做什么，游戏或是竞技运动，他们需要享受这一活动并且发现他们有能力实施，同时，这一活动也不会强烈到使儿童失去兴趣（Vogele 2005:283）。由于儿童肥胖率呈现上升趋势，我们需要将体育活动和营养教育相结合以改善现状。儿童需要在户外表现得积极、活跃，所以体育运动应该成为他们生活的一部分，进而促使他们变得健康，并保持健康。

自由

户外是使儿童成为自己并进行游戏的自然场所。无论学校或班级有多好、多融洽，当问及儿童时，儿童总是认为教室是掌控在教师手中的。而在家里，他们认为家长（通常是母亲）掌控着家里。但是，若是户外，没有人能拥有和掌控它。没有人能拥有户外，所以也就不存在问责。儿童在户外享受自由，他们不需要做任何解释，也不需要证明任何事，他们可以真正做他们自己。这意味着儿童可能会越来越容易实现自我，而我们只须在一旁静观。狄龙等人（Delon et al. 2006）认为户外是"我们的物理环境"，而室内则是"学校的世界"，提出了两者之间清晰的界限，室内更偏向学业，而户外更偏向自然。威克利（Wikeley）的研究发现，"课外活动的内容其实并不重要，重要的是儿童能从中学到人际交往和实践技能"（Lepkowska 2008:1）。去制度化和感受自由（甚至是在学习学业科目）意味着儿童不会体验求胜的压力，并且他们能在参与校外俱乐部和活动时敢于冒险。这也是儿童在户外花园时感到更自由的原因，因为那里不是学校。

总体而言，所有儿童都能在户外感受到自由，但是还有一些儿童会在户外发生明显的改变。他们拥有两种人格，一种是室内人格，另一种是户外人格。他们在室内的人格表象是安静的和听话的，尽量不引人注意，如使用一些不太会引来成人注意的材料进行游戏。到了户外以后，这类孩子变得话多起来，变得有朝气，并热衷于与其他儿童和成人嬉戏，就好像他们身体中的压力被带走了，这使他们可以畅通无阻。我记得有个孩子周一早上进学校的第一件事就是径直走到学校的花园，他不会看任何人，也不会和任何人交流。一旦到了户外，他会找个高处坐下，然后凝视着不远处。他在家里感受到许多压力，学校里的户外场地成了他可以不顾全世界成为他自己的地方。当我们第一次接触这个孩子时发现，他进班级后没有立刻去户外，那时的他很难相处。但是当这种情感宣泄的过程得到认可时，他变成了完全不同的人。第八章中的例子呈现了一名喜欢挑衅的 6 岁儿童因在户外活动而发生了变化，待在室内的他让人难以管束，在户外时他则更顺从和有为。儿童需要到户外去感受自由，放松自己，成为有能力的人。

风险与挑战

第三章引入了一场关于现代社会中的童年的讨论。这场讨论表明，儿童一方面被期待成为小大人，另一方面又需要持续受保护，因而他们既不能享受童年，也不能从中获益，进而无法变得独立。吉尔（Gill）认为，"成人的避险情绪正削弱着孩子的童年"（2007：10），这与坎宁安（Cunningham 2006）对成人过多干涉童年的感想一致。如今，儿童的生活受到过度的控制，例如被局限在车里，在受控制的课外活动中，在比以往更需要大人陪伴的教室里，就连卧室和互联网上也充满控制。我们必须认识到儿童需要挑战来帮助他们完善自我安全监管。如果他们不能自我监管，他们就无法分辨什么是安全的、什么是危险的。英国皇家事故预防学会（Royal Society for Prevention of Accidents，简称 RoSPA）认为儿童需要挑战，"挑战对于儿童健康成长和发展至关重要。儿童需要了解风险、了解自己的能力以及发展评定风险的能力"（Cook and Heseltine 1999:4）。儿童不需要直接遭遇危险，但是他们需要体验风险和挑战。生活中处处有挑战，例如读一个新单词、爬上一块厚木板时的挑战和潜在风险。我们所要做的是鼓励儿童勇于冒险和接受挑战，而通常户外比室内更能为儿童提供冒险和成功的机会。

目前，人们似乎正以一种更明智的方式应对风险。英国监管委员会（The Better Regulation Commission）最近发布了一份题为《风险、责任和监管：到底这是谁的风险?》的报告，该报告指出风险可能是有益的，管理风险是大家共同的责任。2006年，英国健康与安全部（The Health and Safety Executive，简称HSE）发起名为"获得生命"的活动，呼吁人们重视健康和安全。在古尔德贝格（Guldberg 2009）内容翔实的专著中，列出了一些有影响力的机构关于风险的看法和评论（见图1.4）。所以我认为这里传递的信息是"真实的"：如果健康与安全部认为儿童是可以冒险的，那么这似乎是我的想法的相当坚实的后盾。古尔德贝格引用了路易斯·巴斯德（Louis Pasteur）的话："当我接近一名儿童，他使我产生两种矛盾的感想：保护还是放手。其实，人为延长的童年并不能打造美好的未来。"（2009:72）

意外总会发生，而且它们很糟糕，但是重要的是，我们应该思考如何应对意外。古尔德贝格（2009）分享了1994年挪威一名5岁女童死亡的故事。这个女孩被三名5岁的男孩暴打，这些男孩逃跑了，这个女孩死了。人们查看时，发现她伤势并不严重，但是打她的男孩并没有告诉任何人，女孩死于体温过低。虽然这引起了一场全国性的讨论，但是挪威人并没有因此而限制儿童外出游戏。他们认为儿童需要一个健康、丰富的童年，这其中也包括无人监督下的户外游戏，因此，户外游戏没有被禁止。事情不会因为我们的禁止而不再发生。禁止可能会带来更多的问题。艾斯特·冈山（Esther Ranzen）建立了一个名为"那是生活"的项目，主张在所有设施下铺上安全表面。安全表面可能比其他表面更安全，但是它并不像媒体宣传的那样能保证百分百的安全。儿童可以获得一种虚假的安全感，正如吉尔所言，"越来越多的专家认为英国通常使用的橡胶安全表面可能会比其他类型的表面更容易使儿童手臂骨折"（Gill，2007:29）。

我们需要学会后退，并且允许儿童之间自行解决问题。如果当儿童面对"喧闹的戏谑或日常的操场冲突"（Guldberg 2009:94）时，我们持续不断地插手干预，那么我们不会使他们学会如何处理冲突，而会使他们养成总是依赖他人的习惯。古尔德贝格引用布拉奇福德（Blatchford）、佩列格里尼和奥佩（Opies）的话，相当正确地指出儿童之间有冲突，这是他们生活的一部分。如何处理冲突是十分关键的，事实证明这是真实的，正如有些成人对恶评毫不在意，而有些成人则会把这些话放在心上。学前儿童之间会发生冲突，我们需要给儿童提供处理和应对冲突的策略，而不是替代儿童解决

- 汤姆·马拉基（Tom Mullarkey 2007），"英国皇家事故预防学会的行政长官告诫大众不要过分保护儿童"（Guldberg 2009:60）。

- 英国皇家事故预防学会游戏安全经理大卫·伊尔利（David Yearly）指出，评估风险需要通过接触风险来实现（Jones 2007:15）。

- 英国健康与安全部发布当月迷思，例如 2008 年 11 月的一则小诗，"谬见：儿童需要过度保护，以保其周全"。官方给出的回应是："健康和安全法经常成为阻止儿童参与精彩活动的一项借口，实际上安排合理的冒险有助于儿童成长。风险激发儿童的想象力，帮助他们学习和教会他们如何在未来管理风险。过度保护不会使他们明白什么是风险。风险本身并不会伤害儿童，但是管理不当和过度保护却会毁了儿童！"（www.hse.gov.uk/myth/index.htm，2009 年 6 月 3 日下午 12:50 获取的信息）

- 据 2007 年 10 月 13 日《英国天空》新闻报道，英国职业安全与健康协会的会长丽萨·法礼（Lisa Fowlie）认为，强调安全是种偷懒的好办法，我们不需要投入精力去阻止事情发生，但是证明事情是安全的却难得多，因而，使用健康和安全的横幅是一种懒办法。

- 威尔士游戏的主管迈克·格林纳威（Mike Grenaway）认为我们需要通过学习应对危险来达到长远安全的目标（Guldberg 2009:62）。

- 校长、教师和行业组织积极倡导风险。如果学校能够展现出他们提倡的态度，学校将被冠以"努力争取"（Go4it）学校的荣誉称号。据该组织描述，一所"努力争取"学校将表现出一种压倒一切的自我信念、自由思考和"自为"的态度。这类学校将"不断致力于积极承担风险，反映出对风险作为创造力和成功文化的部分理解"（HTI Heads, teachers, and industry 2009）。

- 处理"棘手"青少年事宜的昂加尔（Ungar）表示，他所接手的那些儿童认为他们最需要的是能够承担风险并被赋予责任。他认为不满足这些是在给青少年和成人制造问题。"真正关心孩子的父母应为儿童提供成长的'脚手架'，而不仅是保其周全的'救生衣'。"（Ungar 2007:4）

- 古尔德贝格提出了一个"正相关"（2009:69），即不允许儿童独自过马路的家长数量和儿童行人死亡数量之间的"关联"。前者在 2002 到 2006 年间从 41% 上升至 49%，而后者（7—10 岁儿童）同期从 10% 增长至 18%（Guldberg 2009:69）。她声称这可能表明，由于儿童很少被允许单独外出，所以当他们独自外出时，他们并不知道如何保护自己，进而酿成意外事故。

更多有关风险的信息请参见古尔德贝格（2009）

图 1.4　一些关于风险的明智看法和评论

冲突。比尔顿（2004b:29）提到两名儿童发生争执、一名成人一旁观望的例子。这所学校教授过儿童如何应对此类情况的内容：除非必要，否则尽量不向成人求助。有时儿童应该说什么和做什么是需要成人介入的，例如儿童不能区分打斗游戏和实际的打架，所以经常做得很过火（见第二章有关打斗游戏的讨论）。但是在大多数时候，如果我们给予儿童必要的策略，他们能够处理这些冲突。虽然让儿童自己"解决冲突"是有风险的，但是我们必须相信他们可以应对挑战。

儿童需要在户外敢于冒险和迎接挑战，以便成为更有能力和自信的儿童和成人。古尔德贝格引用了斯波克（Spock）博士的开场白，"相信自己，你所知的比你想象的要多"（Guldberg 2009:144）。我们需要相信儿童，而不是过度保护、束缚和阻碍儿童。

通过活动学习

活动可能是学前儿童最重要的学习方式，它是儿童学习周围环境和他们自身的途径。一开始单词只是一种指明事物的方式，直到儿童与事物本身建立丰富的联系，用手和眼探索事物时，说出的单词才被赋予了意义（Isaacs 1954:74）。艾萨克斯（Isaacs）继续阐释儿童需要通过行动和探索来理解意义，正如儿童行走和舒展身体时，他们开始明白什么是"远"和"近"。

> 意识到活动发挥儿童整体发展的分母作用以及它的整合功能是非常重要的。活动与身体上、智力上和情绪上的发展密不可分，一名儿童的行为、思考和感受能在活动中得到检验。（Brearley 1969:83）

活动"反映了人的内部活动"（Brearley 1969:88）。虽然发展性协调障碍（"笨拙的"）与学习表现之间不存在因果关系，但是有证据表明，表现出发展性协调障碍的儿童在学校的表现并不如他们的认知能力所预测的那么好（Sugden & Wright 1996）。莫德（Maude 2008）认为，一些儿童可能未发育完全或达到特定成熟水平，即他们的手部和腕关节的结构和机能尚不能允许他们使用像铅笔之类的工具。当他们无法完成任务时，不是因为他们淘气，而是因为他们在身体发育上还没准备好。通过活动，儿童可以表达他们的感受，无论是蹦跳着表达喜悦，跺脚以发泄怒气，还是以走动摆脱紧张。但是远不止如此，活动中取得的成功可以改善自我形象（Gallabue 1989）。第六章将重点探讨这一主题。

　　从出生起，儿童通过移动自身和操纵材料来进行探索。婴儿最关心的是和其他事物互动，探索的需要驱使他们伸手够、坐起来、爬行和行走。这一探索将持续到三四岁，那时，他们想要理解诸如"近和远""重和轻""直线和曲线"的概念。例如，"重和轻"的概念可以通过推一个载有儿童的卡车和一辆空的卡车来探索。"直线和曲线"可以通过用砖块、积木或石子的摆放来发现。"通过活动和游戏，儿童学到的'远超'出动作技能的范畴，他们学习认知策略、理解自我和如何与其他儿童互动。"（Zaichkowsky et al. 1980:11）每个儿童需要构建他们自己的知识（Vygotsky 1978），因此，儿童能够获得最简单的学习模式是至关重要的，这一目标只能通过允许他们自己控制环境来实现。

　　但是，我们需要区分活动和身体发育。前者是儿童的一种学习模式，而后者是儿童发展的一个方面。活动意味着行走、与其他儿童嬉戏、推卡车、搭积木或进行汇报，活动所促进的远超过身体发育。活动可以发生在室内和户外，且不仅限于身体发育。戴维斯（Davies）声称，"活动是我们生活的一个基本组成部分，可以理解的是，那些关心儿童保育和教育的人可能不一定认为有划分必要，毕竟，这一切看起来如此明显"（1995:1）。混淆活动和身体发育，再加上评估发展的法定课程指南（身体发育通常排在最后），这些都意味着活动可能会消弭于教育的世界中。因而，我们需要确保我们能区分身体发育和活动。

　　这就是为什么我们需要把户外视为一个学与教的环境，而不是体育锻炼的场所。户外环境能够提供、而室内无法供给的是儿童自由移动的空间。在这里，儿童可以在想象的情形和幻想游戏中运用全身，他们还可以攻克概念理解的难关。在图1.5中，哈迪普（Hardeep）制作了一座桥（隧道）。虽然他全程没有和任何人交流，但是他有时间仔细考虑自己的想法，并且学习了宽度、高度、比较测量、尺寸和平衡。他通过活动进行学习。

　　基于布鲁纳（Bruner）的理论，布鲁斯（Bruce 1987，2005）指出，学前儿童的学习模式包括动作性学习（行动的）、形象化学习（图形的或视觉的）和符号化学习（抽象的）。她认为动作模式是学前期发展最完善和最重要的学习模式。"发展最完善"意味着该模式很可能是最便捷的学习工具。皮亚杰（Piaget）的见解是"思想内化于行动"（Wood 1998:21）。阿西（Athey 2007）认为图式是行为的模式，它在帮助儿童认识

> 哈迪普把他的卡车拉到一堆牛奶盒和儿童用梯旁，这些是以前的玩家留下的。他开始把牛奶盒一个个地架起来，看似毫无目的。然后，他的肢体动作变得更加激烈。他并排搭建了两堆牛奶盒。他环顾四周并瞥见了梯子。他不断地盯着和触碰梯子，然后突然看向自己的卡车，好像在尝试解决问题。他把梯子置放在两堆牛奶盒的顶端，之后梯子坠落了，因为两端不同高。哈迪普将牛奶盒堆拆散，然后重新开始堆积牛奶盒，这次两端比上次离得更远。他再次把梯子放置在顶部，梯子再次坠落，因为两端不同高。这种情形持续了一段时间，直到哈迪普调整好了两端的高度，成功放上梯子。哈迪普看起来很高兴，他拿起卡车并走向牛奶盒堆。但是，有些事情显然出了问题。哈迪普从顶端拿走了梯子，并拉开了两堆牛奶盒之间的距离，他把梯子再次放置到顶端，但是现在两堆牛奶盒离得太远以致梯子再度坠落。哈迪普不停移动两堆牛奶盒，直到他能顺利将梯子放在顶端。他握住卡车，把它推向牛奶盒堆，使其穿过梯子底部。终于，哈迪普做了一座桥/隧道！

图 1.5 通过活动进行学习

世界和学习中起重要作用。她进一步指出，通过活动，儿童能够获取有关自身、环境和物体的信息，理解形状、形式和运动，弄清有关空间、方位、偏侧化和支配的概念。举个例子，就进行书写、操作工具或穿越马路而言，儿童需要具备以上提到的能力来实现这些。活动便于儿童设法解决事情，最终促使他们能够理解概念。

马修斯（Matthews 1994，2003）通过讨论素描和绘画展现了行动和活动对于思维、感觉，乃至视觉表达和情感表现的重要性。马修斯呈现了不局限于铅笔与纸的别样素描。素描是儿童使用各种他能弄到手的材料进行探索的过程，据此，儿童可以了解世界，知道事情如何发生及为什么会发生。"当他们描绘某物（使用一个记号、一个形状、一个行动或一个物体），他们制作了某物去代表另一物，他们通过表达（言语、行动或图像）体现运动。"（Matthews 2003:9）因为儿童在讲述一个故事，所以他们经常会谈论、做手势和画画，运动是这一过程的必要组成部分。婴儿会把玩溅出的牛奶，通过观察发生了什么来学习和理解他们能对周围环境产生的影响。这将最终帮助他们建立与符号的联系（符号和图片）——起初符号用于做记号，而然后被用于表征某物。当我们考虑户外游戏时，儿童不论是蹲在地上拿着粉笔，抑或是玩水，再或是使用织物和物体，他们拥有空间创造想法。世界学前教育组织（OMEP 2001）的视频展现了一个儿童用粉笔在地上画火车轨道的例子，当他在创作时，他讲述了一个关于坦克发动机托马斯的故事。有趣的是，一个名为《艺术创想》的节目展示了如何使用任何形式的材料进行绘图。以上例子都彰显了值得欣赏的创作。得到充分自由的儿童也会这么做。我们必须记住的是，当儿童在操控（或移动）诸如食物、土壤、水坑等物体时，他们在探索材料和尝试理解材料及其性质。他们也会用这一材料画画，即创作一个图像。因此，我们不能将绘画和素描局限于仅是创造一个图像那么简单，它们远不止于此。通过观察儿童，我们可以弄清他们在做什么，并且通过降低外在的干扰来支持他们的努力。

图 1.6 描述了一名儿童如何在做中学。除了简短的功能性谈话，马里奥（Mario）不说话，但是这并不意味着他没有在思考。他已经解决了许多问题，同时也预见了其他问题。如果让马里奥把如何在卡车里装 13 个板条箱的难题写在纸上，那么他是解答不出的。但是通过这个活动，他答出了难题。活动可以是"被描述的、被促进的、被支持的、被丰富的和被记录的"（Bilton 2004c: 92）。

> 4 岁的马里奥有辆堆满板条箱的卡车。板条箱由于放置不妥，有被打翻的危险。实际上，这种情况在另一名儿童撞上卡车时就发生了。马里奥开始工作，并且设法将板条箱以一种更有条理的方式堆叠，但是当他放第十个板条箱时，板条箱全倒了。马里奥决定移走卡车里的所有板条箱，并重新开始。他尝试着尽量占用卡车的最大面积来堆放板条箱。他最终成功借助平放两个板条箱、侧放一个板条箱的方式最有效地利用了空间。然后，他小心翼翼地将一个板条箱堆到另一个板条箱上面，以确保所有板条箱都被摆放在合适的位置上。箱堆变得过高，马里奥很苦恼，不知如何才能继续往上堆箱子。然后，他决定站在一把椅子上。最终，他将第十三个板条箱放入卡车。在没有移动卡车的情况下，马里奥意识到两边平衡的板条箱会坠落，除非他能够以某种方式护住板条箱。他向教师要了一捆绳子，并花了一些时间将绳子绑在一侧的箱子上，然后将绳子绕过箱子固定在另一侧。马里奥移动卡车，板条箱没有掉下来。整个过程持续了 30 分钟（Bilton 1989）。

图 1.6 一个做中学的例子

儿童每天都需要探索和操控他周围的环境。如果儿童仅获得周期性的经验，那么他们很难继续提升相应的技能。他们会将时间花费在回顾已有技能上，而这不仅无意义，同时也可能引发"事故"。如果一些活动只在隔周出现，那么它们很难满足维果茨基（Vygotsky, 1978）的"成熟结构"的要求。儿童是可以通过运动来进行探索和学习，这也体现了户外活动的益处。

讨论

户外和室内是两种不同的环境。在两个空间中,所有人(儿童和成人)通常微妙地表现出许多不同的行为。这意味着两个空间为不同的人提供不同的事物。我们必须敏锐地意识到这一点,并且与这些差异同步,以便帮助所有儿童。不但是儿童在户外有不同的体验,而且成人对儿童的回应也不同(Stephenson 2002)。

总体来说,户外使儿童在情绪上、社会性上、生理上、审美上和认知上受益:儿童从待在户外以及参与有意义的户外活动中受益;户外是一个促进健康的环境——儿童因浸润在新鲜的空气和日光中而受益;通过体育活动和在运动中学习,儿童逐渐将锻炼视为生活的一部分,学会通过活动身体来保持健康;承担风险和迎接挑战能促使儿童学习新技能,获得成功的体验,进而能提升他们的自尊和自信,使他们更愿意尝试新技能;通过活动,儿童认识他们自己和周围的世界;待在户外和积极活动能使儿童更好地应对需要久坐的任务,同时改善他们的心情。

问题

1. 回想当你还是孩子时,你在户外做什么。你需要在教师群里分享你的发现,并且说出从游戏中学到了什么。你能把其中一些想法融入你的实践中吗?如果不行,原因是什么?

2. 你班上的孩子有出现喘不过气的情况吗?如果从未出现过,那么你可以设置游戏让他们喘不过气来,例如设置简单的追逐游戏或跟着你做一些动作。你做出单脚跳、双脚跳、蹦跳行走和跑步的动作,其他人模仿你。然后,一名儿童可以成为下一轮游戏的"领头"。你也可以设置由塑料环、积木和绳索构成的障碍跑道,然后让儿童按照自己的步调通过跑道。儿童假装自己是一匹正在比赛或待在马厩里的马。你们可以使用材料和绳索做成马鞍和缰绳,并且进行赛马游戏。如果儿童对此类游戏没有任何概念,那么可以给他们看看网络和书上的图片。

3. 你可以记录儿童待在户外的时长以及花费时间待在户外的原因。根据记录的户外时间,每周延长户外时间5分钟。四周后,你们将每天多在户外待20分钟。你可以记下儿童一开始在做什么,然后在你增加了5分钟、又增加了5分钟之后

（以此类推），他们在做什么。看看儿童的行为有哪些明显的差异。

4. 你可以准备雨衣、手套、圆帽、套头帽、便帽和惠林顿靴子，这样在儿童没有这些衣物时能够及时供给。

5. 你可以观察儿童是如何进行身体活动的。例如，你能否描述出他们所做出的各式各样的跳跃动作？如果不能，那么你可以着手去弄清楚，务必使每名儿童按照他们的步调提升能力和技能。

6. 你可以思考斯蒂芬森提出的室内外行为差异（见图6.7），并且据此来比较室内外环境。看看你是否得出与斯蒂芬森相同或者不同的观点。

第二章 教与学的环境

概要

在就儿童使用户外环境的重要性这一点上达成共识后,我们需要进一步对术语、应然的户外环境和户外活动的认识达成一致。为此,我们将在这一章里讨论环境、组织、管理、教学、学习、游戏和工作。

环境

布莱金(Blenkin)和怀特海德(Whitehead)认为"预设课程最易被忽视和误解的方面是对教育发生的环境/场所的创设"(1988:35)(参见 Whitebread 1989,McLean 1991,McAuley & Jackson 1992,Bruce 2005,Pollard 2008)。任何教育经验都是由儿童、课程及连接课程与儿童的环境所构成的。所以,课程作为内容对应的是方程式"做什么",儿童对应方程式中的"对象",事情发生的环境则对应方程式中的"怎么做"。我们需要对这三要素给予适切的关注。一名好教师知道如何将这三要素紧密结合起来;正如怀特海德所言:"最好的教师使用各种方式和技能,不是他们所使用的策略发生改变,而是教师有技巧地使用这些策略造就了变化。"(2000:1)所以,使改变发生的不是你做了什么,而是你如何去做。例如,交互式白板(interactive whiteboard,IWB)应能转变课堂,但是教师若只把白板当黑板来用,那么就会像莫斯等人(Moss et al.)所总结的那样,交互式白板本身并不能转变现有的教学(2007:6)。古拉(Gura 1992)认为我们如何组织时间和空间会影响儿童如何感受自己和他人。社会意识、社会理解和个体自主性将受到班级组织和管理形式的影响(Blenkin and Whitehead 1988)。阿森和沃特斯(2006)推崇挪威的做法,即把个人、社会的发展和幸福作为理论、政策和实践的核心,以此确保教育质量。但是,在英格兰,政策的中心是测验和分析结果,这会阻碍改善实践。西拉杰-布拉奇福德(Siraj-Blatchford)认为,"课程不一定决定教学"(1999:21)。所以,我们需要充分考虑如何"践行"课程,以便有效帮助儿童。

由于户外看起来并不像一个学与教的"正常"环境,所以我们很难将户外视为学与教的环境。"经常缺乏对外部环境的重视必定来自某种奇怪的假设,即在室内习得的知识要优于在户外获得的知识。"(Bruce 1987:55)户外没有地板、墙面、天花板或窗户,规划户外最简单的方式莫过于暂时用对待室内的方式来看待户外。假装户外有墙面和天花板,你会在上面放什么?你将会有家具和材料,儿童使用那些材料和家具,并且和教师一起工作。同意这点之后,户外应成为规划的一部分,它应该出现在长期、中期和每日的规划框架中。需要对户外及在其中工作的儿童进行评价,而这需要放在教师会议的讨论中。因此,在户外工作时,我们需要考虑室内课堂所涉及的所有与管理和组织有关的事宜。

组织与管理

无论是室内还是户外,成功的教师会考虑如何组织环境以及日常的管理。组织是"将班级和课堂精心安排成促进教与学的途径"(Pollard and Tann 1987:102),它包括组织儿童和成人、时间、场地、陈列的方式,以及监控组织的记录的使用。莫伊尔斯(Moyles)从"班级设置的环境与内容方面"来描述组织,它包括教与学的计划(1992:5)。管理是"反思性教学方式的行动部分",它包括日常的班级运营和对学习情况的管理。这是对时间、人力和资源的管理,确保教与学的成功是关键(Pollard & Tann 1987:120)。莫伊尔斯(Moyles)认为管理是关于教师如何回应其组织"以便确保学习环境平稳运营和目标的达成"(1992:5)。组织先于管理,两者紧密相连(参见Cleave & Brown 1989, Pollard 2008)。通过比较19个随机安排的教室和19个结构化的教室,一项为期三年的有关儿童学习的研究发现,儿童的学习结果存在差异,空间组织确实对学习产生影响。结构化的教室是那些突出解决环境问题,被精心安排以便促进学习的教室(Nash 1981:144)。相比有计划的教室,在随机安排的班级里的儿童表现出较少的发展迹象。在随机安排的班级中,儿童经常在工作中被打断,以至于他们无法完成更复杂的任务。

布莱金和怀特海德（1988）认为，如果教师不考虑规划环境，那么这实际从根本上破坏了教师对儿童学习的规划。因此，我们期待学习发生的地方必须反映出我们所期待的学习。我们通过组织活动的方式向儿童清晰地传达出我们是如何看待活动的。资源不足，教师却站在那里闲聊，这也告诉儿童大量有关我们对待户外活动的态度。管理和组织是我们工作的中心，它们决定我们的成败。雷格（Wragg 1993）认为，如果不解决组织和管理的问题，那么最富想象力的教师也会失败。

期望

我们需要让儿童清楚我们的期望是什么。如果儿童不确定什么是被允许和期望的、什么不是，那么他们会感到焦虑。虽然观察研究和课堂学习评价项目（ORACLE）并非针对学前儿童，但是它提供了相关的发现（Galton et al. 1980）。该研究发现，小学生想要取悦教师，通常他们会做教师所期望的事情，尽量避免可能会对他们造成伤害的高风险情境。该研究的结论是教师需要清晰地展示他们所想要和重视的东西，否则，儿童将不会尝试进入新的和高风险的情境。欧文斯（Owens）主张，"如果我们没有示范如何探索和参与校园环境，单纯提供丰富刺激的校园环境是不够的"（2004:74）。这项小规模的研究显示，如果儿童能获得直接经验，教师通过与儿童互动真实展示户外活动的潜力，则儿童更能意识到并参与到周围的环境中。在德博亨德小学（De Bohun Primary School）的预备班[①]里，儿童非常清楚班级的期望，他们知道全体教师乐意追随和发展儿童的兴趣爱好。儿童自信地进入教室，并且非常愿意坚持他们当前的爱好。在我参观的那一天，我对儿童选择做什么的自信态度和清晰思路印象深刻。儿童设计和实施了大量涉及数学、语言和科学领域的游戏。他们制作了诸如吉他、魔法棒和足球衫号码等真正的手工艺品。儿童积极参与爬绳索、上山、下山和搭积木活动。图 2.1 是一封家长写的关于他参与课堂的体验。他原本还持有怀疑态度，但是现在他完全打消了疑虑。

儿童需要获得安全感。我们可以通过使家长和儿童知道什么是被期待和受重视的来实现这一点。他们需要被告知犯错是没有关系的。当他们出错时，我们会说"很

[①] 英国学校为 4 至 5 岁儿童开设的预备班、启蒙班。

> 从荷兰来到这里过暑假，我们很高兴地收到了学校接收我们两个女儿的信函。学校员工都很热情，也很热心。该校获得英国教育标准局评定的良好等级。
>
> 但是，我们的热情很快消失了，因为我们没有在预备班上看到任何结构化的东西。家长送孩子到班级后，孩子四散到各处。没有教师做集体欢迎、唱歌的活动或集合孩子们。
>
> 这种明显缺乏对儿童的关注、监督和教学的情况是我们始料未及的。我们感到震惊、疑虑、担忧和困惑！然而，这其实是教师在激发儿童自发地探索周围世界。注意这句话"我们知道什么对你有好处，坐下来并集中注意力"，这句话会创造奇迹。
>
> 我们5岁的女儿已经掌握了读、写、数字并且发展了一个新的社交圈。这一切都是在零压力的情况下，仅仅通过游戏和尊重她的爱好来实现的。作为非常挑剔的荷兰父母，我们能证明这个学校的做法是起作用的。我们希望这种方法能够延续至1到6岁儿童的教育中。

图 2.1　一位家长的信

好"，因为这为我们提供了接下来应如何帮助他们的线索。我们需要向他们明确的是，我们想要他们自己获取资源，我们喜欢有创意的点子，我们不介意混乱（在不过分的情况下），我们想要他们变得独立。我们需要使儿童确信，我们喜欢他们与我们谈论和分享主意，如果他们遇到麻烦也不必担心，因为有很多人可以帮助他们。同样地，我们使儿童参与制订有关班级的共同期望，厘清什么是他们所认可的和不认可的。最后，我们需要灵活地向儿童传达那些期望，让他们没有负罪感和不安全感，而是对每一天负责。例如，我们不是立一堆规矩，如10月1日后没有人可以到草坪上去，而是把每一天都作为新的一天来决定踏上草地的前提条件是什么。

时间

5岁以下的儿童需要以一种灵活的方式度过每一天，尤其是有一整段不受干扰的游戏时间。如果儿童待在一个充满干扰的教室里，他们不太可能静下心来工作。如果他们知道他们有自己活动的时间，那么他们将更有动力去集中注意力、去坚持并最终取得成功。麦考利和杰克逊（McAuley & Jackson）认为打断"儿童专注的活动"会"造就一种颠覆学习的文化，这种文化使破坏性行为成为一种可被容忍的常规"（1992:46-

7）。在佩利（Paley 1984）有关班内儿童行为的研究中发现，当她增加自由游戏的时间并且把游戏延长一段时间，原来冒险参与桌上活动的男孩停止了游戏，他们更多地做起了以学习为导向的活动。她从观察中得出的结论是儿童需要获得充足的时间去玩耍和幻想，如果我们没有疯狂压缩游戏时间，那么儿童会很乐意过渡到学习活动上。只要儿童知道他们拥有自由游戏的时间，他们才能够更好地协调游戏和活动（更多以学习为导向的教学）。实际上，女孩们也比之前进行更多富有想象力的游戏。但是，考虑到女孩更倾向于多做学习活动，她们在应对学校环境或测试时并不太吃力。在赫兰德（Holland 2003）有关"超级英雄"游戏的研究中，她发现，在禁战时，玩"超级英雄"的儿童会偷偷制造"武器"，但是"武器"的设计水平和思考质量很低。这是游戏禁令和时间匮乏所带来的后果。禁令解除后，当儿童可以做之前一度被禁止且需要集中精力和时间去做的事情时，他们的作品"武器"变得更复杂，且他们能以更高的思维水平工作。

　　除了不打断儿童之外，对儿童来说，花时间在有价值的活动而不是浪费时间的任务上也很重要。坎贝尔和尼尔（Campbell & Neil 1992）谈及"蒸发掉的时间"，这是一种被浪费掉的时间，时间被用于做不重要的事情上，它占据了一周的十分之一时间，即半天的时间。厚森和凯恩（Hilsum & Cane 1971）、高尔顿等人（Galton et al 1980），以及黑斯廷斯和伍德（Hastings & Wood 2001）证明了很多时间是被浪费在班级管理上，而这并没有因为时间的推移而发生太多的改变。罗杰斯和埃文斯（Rogers & Evans 2008）注意到儿童在游戏中需要时间协商和分配角色，需要时间发展想法，不应该受到成人打扰；若带走一或两名儿童，这也会破坏游戏（DfCSF 2008:79-80）。《早期奠基阶段法定框架》（2008）指出，儿童需要时间进行游戏与工作，早期教育者需要更灵活地实施计划，以便使儿童能够遵从自己的兴趣爱好。如果有必要的话，可以在之后让儿童再回到活动中去。

　　关于户外游戏，儿童无须浪费时间排队出去，而是可以自由使用室内和户外，由此确保他们能充分利用两种空间，并拥有不受干扰的时间去做自己喜欢做的事情。教师需要提前计划，便于在进班级后儿童可以尽可能快地接触户外。教师需要合理组织自己的时间，以便在需要的时候可以自由地与儿童一起工作，而无须花时间处理由于组织不当引发的问题。通过研究游戏时间，杰戈（2002）发现，当儿童拥有越多自由支配的时间，他们会变得越积极。

儿童自发的活动

儿童发起的活动一直是早期教育工作者关注的中心。通过分析，儿童早期教育的开拓者缇娜·布鲁斯（Tina Bruce）注意到他们都同意"内部动机在儿童发起的自主活动中发挥重要作用"（Bruce 1987:10，Bruce 2005）。放在现代环境背景之下，布鲁斯认为，这仍然是教育的核心原则。无论学习者是4岁还是40岁，这都适用。有效学前教育项目（Effective Provision of Pre-School Education）建议，学校应该"努力达到儿童发起活动和成人发起活动之间的平衡"（Sylva et al. 2004:6）。儿童发起的活动已经成为政府有关儿童早期教育议程的核心。我们需要有儿童发起和成人主导的活动的平衡，但实际两者所占比例是有差异的，即20%的活动是成人主导的活动，而80%的活动是儿童发起的活动（DfCSF 2008）。

但是，儿童发起到底是什么意思？它在实践中的表现形式是什么？字典中对于"发起"（initiate）的定义是"开始或创始"，对于"主动"（initiative）的定义是"事情的第一步或第一个行动，开始移动"和"开始或发起某事的权利或权力"（Hanks 1986:785）。因此，我们把它视为一种我们希望培养的态度或意向，这很重要。我们希望儿童成长为能掌握主动权的成人，自信而有主见，而不是"盲从的羔羊"。这需要大脑的积极参与，思考事情并做出明智的选择，且这一选择应是有理有据的。一个需要超速摄像头的社会充满了无法自控和无法充分思考的人。所以儿童发起的活动对于现在和未来都很重要，因为儿童终会长大成人。詹姆斯·戴森（James Dyson）发明了许多东西，如无袋式吸尘器，他会花很长时间追寻自己的想法，设计、再设计，期间还会遭受批评，但是他不放弃。在詹姆斯·戴森的个人网站上有这样一则声明："悲哀的是，大多数教育系统仍然鼓励儿童学习学科知识，远离'弄脏手做东西'（奇怪的是，这来自于开始进行工业革命的国家）"戴森希望这一情况能改变，但可能需要时间（Dyson 2009）。詹姆斯·戴森醉心于追逐自己的兴趣，而不是使自己的兴趣被压扁。同样地，儿童需要有机会坚持他们自己的想法和爱好，去体验失败和成功，去自信地独立思考，不受他人操控。

因此，在一天之内，儿童需要参与儿童发起和成人主导的两类活动。在实践中，有时成人可能组织一项活动，无论是脚印绘画还是园艺；但是，在其他时间里，儿童能够追随自己的兴趣和主意。这些兴趣和主意很可能受到情境的影响，包括环境中可以获取的资源和玩伴，而有时个体的兴趣可能会因为主题不适合或技能不够而消退。兴趣可以始于家庭或渗透到家庭生活中。这意味着环境中需要备有各种材料，对不同的人来说，他们可以用不同的材料做不同的事情（见第四章有关多样设备和资源的讨论）。正如贝利（Bayley）和布罗德本特（Broadbent）所主张的那样，纸箱、毯子、电话、无线对讲机、面具和装扮用的衣物（2008:47）都是开放式的材料，这些材料可以促进游戏并激发游戏兴趣。笔者认为一些材料本质上能鼓励参与、谈话和游戏。

为了实现这一目标，我们需要提供一种环境使置身其中的儿童有安全感，信任成人，可以追随自己的兴趣。达林（Darling）认为："一旦儿童视教育为他人对自己施加的影响……他们失去了为自身学习采取主动或承担责任的能力……我们能够并且应该拥有一种教室，在那里，学习在很大程度上是自我激励的结果。"（1994:33）当我们在第六章讨论独立性和自我监管时，这里所涉及的想法会被再度提及。儿童需要有对他们的活动感兴趣的成人，有时不介入他们的活动，有时又能和他们一起工作。儿童不需要站在一旁喝茶和聊天的成人。

但是，同样地，我们也不应该提供一种成人设法解决所有事情的环境。虽然讨论的是家长，但是，梅尔科利亚诺（Mercogliano）所谈及的同样适用于教师：

"直升飞机似的家长"保护性地在子女身旁徘徊，他们时刻准备着在子女遇见麻烦时帮子女解围……他们铺路、为子女作战，通常不允许子女自由地体验成功与失败。（Mercogliano 2007:5）

儿童需要能激活其最近发展区的环境（Vygotsky 1978）。那是一个拓展而不无聊、有趣而不刻板的环境。在那里，儿童知道如果事情变得困难时，他们可能会挣扎，这不是问题。但是，同样地，当事情变得太棘手时，他们可以向成人寻求帮助、建议和支持。在这种环境里，成人能够察觉何时儿童需要接受挑战。

儿童发起并不意味着重复已有技能。在户外骑车是一个经典的例子，相同的儿童跳上相同的自行车，每天一圈接着一圈地骑行，所学甚少。这是一个儿童选择而非成人主导的活动，但是这并没有使其变得有益。成功的儿童发起的或成人主导的活动必须是值得做的活动。只有使学习发生的活动才是有价值的，这里强调的不是泛泛的学习（"他们正在学习踩踏板"），而是具体的学习（"他们昨天学会踩踏板，今天学会向后踩，明天可能学会绕锥形赛道骑行"）。所以，许多儿童进入早期教育环境可能只是简单重复他们已经掌握的事情。

儿童发起并不意味着适者生存，只有奋勇向前的人才能取得胜利。在一个充满竞争的环境里，自行车"统治着"户外区域，女孩"统治着""娃娃家"，对一些人来说，这可能是自由选择的结果，但是它剥夺了他人的权利。所以，成人不能忽视儿童发起的活动，他们需要观察和倾听，在适宜的时候介入和支持，这样一来，那些想体验或参与活动、游戏的儿童也可以参加。但是，如果某一天天气很糟糕且户外场地是伦敦外环高速公路 M25 旁，那么那些想要玩游戏（不包括骑自行车）的儿童也不能进行游戏。儿童发起的活动需要以不阻碍其他儿童的经验为前提。

儿童发起并不意味着忽视儿童。一些学校设有选择的时间，当儿童完成了教师布置的所有任务，就可以自由选择活动。这意味着在实践中儿童被给予少量的时间在一批破旧和不完整的玩具和游戏中进行选择，然后花大量的时间找出哪部分是缺失的。这对于儿童来说是些许释放，但是同样不值得，他们从中学不到太多知识。如果他们学到了，也并不是教师计划和组织的，因为教师不会把这类活动看得与正式教学同样重要。

因此，选择应是合理的决策。我们清楚环境内可利用的资源，并且对尝试新鲜事物感到自信，而不是待在一个我们感到舒服的区域。所有人（包括成人和儿童）习惯做自己喜欢或感到开心的事，对新环境和新事物则时常感到焦虑。作为成人，你也许熟悉绘画区域，但是，一名儿童可能从未在画架上作过画，不敢靠近画架，对新事物怀有恐惧感。儿童有权利体验周围的任何事物，如果他们没有充足的自信去尝试，那么我们应该帮助他们。我们可以简单地指出该事物的存在，不要想当然地以为儿童对教室的了解和你一样；我们也可以和儿童一起做某项活动，直到他们能自己独立工作。同样，我们也可以在新体验中加入一些他们所熟悉的事物。

因此，儿童发起是儿童追随他们当下的兴趣。它是儿童为了"抓住"兴趣而去发现和探索。儿童发起包含了有价值的经验，它能促进儿童的发展，而不是持续重复他们已经习得的经验。在这个过程中，儿童也许会遇到挫折和问题，其中一些可以被解决，而另一些则不能解决。虽然儿童发起并不是简单的自我选择，但是它的确是追随儿童兴趣的学习。

空间

波拉德（Pollard）认为我们需要考虑空间的组织，因为这会影响到教学的形式、学习者的态度及学习的质量（2008:282）。正如第一章所述，学前儿童是通过活动来学习的，而空间是必不可少的要素。他们还没到静坐学习的阶段，尚处于四处活动和发现的阶段。无论是1岁婴儿行走，还是5岁幼儿跑步，他们都需要空间，这归因于儿童身心活跃的天性，同时他们也正处于动作发展的关键期。儿童需要空间以自由移动，学习控制自己的身体。在一项有关4岁儿童的研究中，空间、位置和活动的选择体现了儿童发展的不同方面（Cleave & Brown 1991:131-2）。如果我们充分利用外部空间，那么儿童可以在比室内更大的范围内更活跃地工作（DfCSF 2008）。即使户外区域很小，待在户外的感觉也会使它比现实中要看起来更大。

是否有足够的空间对男孩和女孩产生的影响也是不同的。布莱恩·贝茨（Brian Bates）的研究表明，团体游戏中的过度拥挤对男孩和女孩会产生不同的影响（Bates 1996）。他发现，当室内变得过度拥挤时，男孩容易变得更具攻击性且会聚集成小组，而女孩则变得更孤立且独自玩耍。他指出其他研究也支持了同样的论点，即教室人越多，儿童越孤独；如果彼此互动，他们的行为会变得更具攻击性。他的结论是：我们的教学条件和环境会对儿童产生长期或短期的影响。西拉杰-布拉奇福德和瑟尔瓦（Sylva）（引自 Rogers & Evans 2008:102）注意到"室内空间的大小和儿童表现出'反社会行为、焦虑和沮丧'之间"存在直接的"负相关"（2004:719）。他们的研究发现，空间影响儿童的行为，这涉及空间匮乏和儿童身体大小等因素。缺乏空间是对角色扮演的一种限制，所以需要控制——71%的受访者有这样的感受（Rogers and Evans 2008:57）。当角色扮演区靠近儿童"正式"工作的地方时，儿童会沉浸在自己所做的事情之中，这样儿童的工作就不会被打搅。相比女孩，男孩倾向于掌控更多空间，他们会走出指定的角色扮演区继续进行游戏。有趣的是，不同年龄的儿童对空间大小的需求也是不同的（van Liempd 2005:17）。男孩可能比女孩需要更多空间（Rogers and Evans 2008:103）。杰戈（2002）发现，在拥有更大操场的学校，儿童更活跃，因而更多参与促进健康的活动，也更可能达到健康教育局推荐的每天一小时的体育活动量。如果我们给予儿童健康应有的重视，那么我们必须考虑内外空间这样的事情。

教与学

教育包含教与学，同时提供教与学的环境，这体现在《早期奠基阶段指南》（QCA

2000:20-4）和《早期奠基阶段法定框架》（DfCSF revised:11）里，以及在某种程度上体现在政府的《户外学习宣言》（DfES 2006）中。这表明儿童不仅可以由成人教，也能自己学习或向其他儿童学习。这意味着教师必须去中心化，透过儿童而非自身的表现来看待教与学，这与波拉德（2008）的见解一致。这意味着评价儿童是关键。对儿童来说，自主学习（正如以上和第四章所讨论的）意味着教与学同等重要，学习不应该被认为是次于教学的。但是，我们也不能想当然地认为儿童的学习是偶然的结果。这意味着环境必须配备良好的资源并且得到精心的规划。学习并不是对任何人都一样的，对于学习价值的评估取决于儿童是否愿意参加或喜欢某项活动。

当然，划分"教"与"学"是相当困难的。所谓"教"，是指成人教授一名儿童或一群儿童具体信息或具体概念。游戏中教的成分可能涉及通过增加资源/材料来引入一个教学点，它使儿童面对一个新概念；可能只是在某一时刻对环境进行"微调"（McLean 1991），以便保证游戏能够持续下去，而不会因为两名儿童的争执、无法解决问题或争夺空间而中断；也可能仅涉及扮演角色和发展语言或数学理解，例如，通过配对的游戏来完成工作。

儿童需要成人给予清晰的信息来实现自身潜能，例如，运动技能（Gallahue 1989），在其他领域也是如此。莫伊尔斯认为教师必须决定实际教什么和什么能使儿童能独立探索。有些事情，如艺术技巧最好是通过教学来实现（1992:123），另一些事情则最好是通过独立探索来实现。她进一步指出，如果通过教学，儿童学会特定技巧，那么他们会获得更多独立性，因为他们能从更大范围内选择处理问题的方法。如果儿童得到材料使用方面的教学，诸如使用胶带、胶水、钉子，那么他们能在有需要时使用这些技能，例如：为他们的街头乐队制作乐器。当儿童被给予更多有关真实生活场景的信息时，他们就能使用这些信息进入角色并更好地进行游戏。如果儿童实际上有过在技术桌上制作东西的经验，那么他们就能通过设计、估量、数数、切割和书写等过程来制作属于自己街头乐队的乐器。《早期奠基阶段法定框架》（DfCSF 2008）关注的就是如何帮助儿童在学习中建立联系，并着眼于未来进行思考、反思。

创设学习环境意味着儿童可以合作或独立工作，并且能够发现自我，这是一种隐形的学习，而不是明显的教学。例如，学习关心他人始于成人对儿童的关怀，学习独立始于儿童被赋予责任。这意味着活动的性质决定了成人不需要持续的投入，但是这并不意味着完全不需要成人的参与。成人需要接受这样的事实：儿童能够发现自我，儿童能够操作环境带来发现。鼓励学习的方式，如调查、创造力和巩固是通过游戏和谈话来实现的。因而，环境应是令人激动和充满刺激的，以便儿童受到激励去利用资源和学习。反过来，这意味着我们需要仔细选择资源和活动。这最终意味着成人必须通过观察对环境进行微调（McLean 1991），清楚何时参与游戏，何时需要做什么，以及记录下遇到的困难和取得的成就。

学习经验或挑战

实际上，创设令人激动的环境的方式之一是使之变得有意义，由此产生学习经验。教育中要有教学、学习、游戏和工作的地方，同时要有引发有意义的经验的地方。这可能是婴儿躺在婴儿车里观察树叶间的光影；或者是散步时两岁的幼儿把玩地上的物体；抑或是4岁的幼儿呼吸林间的空气，贪婪地捕捉周围的气味，以及感受森林的美好。正如怀特布莱德等人所言，儿童"不能仅通过教学来学习，他们还通过经验来学习"（2008:25）。这些经验（活动）不是游戏，也不是工作，它们是终身学习的体验，而且它们能够轻易地被融入游戏、工作和教学中。无论你在车库中嬉戏，还是扮作卖花商贩，这实际上有助于儿童在行动中感受那些职业。如果你想要儿童变得善于观察，那么他们需要定期外出散步，由你向他们指出沿途的事物，即指出那些发生变化的事物。怀特布莱德和考特曼（Coltman）认为儿童需要智力上的挑战，这可以通过儿童"积极地建构他们自己的理解"来实现（2008:10）。因此，我们必须确保儿童能够通过探索获得有意义的经验。有趣的是，莫伊尔斯主张使用"经验"而非活动，"因为后者有几分做无益之事的意味，而非做一些能够激发学习的事情"（2008：32）。

苏·汉弗莱斯（Sue Humphries）是一位充满传奇色彩、鼓舞人心的教师，也是阿伯菲尔德（Arborfield）的库姆斯学校（The Coombes School）的创办者。她经常为儿童提供学习经验或冒险。苏描述了前三周发生在其学校的有关学习经验的例子，一个是讲故事，另一个是艺术。一名教师请教苏在户外如何帮助儿童理解写作中"情境"（settings）这一概念。苏站在外面，她受到启发而讲述了《小狗特尔佩》（Little Dog Turpey）的故事。故事中出现了麻秆，苏决定使用麻绳帮助儿童想象故事，以此展开一次学习冒险。孩子们把麻绳带进操场。当他们念字母表和唱着歌时，麻绳在他们头顶上左右摇晃。苏邀请孩子们取一股麻绳来检验单股麻绳的脆弱性，并告诉儿童将数股麻绳拧在一起会增强硬度，从而实现固定锚和拖船的效果。她让孩子们去闻麻绳，以此激发不同的想象。圈在地上的麻绳成了探究故事剧情的线索。在这次学习冒险之后，儿童在自由时间也用麻绳做游戏，但是有一个附加条件：麻绳必须放在地面上。除了麻绳，儿童还可以采取惯用方式或新方法使用小麻绳（吊窗绳）进行游戏。

苏描述了另一种学习经验，即用陶土做模型。这个经验被延伸成一个项目，但大家并没有把"项目"这个词挂在嘴边。苏让孩子们带一块砖到课堂上并打破它，儿童从破碎的砖块中发现了沙粒，并感受其松软程度。她展示了许多由陶土制成的手工艺品。儿童参与了在学校的陶土坑里采挖陶土的过程。他们花了80英镑租了一台挖土机用来采挖陶土。通过挖掘儿童了解了土的不同层次，包括表土层、岩层、下层土和陶土。挖出的陶土被放在建筑工人的袋子里。同时，他们搭了一个铺有地毯的大帐篷，用作艺术工作室。帐篷内有许多摆好的桌子，儿童可以在这里使用从学校土地里挖出的陶土。

在摆弄陶土之前，儿童必须确保其可用。他们清除了陶土中所有杂质并滚压、塑形、加水，使陶土达到合适的柔韧度。学校的每个班级都可以使用陶土，并在接下来的一段时间里制作模型。在那几周里，儿童体验了很多，使用和巩固了一系列技能，例如：

- 通过陶土筑模协调精细动作；
- 学习用手滚碾、抓握、掐拧、挤压等；
- 掌握一系列有关陶土来源、最初形成、陶土性质和加热变化的知识；
- 在游戏中投入真实情感；
- 集体合作握绳；
- 两人一组握绳；
- 倾听彼此的想法；
- 一起创造套图模型。

这符合第六章中莉莉安·凯茨（Lilian Katz）有关项目工作的观点。

最后，苏说明了如何用一些平常的事物（如椅子或鞋子）帮助儿童提升观察力。她介绍了将椅子或鞋子放到树上的做法，这样做是为了能够在不同的角度，如从倾斜角、颠倒的位置和后侧方向观察它们。儿童成了寻找椅子或鞋子的侦探，他们有时间观察和描述他们所见之物。通过这种方法，儿童的眼睛获得了关注差异的训练，而这进一步帮助儿童阅读。大多数字母非常相似，儿童必须察觉到字母间细微的差异，能够区分它们，并进行阅读。

苏以"每种经验就其本身而言都是一个故事"结束了与我的谈话。

重新定义工作和学习

任何教育应包含工作和学习。字典中关于游戏的定义有：使某人忙碌、自由、轻松的、行动自由、活动、有趣、体育、玩具、表演、娱乐（Hanks 1986:1175）；而工作则被定义为：做某事所付出的体力或心力、执行、劳动、苦干、受雇（1747）。这些无益的看法似乎主导了某些学校的理念，即儿童在幼儿园里游戏，等到入学后开始工作；儿童在课堂上工作，在课间游戏；工作比游戏更重要，游戏是工作的对立面。我们最好不要把这两个词作为对立面，而是作为单独的词，因为对儿童来说，游戏是个很严肃的事业。福禄贝尔（引自 Isaacs 1932）将游戏描述成儿童的工作，因而两者无轻重之分。同时，我们也不要视两者相互矛盾，而应把它们作为我们（无论是成人还是儿童）生活的一部分（Moyles 1989）。我们需要在学校里工作和学习，但是首先我们必须对这两个词的意义达成共识。

罗杰斯和埃文斯提出了有关游戏和工作的讨论，他们认为工作和游戏的区别在西方文化中非常明显，但在其他社会体系下区别却没那么"清晰"（2008:15）。从获得游戏成果言论来看，游戏似乎被许多西方文化和政府言论所"劫持"。例如，《早期奠基阶段》提出"游戏是所有学前教育机构"（DfCSF 2008:07 Guidance）。游戏已经被"劫持"，它是一个昂贵的行业，包括芭蕾、游泳、足球和课外俱乐部，你想到的都有，你为它买单，它就会变得有组织性。但是，在这些俱乐部和课程的绝大多数时间内，儿童并不像在游戏中那般自由和自我驱动，相反地，儿童可能承受着巨大的压力。坎宁安（2006）讨论了 21 世纪童年的消失，他注意到游戏的规则越来越多，并引用了实施此类控制的奥佩的话："没有什么比采取行动促进游戏更能毁灭自我组织的游戏。"（Opie 1969:16）古尔德贝格认为："当今儿童自由游戏最大的障碍是对结构化活动的追捧。"（2009:83）费根（Fagen 1981）指出，动物和儿童的游戏在结构上存有相似性：它们都是自我发起的、无意图的和由儿童和青少年实施的。他认为如果我们将自己的意愿强加于具有自发性和内在驱动的特性的事物上，那么它就不再是游戏。

非常讽刺的是，早在 19 世纪，许多儿童就开始工作并受到剥削，到了 20 世纪初，慈善家认为儿童不应该挖矿，而应该拥有童年。但是如今童年似乎又退回成一种"苦工"——虽然儿童可能不需要在磨坊里工作12个小时，但是他们也没有多少时间可以自由游戏。他们需要努力通过一个给他们安排许多工作的系统，这个系统期望他们能够跳跃栅栏（测验），使他能顺利接受为了跨越下一个栅栏（更多测验和学位）的培训，以便获得最后的封赏——就业。对许多儿童来说，学校经历已经变成一种"苦工"体验，而不是一种丰富的学习体验。

但是，有另一种实现社会性成果的工作类型。这些工作体验通常被称为"家务"，需要和成人一起工作达成某一结果，如洗衣服、清理厨余、擦书架、清洁汽车发动机，也包括诸如摆桌子、除草和帮助老太太过马路等工作。这所有体验可能是困难的，也可能是有趣的但都是富有成效的，最终的成果也是重要的。但是，如今游戏似乎已经被"劫持"了，我们要求游戏要有结果、有意图（Cohen 1993:2），而忽视了作为一种社会贡献的工作。总的来说，社会和学校没有提供这些类型的工作体验。儿童可能在一节课后会做些清理工作，他们也许会有负责一些工作的小班长，但是这些工作体验的类型和宽度都很有限。一些儿童期待做家务而获得零花钱，但与此同时，他们又在学校中学习如何成为一名好公民。

因此，不仅游戏需要被带回学校和社会，有用的工作也同样如此。我们需要意识到不是所有社会都认为游戏是健康童年的前提。兰西（Lancy 2007）表示亲子游戏一般仅出现在中上层富裕家庭（引自Guldberg 2009:141-2）。这暗示了在一些团体内，儿童和成人一起工作比和成人一起游戏更重要。但是，正如古尔德贝格（2009）所得出的结论一样，大概最重要的是允许儿童在他们自己的幻想世界里建构他们专属规则的游戏。正如在"由儿童发起的经验"中所讨论的那样，我们需要相信儿童可以在游戏中取得成功。所以，我们需要儿童通过学习帮助他人成为好公民，通过自由而非有组织的游戏成为思想家。

工作和游戏的过程与成果

威尔斯（Wells 1987）形容儿童为"意义制造者"。在某种意义上，我们都是意义制造者。年幼时，我们大多数时间都用来试图理解这个世界。幼儿身边的成人是需要帮助幼儿理解世界并发挥他们最大潜能的。幼儿的学习是容易还是困难取决于学习方式。儿童需要工具帮助他们认识世界，帮助他们理解自己的发现并发现自己所处的文化。拉利（Lally 1991）和埃金顿（Edgington 2004）有效地将游戏描述为"学习的工具"。儿童本能地受到游戏的吸引。不我们可以使用游戏帮助和支持儿童，使儿童观察和发现自我。她认为游戏可以为儿童提供"探索和发现、建构、重复和整合、象征、创造、想象、社交"的机会（Edgington 2004:127-8）。除了游戏，还有运动、交谈和感官体验，所有这些都能成为学习的工具。儿童通过行动来学习，并学习如何行动（Gallahue 1989，Davies 1995）；他们通过游戏来学习，并学习如何游戏；他们通过交谈来学习，并学习如何交谈；他们通过体验来学习，并学习如何体验（见第一章有关活动的讨论）。"习得"和"为了学习"密不可分。

我们也可以从这个角度看待工作：儿童学习如何工作或帮忙，并且通过工作或帮忙学习技能。工作需要完成，如清洁、布置甜点桌、收拾积木，因为它们是生活的一部分。挪威的萨米驯鹿放牧人认为"我们通过行动来学习""儿童通过放牧来学习"，这表明儿童通过与成人一起工作来学习他们所处的社会以及自身在其中扮演的角色。我们应把在学校里做清理工作看得和学业一样重要。科盖特5岁以下儿童中心的做法就包含了行动和清洁之间的直接联系：

如果你选择了烹饪，那么你也选择了洗碗。如果你选择了做木工，那么你也选择了遵守我们的安全规章、爱惜工具和安全地归还它们。每个人都能使用我们的课程材料，但是相应地，每个人也必须负责在使用后收拾干净。（Cowgate 2008）

所以，"家务"或工作体验需要规划，并被当成日常生活的一个重要部分。

因此，户外游戏不仅是待在户外和进行游戏那么简单，它是在一个花园里游戏和工作。卡拉瑟斯（Carruthers 2007:177）提供了一个关于挪威取向的有益讨论，这个取向出自一项关于挪威幼儿园的研究（Moser and Foyn-Bruune 2006）。该幼儿园的园长在被问及户外课程时，表示"自然即课程"。玛格丽特·麦克米伦（见第三章）设想这种花园不仅是游戏的环境，也是工作的环境，儿童在里面扮演园丁的角色，他们种植、照料和采摘植物，清扫落叶，修剪灌木和填充堆肥。你不需要创设课程内容，课程是现成的。这并不是儿童看着外面的承包商完成工作，学到一点的东西，然后出去玩两分钟。

游戏的重要性

每个儿童的游戏是对他们自身的一种表达。（Walsh 1991:10）

有关童年早期游戏的重要文献主要包括安东尼·佩列格里尼(Anthony Pellegrini)、苏·罗杰斯(Sue Rogers)、珍妮特·莫伊尔斯(Janet Moyles)、缇娜·布鲁斯(Tina Bruce)、伊丽莎白·伍德(Elizabeth Wood)和列夫·维果茨基(Lev Vygotsky)的作品。维果茨基非常清晰地解释了游戏对儿童的重要性，"一个儿童最大的成就最可能是在游戏中获得的，这些成就在将来会成为他们实际行动和道德的基础"（1978:100）。他认为儿童虽然能从容面对生活，但是在游戏中他们必须进行思考。如果你打算在游戏中扮演一名婴儿、一条狗、一位侍者，那么你就必须考虑如何成为一位姐姐、一只动物或者一个服务的人。古尔德贝格（2009）测试了儿童的思维和现实观。一名儿童被问及一管聪明豆里面是什么，儿童回答道："聪明豆。"当他们发现里面是蜡笔时，研究者问儿童试想下一名儿童会认为一管聪明豆里有什么，儿童回答"蜡笔"。想法和现实不能被视为是不同的，但是"一旦儿童能够思考，他们的思维会被提升到一个不同的高度"（Guldberg 2009:78）。通过游戏，这一过程会发生。游戏为儿童提供了一个有意义的情境，只有当这一情境具有意义和意图时，儿童才能在更高水平上思考（Donaldson 1978）。

维果茨基（1978）认为儿童在游戏中需要表现出极好的自我控制能力；儿童不可能仅靠冲动行事，他们必须遵守游戏规则，因为游戏是社交性的，涉及他人。如果你想要留在"里面"，你就得遵守规则。佩列格里尼（2005）赞同这一观点，他认为儿童有权享受游戏，与同伴玩耍以便待在游戏"里面"，但是通过游戏儿童习得诸如合作、协商、妥协和抑制冲动等高级技能。通过角色游戏，儿童能够去自我中心化（Bruce 1987 and 2005），从其他视角看待事物，这是社会运转良好的关键。通过游戏，儿童在无意识的情况下学会了这些事情。如果不学，他们会发现自己被孤立。古尔德贝格（2009:88）这样提及《探索美好童年》(*The Good Childhood Inquiry*)：这本书显示，没有朋友的青少年的数量在不断增加。交朋友不是被教会的，而是通过尝试来实现的。我们需要给儿童提供练习的空间。通过研究手枪和超级英雄游戏，赫兰德得出结论："男孩之间存在更多自由流畅的游戏，通过蝙蝠侠和罗宾的组合建立友谊。"（2003:70）赫兰德发现，高质量的游戏可以增强儿童的社会性技能以及角色游戏的创造性。怀特赫斯特（Whitehurst 2001）在游戏、户外游戏和个人社会性情绪发展之间建立了明确的联系。

通过对比丹麦和英格兰的学前教育，海恩（Hain 2000）讨论了一个有关户外游戏有益于儿童发展的原因。这是来自丹麦的研究。该研究表明教师对户外持有积极的态度，他们认为户外游戏比在室内消磨时间更有价值，户外游戏为儿童提供了在别处无法获取的社会性和情绪发展的机会。

辛格（Singer 1990）指出了角色游戏在儿童发展中的核心地位，斯米兰斯基（Smilansky）和施法提亚（Shefatya 1990）认为能够在角色游戏中运用符号的儿童更容易接受和使用数学和书面语言的任意符号。一般而言，在儿童学会阅读之前，杯子就只是杯子。但是在游戏中，功能和物体是分离的。所以，一个盒子可以是一台电视、一个笼子、一个秘密据点。这是儿童理解物体是物体，功能是功能的开始，也是理解书面语的起点。关于游戏的重要性，已经有很多论述，但是，如果游戏只是有助于确保儿童能写、能读、能合作和能思考，那么它就值得商榷。总之，古尔德贝格（2009）认为通过游戏和教学，儿童可以实现维果茨基（1978）提及的最近发展区。换言之，通过游戏和教学两种工具，儿童能从所处的发展水平向前迈进。

通过研究超级英雄游戏，赫兰德发现通过轻松的方式进行"战争、武器和超级英雄游戏"会带来两项主要成果：想象游戏和社会性发展（2003:77）。她还指出，这类游戏在成人的精心干预下可以帮助儿童拓宽想象游戏，尤其是那些相当好斗的儿童：

我的论点是为了避免给6岁的儿童带来消极的社会性后果，我们可以使用战争、武器和超级英雄游戏来拓宽和发展一些难以管理的儿童的想象力，即那些被邓恩和修斯（Dunn and Hughes 2001）界定为面临风险的儿童。（2003:79）

泰勒（Taylor 1980:133）引用加拉休（Gallahue）和奥兹蒙（Ozmun）的话，他们认为：

最佳和最容易形成强烈的自我概念的途径是游戏。游戏提供支持儿童全面发展的机会。游戏的重要性体现在帮助儿童认识自己，包括自己的身体、自己的能力和自己与他人的关系。（Gallahue and Ozmun 2005:287）

因此，霍兰德、泰勒、加拉休和奥兹蒙正在建立活动和游戏之间的清晰联系：儿童需要对自己的运动能力感到自信，而这种自信可以通过游戏养成。

游戏的连续统一体

相较游戏或非游戏的二元对立（见图2.2），佩列格里尼将游戏描述为从"纯游戏"到"非游戏"的连续统一体（1991:215）。他建议通过以下方式衡量游戏：

- 在学习品质方面，只有具备特定的态度才能称为游戏；
- 在情境上，当下发生的事情必须是适宜的；
- 在行为表现上，主要指儿童实际在做什么，例如，做建塔、扮演妈妈角色或进行斯奈普卡牌游戏。

学习品质和情境越明显，儿童的活动越接近于纯游戏。这意味着我们不要忽视儿童完成拼图这种非传统意义上的游戏行为，也不需要担心儿童灵巧地在游戏和非游戏

游戏作为一种学习品质：
- 内在动机——儿童想玩才会玩
- 过程导向——关心游戏行为本身，而不是结果
- 我能用它做什么？——需要首先进行探索
- 非文字的——假装
- 灵活性——参与游戏的人建立规则，而规则可以被改变
- 积极参与——游戏者逐渐生成游戏，所以游戏并不是预先规划好的

游戏作为一种情境：
- 熟悉的——如果儿童不知道材料和一起游戏的伙伴，那么在此之前他们需要探索
- 自由选择——儿童选择
- 零压力——不受饥饿、疾病、疲乏、不友好的儿童或成人的干扰

游戏作为可观察到的行为：
- 功能性的——（感知运动）——在新环境下运用先前习得的动作技能
- 符号性的——（前运算）——表征现实生活
- 规则游戏——（具体运算）——遵循外部强加的规则

图2.2 游戏的维度

资料来源：Pellegrini, A.D (1991) *Applied Child Study*. New Jersey: Lawrence Erlbaum Associates, 214. Based on the text of Rubin, K., Fein, G. and Vandenberg, B. (1983) 'Play', In Hetherington, E. M. (ed.) *Handbook of Child Psychology. Vol IV Socialization, Personality and Social Development*, New York: Wiley, 693–774. Reproduced with permission from Taylor & Francis Ltd.

状态之间切换。但是，同样地，我们也不能把儿童荡秋千荡 30 秒的行为称为游戏。

分析游戏过程中的行为

佩列格里尼（1991）给我们提供了分析游戏中的儿童的一个工具（见图 2.3），并指出该工具如何帮助我们理解游戏和评价游戏中的儿童。他坚定地认为我们需要同时考察儿童游戏的社会性和认知两方面，以便全面了解儿童及其社会性和认知能力的发展，这样我们才能形成真实的儿童观。维果茨基（1967）提议，当我们了解到儿童实际能做什么时，儿童会倾向于用最优水平进行游戏，因为他们真正有动力，不害怕失败。同时观测一名儿童的社会性发展和认知发展两方面也契合有效学前教育项目研究的发现（Sylua et al，2004）。该项研究发现，在将认知发展和社会性发展视为同等重要的学校里，儿童的表现更好。如果只强调游戏中的社会性发展或认知发展，那么我们很容易误读儿童。佩列格里尼认为我们不能简单地归类，例如，儿童可能在他人旁边玩耍，并使其成为游戏情境的一部分。相比互动游戏，一些独自游戏（如单人建构类游戏）对于社会认知表现的预测性更佳（1991:220）。但是在总体上，他建议随着儿童的发展，应让他们能够参与更复杂的游戏，以表现出更多角色特质。将游戏编入一个连贯主题的能力与儿童的叙述能力（讲述和理解故事）有关。所以，这一能力有助于发展儿童的读写能力（Pellegrini，1991）。

儿童的姓名：		日期：		
情境：				
在场的他人：				
		功能的	建构的	角色的	规则的
	独自游戏				
	平行游戏				
	互动游戏				

图 2.3 游戏的分类
资料来源：Pellegrini, A. D. (1991) *Applied Child Study*. New Jersey: Lawrence Erlbaum Associates. Table 12.2, page 220. Reproduced with permission from Taylor & Francis Ltd.

游戏螺旋

接着之前有关儿童发起的活动的讨论，莫伊尔斯的游戏螺旋结构（1989:15-16）有助于建构关于学校中儿童发起和成人主导活动的平衡的理解。在这一框架下，莫伊尔斯认为学习是重复和增加的，即你必须不断回到学习本身。学习是建立于学习之上的。通过这种方式，儿童会变得更有能力。教师以儿童在自由游戏中的学习为基础，建立一种包含更多成人安排要素的游戏情境（见图2.4）。儿童从而能从成人主导的活动中获取区别于从儿童主导的游戏所获取的事物。这不是说儿童主导和成人主导是相互对立的，而是表示我们可以观察儿童主导的经验，发现儿童的兴趣，并借此设置一些环境来支持和拓宽儿童的学习。例如，比尔顿（2004b:33）的文章中有一则关于如何将个体儿童对花园中蘑菇的兴趣转化成两名儿童的一系列学习的讨论。成人是所有学习发生的催化剂。同样地，个体可以使用某一领域的兴趣点作为学习其他领域的跳板。佩列格里尼提议"游戏可以被用作一种教学模式"（1991:213），因此，为儿童提供一种游戏导向的课程有助于儿童更容易地理解事物。例如，在学校里，两名儿童对挖掘和炼制女巫神药感兴趣。教师视其为给儿童提供更多书写练习的一个机会，于是在挖掘地点埋了许多"宝藏"（海玻璃、贝壳、糖纸、瓶盖），并在附近放置了一口大锅和不同

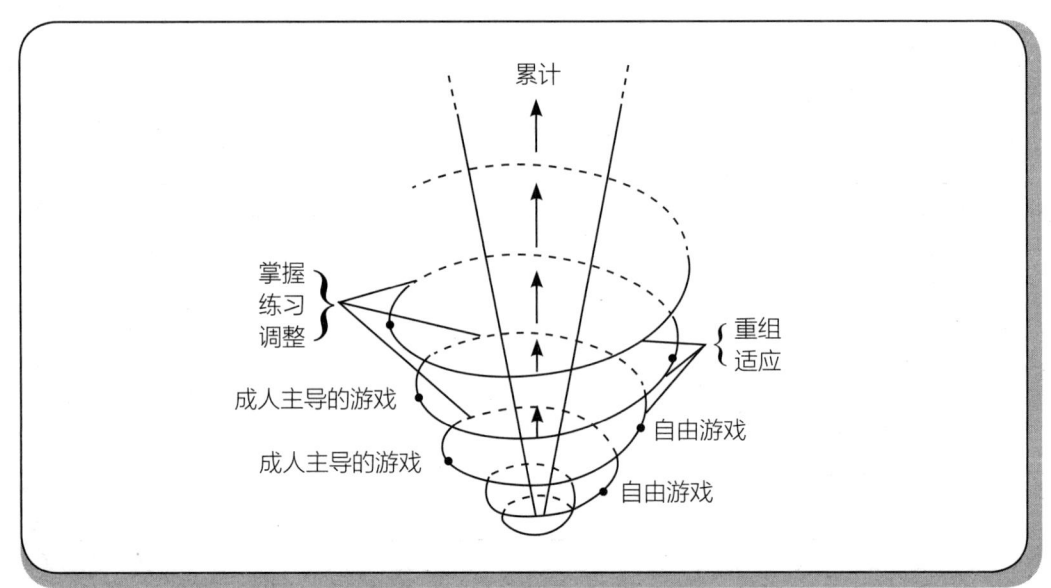

图2.4 游戏螺旋结构
资料来源：Pellegrini, A. D. (1991) *Applied Child Study*. New Jersey: Lawrence Erlbaum Associates. Table 12.2, page 220. Reproduced with permission from Taylor & Francis Ltd.

种类的汤匙、长柄勺、黑板和粉笔。教师编了一个故事，即当孩子们在挖掘地找到一些宝藏时，这意味着当晚一定会发生神奇的事情。儿童很快被这片区域所吸引。教师轻松地融入了游戏，其中一名儿童决定制作一张列有被找到的财宝的清单，这捕捉了儿童的想象，包括最初感兴趣的两个男孩。儿童热情地书写清单、他们的女巫神药及其秘方。通过这种方式，两名儿童发展了他们的书写能力。

第七章呈现了有关成人角色的具体探讨。

支持性的游戏环境

我们必须谨慎，这样才能避免糊弄自己，认为自由选择时间等同于高质量的游戏。班尼特和凯尔（Bennett and Kell 1989）的研究以及罗杰斯和埃文斯（2008）的研究清楚地表明，教师眼中的游戏和实际上的游戏之间存在不匹配的现象。只有6%的观察结果被归类成游戏，而大多数观察结果则被视为无挑战或无意图的浪费时间。类似地，虽然是讨论自尊，凯茨（1995）认为学校中的大多数实践是可疑的。"意在提高自尊"的活动"更可能培养对自我的关注，并通过帮助儿童应对挫折和负面评论来实现，而不是通过赞扬"。她认为自信来自于成人创设的、使儿童变得更有能力的一种学习环境，儿童从中能够做出合适的决策、真实的选择，能面对挑战，而不是迅速地获胜。她的讨论很有说服力，证明了我们以"帮助"之名为儿童做的事是远远低于认知水平的，有时甚至是对儿童智商的一种侮辱，凯茨将其称之为"无用的小可爱"（1995:140）。高质量游戏吸引儿童，因为即使它对我们来说并不真实，但是对儿童来说是能得到的最真实的东西。他们可以假装有火但是却不会被烫伤，他们可以扮成超级英雄而不会弄得伤痕累累。在游戏中，儿童会遇到其他儿童，当妈妈说这不是很好的事情、"店主"不愿帮忙、木板卡在A形架里，他们必须对"做什么"和"说什么"做出真实决策。成人觉得玩游戏很困难是因为在儿童眼中"真实的世界"在他们眼中却是虚假的。当儿童想要进入我们成人的真实世界时，我们有什么感受呢？有时我们感到喜悦，有时我们只想让事情继续进行，有时我们感到被排除在外，但是大多数时候我们想控制局面。这些都是儿童在现实世界里所感受到的情绪。

为了能使游戏顺利进行，适宜的环境是前提。它需要以下几点：

- 精心设计；
- 适当的时候有成人参与；
- 配有大量的开放材料；
- 掌握儿童的情况；
- 有他人参与；
- 交谈和倾听；
- 有大量的可用时间。

以下场景在某种程度上解释了上述概念：

罗伯特（Robert）、巴里（Barry）和马修（Matthew）将三辆装有牛奶箱的木质卡车停靠在学校建筑旁。通过行动可见，他们显然决定了把这里作为牛奶仓库。罗伯特的一箱牛奶掉了下来："哦，我肯定是行驶得太快了。"马修说："我的牛奶箱比你的多。"然后，他开始数自己的和罗伯特的牛奶箱。当教师进入现场时，她被告知："我们在运送牛奶，我们把卡车开到这边来。"（罗伯特用动作示意）"在晚上，然后在早晨我们把它们转过来。"该组新增两名儿童。教师询问是否能买些牛奶。罗伯特说："当然，这里还有面包。"紧接着是有关所需牛奶和面包数量以及价格的协商，之后，"商品和货币"交换。儿童离开了，三分钟之后，他们又回到教师身边。罗伯特说："你需要再来一些面包、牛奶，还有……一份礼物。"马修说："我有一些豌豆和蔬菜。"教师和其他两名儿童买了面包和牛奶，教师还买了那份礼物。然后，罗伯特试图拿走马修的黑色面包箱。一场争执就此开始，教师介入。突然，马修大喊："面包被偷了。"教师回答道："你需要到警察局去报告这件事。"马修声称："警察偷了它。"所有参与的儿童都笑了，争执则被遗忘了。斯科特（Scott）加入游戏。他说："我买了一些东西，给你。"接着，他把东西递给教师。教师回复道："它太重了。"斯科特说："这个值1块钱。"教师给了他"1块钱"。内奥米（Naomi）加入游戏，并问道："我能买些牛奶吗？"罗伯特回答道："现在不行，中午会有新的牛奶到，你可以回家等着。"内奥米离开了。在此期间，马修离开了小组，并躺在地上修他的卡车。当教师走向他时，他大叫："修好了！"然后，他走到罗伯特身边，说："我进些水果来卖。"说完，他们一起离开了。（Bilton 1989:40-1）

这一游戏场景持续了一个小时，有许多儿童进进出出。虽然儿童面对诸多困难，但是非常重要的是，儿童能够将游戏持续进行下去。这些儿童知道自己有时间游戏，他们拥有空间和资源，所以游戏可以在一个复杂的水平上实施。那天很冷，但是孩子们穿得很暖和，他们来回移动来保持温暖，同时，没有任何事物打断或干扰他们的游戏。游戏对这些儿童的重要性通过他们继续游戏的动力和维持游戏的技能来体现。在情境里，罗伯特在第二次与教师的交易中增加了一份礼物，这也许是因为他想要这么做。但是，也可能是为了鼓励教师加入进来。教师已经购买了牛奶和面包，所以他有可能不想再买同样的东西了，而一份礼物则成了附加奖励。通过声明奶箱被盗，马修成功平息有关奶箱的争论，而这一争论能轻易使游戏终止。通过拒绝教师有关报警的建议，马修还清楚地表达他对游戏走向的打算，他声称警察偷窃了奶箱。他显然想要掌控游戏，并清楚他想要如何展开游戏。通过告诉内奥米回家等待面包，罗伯特延伸了游戏，创造了一个儿童需要来回走动而非静待一处的场景。

精心设计的游戏

不是所有的游戏都能激发儿童的内部动机，这种游戏是需要事先设计的；也许包括儿童在内的所有外人都看不见任何有关计划的痕迹，但计划是存在的。首先，教师需要和儿童讨论游戏，并要支持游戏，这很重要。根据班级理念，考虑什么是被允许和不被允许的，如在"娃娃家"可以使用面团吗？在户外可以玩娃娃吗？在室内可以骑车吗？然后，教师需要证明他们决策的合理性。赫兰德（2003）对超级英雄游戏的研究表明，儿童需要教师向他们确认什么是可以做的。在一个场景里，儿童可以玩超级英雄游戏，但是儿童不能用枪指着他人。教师需要考虑可用的材料、儿童在哪里玩，以及玩多久。儿童需要获得关于边界的概念，太多的话会导致游戏无法顺利展开，太少的话则会限制游戏的类型。

有时，教师一夜之间更换了游戏区，他们期待儿童能够立刻进入一个新的角色。这对儿童没有益处，因为这是强加给儿童的，也许并不能满足他们当前的兴趣。教师可以在自由游戏区旁创设游戏场景，但是他们需要以儿童当前的兴趣为基础（正如莫伊尔斯在游戏螺旋中所建议的），慢慢地展开。本书计划单上提及的比萨递送场景（第七章）是此法的一个实例。教师和儿童一起设计游戏。他们草拟计划，商量可能发生的学习经验、所需的资源和设备，以及儿童能做的事。然后，儿童开始制作假比萨和大蒜面包，设计、制作和批量生产标识和标签。他们书写和修改菜单，并且制作了电话。为此，他们进行了许多有关快餐和送货上门的对话。接着，儿童收集材料，家长也加入了搜罗所需物品的队伍。柜台制作好了，并被装满了东西，儿童开始使用它。自行车被用作送货工具。教师模拟可能会发生在商店里的场景和可能接到的电话。教师通过绘本开启了有关主题的讨论。因而，渐渐地，整个比萨递送的场景被铺开。久而久之，比萨递送成了保留节目，儿童在这一广阔的场景中设计他们自己的游戏场景。儿童能够思考，情境也同样驱使他们去思考如何在游戏中解决问题。儿童需要以不同的方式进行合作、协商和互动。教师将数学融入场景中，包括价格、总数、数量等，教师和儿童都参与了长时间的复杂的讨论。游戏中包含许多不同类型的活动，如使用自行车、包装盒子和移动柜台。虽然场景幕后计划耗费了很多精力，但是这一切都是值得的，因为儿童在活动中能思考、讨论、负责、专注、坚持并展示自我。

成人参与

当然，有时成人需要加入儿童的游戏，但是参与的方式是互动而非干预。成人是资源，资源可以是一个"钳子"（因为儿童无法掌控一颗钉子），一个参谋（儿童可以借此思考自己的主意或问题），一个玩伴（作为受邀的贵宾或作为确保游戏继续的协调者）。图2.5展示了成人的多重角色，第七章将对成人的角色进行更深入的讨论。

丰富的材料和多样的资源

儿童需要许多资源。地一些资源是开放式的，可以代表许多东西；另一些则是具象的，如娃娃。一个纸卷可以是一架望远镜、一部电话或一个麦克风。使用没有特定用途的物体可以确保游戏不受物体功能的限制。儿童需要简单但多样的资源和设备，他们可以调整资源以适应自身需要和理解水平。佩列格里尼认为"研究普遍显示，不同类型的材料对儿童社会性和认知方面的行为具有非常特定的影响"（1991:50）。他进

参与儿童的经验是因为:
- 学习会增加
- 游戏质量会提高
- 谈话质量会提高
- 提升游戏、活动和参与者的状态
- 提高参与者的自尊
- 缺乏自信的儿童能够获得支持
- 减少模式化游戏

管理班级日常以便:
- 推动游戏情境
- 提出想法
- 增添资源
- 确保不同游戏小组之间互不侵扰
- 预防问题
- 鼓励儿童尝试新点子
- 不让儿童放弃
- 建立与主题的联系
- 确保儿童可以选择
- 鼓励儿童在游戏结束时把材料放回原处

教学时需要记住:
- 是教学而非监督
- 期望培养的技能、知识和态度
- 儿童的发展阶段
- 活动和学习区域的期望模式

当创设环境时:
- 不要包揽一切
- 确保儿童能够得到他们想要的东西
- 把它视为提出想法、问题和教授具体技能的时机
- 提供主意——使用儿童工作的照片来启发儿童

当收拾材料时:
- 让所有儿童都参与其中
- 考虑教学的可能性
- 使其成为计划和观察的一部分

图 2.5　组织和管理教与学的环境

一步指出,"开放式的材料(功能模糊,如积木和陶土)比明确界定的材料更能带来持续的投入"(1991:50)。材料越灵活,儿童会持久地参与到游戏中,因而对学习水平产生影响。当然,有时儿童需要具象的玩具,如娃娃,因为这些是更复杂游戏的基础(Pellegrini 1991)。在一个"娃娃家"场景里,放置一个玩具娃娃是有必要的,儿童可以拥抱娃娃、喂娃娃和给娃娃换尿布,正在游戏的儿童会与之建立紧密的联结。这时,用一个纸卷就不太合适。有趣的是,在过去,儿童收不到成堆的礼物,通常最受女孩欢迎的玩具就是娃娃。

儿童并非总需要实际的材料来代表某物,例如,在牛奶工的场景里,牛奶、面包、礼物和钱都只是游戏者的想象。但是,相应地,儿童可能会想要制作这些材料。这里的窍门在于不仅要让儿童用积木、奶箱和其他材料制作一个他们想要的结构,还需要鼓励他们使用材料去制作他们需要的资源。所以,如果儿童需要双筒望远镜,他们可以自己制作;如果他们需要地图,他们可以自己制作;如果他们需要乐队演奏场景中的乐器,他们也可以自己制作。

儿童需要知道他们可以为实现目的而使用来自任何学习区域的材料,他们也可以自由进出各区域以便进行游戏。如果沙子里只埋有7只恐龙而无其他资源可用,那么儿童很难延伸游戏。最后,我们必须确保玩具不会获得很高的受欢迎度,否则儿童会争抢着操控玩具,这类现象时常发生在户外自行车的使用上(参见第四章和第五章,以了解更多关于此主题的内容)。

儿童掌控

如果你与儿童对话,他们会说教室被成人尤其是教师所掌控,但是户外却不受成人掌控。这是儿童喜欢户外的一个原因,因为他们能掌控环境。当你能控制身边的事物时,你会感到更开心和有更少压力;你感到某种可能性,对自己会更有自信。接下来的情境描述了儿童如何控制他们的游戏。教师用镂空的积木、一个方向盘,各式各样的帽子,哨子、接力棒和袋子搭建了一个火车的场景。4名儿童进入情境,开始穿戴帽子、拾起袋子,并坐在积木上。这一情况持续了几分钟。随后,又来了两名儿童,他们想要加入,并且想在火车上建个小餐厅。他们离开去取牛奶盒和几块扁平的木块。他们用这些材料充当厨灶、洗碗槽、操作台等。他们又取来杯子、盘子和深口锅,并用树枝和树叶作为食物。镂空积木上系有细绳，可以充当安全带。这一行为引发了一场关于火车是否有安全带的热烈讨论。接着是人们排队上车、买食物、吃饭和四处走动的场景。一名儿童又带回了做床的材料和装满各种旅行用品的袋子。如果这群儿童得不到许可去改装原始场景和使用能满足他们需要的材料（如作为厨具的牛奶盒），那么他们不可能丰富这么多细节或达到这么高的游戏水平。儿童需要发挥他们的想象，并且控制、调整和改变身边的环境。只有这样，儿童的游戏才会发展。当游戏发展时，真正有想象力的游戏才会出现。儿童不能掌控一个配有固定攀登架和漆好行车线的现成的环境，因为他们所能添加或改变的余地很小。当儿童可以掌控身边的环境时，他们的行为开始发生变化（Ranzoni 1973）。一个可改变的环境能鼓励儿童的求知行为和兴趣，并能扩展儿童的探索范围（Overholser and Pellerin 1980）。

他人参与

生活中很多时候会涉及他人。在游戏中，这体现为一种社会关注，所以儿童不仅需要学习关心他人、与人分享的技能，还需要在游戏情境中运用那些技能。我们在和成人谈论有关他们自身的童年游戏经历时发现，大多数时候他们是在学习如何与人和睦相处、如何在避免冲突的情况下实现自己的目的、如何妥协和对当下的结果满意，如何与他人协商以及如何考虑他人的想法。这在现如今依然适用。所以，通过游戏和其他活动，儿童需要看到成人的协商和妥协，这样他们才能学会这些技能。他们需要情境促使他们练习协商（例如在值日时，年长的儿童帮助年幼的儿童）和妥协（在小餐桌边吃苹果而不是他们喜欢的橘子），并且通过角色扮演，使自己作为团队的一分子与他人合作。成人需要支持儿童，确保某些儿童不会压制同伴，同时让内向的儿童不受排挤。

交谈和倾听

当然，如果游戏涉及他人，那么就会涉及交谈和倾听，这也需要大量练习，并不断改进。伍德和班尼特（1997）注意到游戏的一项主要功能是发展儿童的语言（和社会性能力)。因此,儿童需要获得尽可能多的有关真实生活情境的信息,他们也需要许多如前文所述的学习冒险经历。如果咖啡馆是儿童当前的兴趣点,那么他们可以在成人的帮助下查阅相关书籍和浏览网页;成人可以模拟相应场景,带领儿童参观咖啡馆,邀请咖啡馆里的员工来班上谈论他们的工作;也可以组建一个小组讨论该主题。总之,这有无限的可能性。

维果茨基(1978)、威尔斯(1987)和特热沃森(1994)认为,社会互动和沟通对儿童发展至关重要,儿童需要并想要与其他儿童和成人交流。维果茨基说明了社交性言语如何被儿童内化,并促进了儿童的思维和概念的形成。特热沃森论证了幻想世界对4岁左右的儿童是如何重要,以及他们如何清楚地模仿和表演一个故事。对这一阶段的儿童来说,非常重要的是他们能把戏剧演活。这与伍德(1988)的理论不谋而合,即儿童是学徒,成人是专家,所以儿童需要练习这些概念,为变成专家而"进行尝试"。在这里,儿童把自己作为角色游戏里的参与者。

拥有时间进行游戏

儿童需要时间来游戏的一大原因是他们需要时间来争抢位置并进入游戏情境。同样,如果儿童中途被打断,他们就不可能集中精力并坚持完成游戏。如果有足够时间,那么他们能把游戏进行得很好。有些游戏是单调无意义的,这是由于儿童没有充足的时间延伸游戏。儿童被允许去打发时间,他们意识到自己无法掌控情势,所以大家都会觉得这是在浪费时间(Bennett et al.1997)。同样令人沮丧的是,游戏可能变成一种奖励(Adams et al. 2004,Rogers and Evans 2008),尤其在"小学化"严重的地方更加明显。"如果你完成你的学习,那么随后你可以去玩耍"。有些儿童可能会努力学习却无法游戏,结果他们继续挣扎,寻求帮助,却仍然受困于学习中,然后,他们眼睁睁地看着轻松完成学习的同伴出去玩耍。这是一种近乎残忍的方式。根据罗杰斯和埃文斯有关(英国学校为4至5岁儿童开设的)学前班角色游戏的研究,其中的一个重要发现是"延长未受打断的角色游戏时间可以促使这一年龄段的儿童发展和表现出持续且复杂的叙述能力"(2008:119)。

一个关于角色扮演的词

虽然儿童早期环境中会发生各种各样的游戏，但是角色游戏是最重要的类型，且应该贯穿整个学前阶段。角色游戏又称幻想游戏、假装游戏、"娃娃家"、想象或社会性戏剧游戏，其中最常用的术语是角色游戏，是指"儿童之间共享的假装游戏，他们暂时扮演成他人，模仿他人的行动和言语"（Harris 2000:30，cited in Rogers and Evans 2008:3）。通过对学前班角色游戏的研究，罗杰斯和埃文斯（2008）发现儿童有强烈的游戏参与欲。弗罗斯特（Frost）和坎贝尔（1985）发现，4到6岁的儿童喜欢鼓励角色游戏的环境。

打斗游戏

打斗游戏（混战游戏）和实际打斗（攻击）是不同的。大多数儿童能够说出区别，但是成人经常不能说出区别，或者根据自身经历（通常按照性别划分）不能接受这两者之间有区别（Pellegrini 1988，Conner 1989，Goldstein 1994，Schafer and Smith 1996）。作为成人，我们不可能忽视打斗，因为我们不喜欢它。谢福尔和史密斯（Schafer & Smith 1996）得出结论：研究中1%的假装游戏会演变成了真正的攻击，这与教师所提出的29%的比例形成鲜明对比。对那些社会性发展较薄弱或者更具攻击性倾向的儿童来说，这一数字会上升到25%左右，但是这实际上还是比教师估计的比例要小。我们需要学会解读情境，理解儿童何时是在进行打斗游戏，以及何时是在真的打斗。女性比男性更易将游戏归为攻击，教师倾向于让儿童独自与符合其性别的玩具玩耍。如果女孩开始打斗，教师更有可能给予关注（Goldstein 1994）。我们同样需要学会相信儿童，正在赫兰德的研究中，一名儿童这样解释道："这不是一把枪，这是玩具——真枪能杀人。"（2003:85）

通过观察超级英雄、战争和枪的游戏，赫兰德（2003）论证禁止有关枪的游戏不但不能解决问题，反而会使事态恶化。在枪支游戏被禁止的环境里，儿童仍然会制作枪支。这通常是在远离成人的情况下，儿童用两块乐高建造一把枪，当"啧啧"的声音从儿童口中发出，恼火的成人制止，"我们这里不允许有枪"，然后儿童去其他地方造枪。在赫兰德的研究中，她发现，当儿童获得许可开展超级英雄游戏，并且成人参与儿童的游戏时：
- 想象游戏增加；
- 儿童参与其他活动的频率增加；
- 其他活动的质量提高。

在一个超级英雄游戏被允许的环境里，实际的"枪"的制作变得比禁止时更加复杂，同时儿童的语言也会得以发展。赫兰德进一步认为，虽然她同意邓恩和修斯（Dunn & Hughes 2001）的研究，该研究表明，原来对暴力游戏主题感兴趣的4岁儿童到6岁时会比同伴表现出更少的与社会性和认知有关的行为，但是赫兰德并不认为这可以成为禁止超级英雄游戏的理由。她提出，通过幻想游戏，我们需要和那些儿童一起工作，以便帮助他们发展社交技能和协商能力（Holland 2003:38-9）。通过自己和他人的研究，佩列格里尼（1988）注意到受欢迎的儿童通常清楚两类"打斗"之间的区别。但是，那些被描述成"被拒绝的"儿童（在与他人的交往中不被接受）则不能区分真实和假装的打斗。受欢迎的儿童不太可能会把打斗游戏升级为攻击行为，但是，被拒绝的儿童则很有可能将游戏演变成攻击行为。受欢迎的儿童想要加入吵吵闹闹的打斗游戏，但是被拒绝的儿童则不想加入。

因此，成人需要保持机警，帮助发现打斗游戏是困难的儿童找到提高自尊和"解读"情境的方法。这可以通过分享书本里的图片、观察面部表情和肢体语言来讨论人们的意图。成人可以和这些儿童进行打斗游戏，并且示范什么是游戏、什么是真正的打斗。

卜乐顿·琼斯（Blurton-Jones 1967）通过研究证明打斗游戏不是随机的，而是有特定动作的。这一点得到赫兰德（2003）观察结果的支持：

> 人类的"打斗游戏"有7种动作模式，这些模式往往同时发生，且不和其他动作同时出现。这包括奔跑、追赶和跌倒、摔跤、跳上跳下、用张开的手击打对方但未构成实际的伤害、用工具击打对方但未伤害对方、笑。此外，跌倒似乎成为这一行为的惯有部分。如果有材料可以使儿童安全跌倒，那么儿童会花更多时间把自己和他人"扔"向该材料。（Blurton-Jones 1967:355，as cited in Holland 2003:92）

这促使我们理解打斗游戏是内生的，有一套具体的过程（见图2.6）。对各种不同

> 7种动作模式:
> 1. 奔跑
> 2. 追赶和跌倒
> 3. 摔跤
> 4. 跳上跳下
> 5. 用张开的手击打对方但未构成实际的伤害
> 6. 用工具击打对方但未伤害对方
> 7. 笑

图2.6 打斗游戏的动作模式

动作的洞察能确保我们支持打斗游戏而非禁止它,但是,我们也需要知道何时游戏会演变成激烈的打斗。

佩列格里尼提及打斗游戏有助于社会性技能的发展,因为儿童有时是攻击者,有时是受害者,有时是追逐者,而有时又是被追者。在这些游戏中,儿童必须去自我中心化,并认识不同的人有不同的感受,以便和他人"和睦相处"。他们也需要知道如何成为那样一种人——无论是受害者还是攻击者。儿童学会识别情况,并且妥善地应对。所有这些都有助于他们的发展。通过转变角色,儿童使自己感到不无聊,并持续开展游戏。

户外是打斗游戏的一个理想场所。我们不能因为自己的偏见或缺乏了解而阻止儿童进行打斗游戏。在一个充满关怀的环境中,喜欢打斗游戏和不喜欢打斗游戏的儿童都可以从被允许参与的超级英雄游戏中学习。

谈论游戏

鼓励儿童谈论他们的游戏是游戏教学的一大关键要素。班尼特等人(Bennett et al. 1997)表示成人应该承认儿童的这种需要。最新的《小学课程综述》(*Review of the Primary Curriculum*, DfCSF 2009)再次强调了讨论的重要性。当儿童在进行游戏时,他们需要有机会简单谈论他们正在做什么,当游戏结束时,他们也需要谈论他们做了什么。当成人进行记录时,儿童需要有机会去"讲述有关……的故事"。德博亨德小学的学前班的实践和研究发现，记录故事可以让我们了解一名儿童，同时也向儿童展现我们对他们的游戏和想法的重视。这也帮助儿童在行动和叙事之间建立联系，并最终促进他们的写作。成人需要仔细安排和计划讨论或回顾的时间，这意味着儿童能"更有意识地觉知自己在游戏中的行为、学习和成果"（Bennett et al. 1997:130）。这可以被纳入集体活动时间，同时明显地联系语言与数学的发展。但是，这也可以发生在儿童和成人一对一活动或成人支持的小组讨论活动中，后两种形式更优，它们能确保有效学前教育项目中所倡导的持续性的思维共享（Sylva et al. 2004）。

　　这些共享时间必须是自愿的。最初，儿童会觉得讨论很难，所以他们只给出简短的回答，但是，随着时间推移，他们会变得越来越流利地分享游戏经验。游戏似乎与班上发生的其他活动有些脱节。为了整理思路，儿童需要以某种方式表达，讨论就是他们表达自我的一种途径。虽然儿童不可能每天都会分享自己的经历，但是教师可以通过几周的时间覆盖到整个班级的儿童。把游戏带入讨论可以提升游戏的地位，并且提高参与者的地位。教师可以邀请儿童讲述"有关……的故事"，询问他们学会了什么、是否想要继续某个游戏、明天又想如何发展这个游戏。教师也可以询问游戏的具体某一方面，并且让儿童讲述这个方面的故事。这意味着儿童需要表达清晰、有逻辑性和反思性。这类时刻是非常好的学习时机：这里有教学的可能性。同时，这有助于教师评估儿童所获得的学习和开展游戏的潜能。

支持性的工作环境

　　如前所述，我们需要把学校视为一个鼓励工作的场所，但这种工作不是苦干，而是渗透着团队精神。因此，帮忙、布置和清理是任何儿童在校日常的重要部分。这些活动类型的可贵之处在于它们能给儿童带来成功和成就感。如果想要工作顺利完成，那么环境必须是适宜的。它应该是：

- 精心设计和实施的；
- 所有人参与；
- 包含教学谈话和教学行为；
- 有充足的可用时间。

精心设计和实施

在这种支持性的工作环境里，成人并不是为儿童收拾烂摊子的"奴隶"。儿童想要做真正的工作，他们渴望受重视，所以我们没理由不让他们参与真正产生结果的活动。成人需要认真组织活动，制订活动和每日工作的基本规则。正如科盖特儿童中心（Cowgate 2008）的实例所示，从一开始起，他们就认识到儿童负有责任。如果儿童参与园艺，那么他们必须知道和接受那块专用土地不是用来挖掘的。在进行此类工作时，成人需要在场，或周期性巡视，或联系做该项工作的人。如果儿童正在整理塑料类的器材，那么他们需要学习正确操作以及合作抬器材的方法。如果儿童正在清洁，那么他们需要明确需要做的事情，做事的先后顺序、地点等。如果我们帮助儿童掌握技能、理解活动，并且给予适当的支持，那么他们可以完成很多工作和任务。

所有人参与

所有人都需要体验参与到工作、活动中的感受，所以我们有必要制作值日表。对于较年幼的儿童，我们也许只要告诉他们需要做什么即可。随着年龄的增长，他们可以参考图片和文字图表。我们可以通过混龄促使年长的儿童帮助年幼的儿童进行尝试。成人需要给予关注以确保不会有要小聪明的儿童逃避打扫——逃避打扫是不公平且不正确的，不应该放任不管。如果是园艺活动，那么很可能所有儿童都想参与，但是他们不可能同时做园艺。成人可以让两名儿童用儿童尺寸的扫帚清扫落叶，由另外两名儿童随后把落叶放在带轮子的手推车里或堆肥中。如果太多儿童同时参与，那么很可能会发生意外。儿童做好承担费时费力工作的准备后可以选择除草工作。成人可以制作杂草辨识卡，以便儿童清楚需要清理或保留的植物。

儿童需要养成在每项活动快结束时要打扫清理的习惯，这需要成人的妥善组织。成人可以从安排几名儿童处理烦琐的工作，如清理油漆桶、清洁陶土桌、收拾园艺器材和整理复杂的角色游戏中使用的材料开始。年龄越小的儿童越需要成人的参与和帮助。而对年长的儿童来说，他们已经能自觉地清理，同时负责照顾年幼儿童。

教学谈话和教学行为

儿童需要明确的指令，因而我们有必要想好这些解释的实际措辞。如果儿童没有好榜样，他们不可能成为好的解释者。儿童需要清楚所要求的正是所需要的。呈现行动的文字或图片卡会支持儿童有效进行工作。当工作完成时，儿童可以回复和说明他们完成（和没完成）什么工作，进而强化他们的语言和理解。例如，如果儿童分享摆桌子的体验和相应的活动顺序，那么他们需要清楚所做的任务，这有助于他们形成想法、变得有逻辑性、知道如何筛选描述的细节。如果儿童已经在做园艺，成人需要告诉他们正确的术语，这样儿童就可以使用它们。园艺是帮助儿童使用过去、现在和将来时态的有效主题。例如，如果儿童的工作逐渐收尾，那么他们可以谈论是否喜欢园艺、发现了什么杂草并向他人展示。他们可以讨论接下来会发生什么、庄稼成熟需要多长时间等。这样一来，儿童的谈论带有真实的目的。类似地，在清理后，一些遭遇困难的儿童可以分享他们是如何克服困难的，或者提出有关如何更有效地做某事的建议。

充足的时间

如果你做了本该由儿童完成的大部分工作，那么这是百害无一益的。如今，我仍能看到 6 岁的儿童站在一旁观看助教完成所有烹调程序。年幼的儿童需要参与其中，他们能做好工作，所以我们应该让儿童自己去做。但是我们必须清楚谁做什么以及在有限的支持下他们能做什么，这很重要。我们也需要考虑儿童的什么活动需要最大化的支持，以及活动中最易于管理的最佳儿童数量。儿童会犯错，还会犯很多错。但是，只有悦纳犯错，儿童和成人的学习才会发生。我们应该接受他们会犯错的事实，也许他们会洒落面粉、会把洗洁精溅到地上、把砖块的位置放错……这些都不是大问题，都是可以纠正的。儿童只有获得充分的机会去尝试，他们才能学会倒和切等技能。

讨论

正如"欢乐三男组"（Fun Boy Three）或"香蕉女郎"（Bananarama）所唱的歌词那般，"不是你做了什么，而是你做事的方式，这才是结果"。无论是在室内还是户外，这对任何教与学的场所都适用。为了实现户外学习，我们必须认真考虑环境。教需要发生，学不能作为事后想法而发生。储存材料的地方、儿童可获取的资源、待在户外的时间、活动之间的过渡、对活动场地负责的人选，以及成人加入游戏的方式，这些都是有待解决的问题。教师做的每件事都展现了其教学风格。在户外每天投放一些自行车，这告诉我们教师不关心户外活动。户外既是工作也是学习的空间。儿童可以在那里开展游戏、发展游戏和进行工作，以便产出集体成果，如除掉杂草后的花圃。户外空间属于所有儿童，而不是属于少数几位想要控制它的儿童。

问题

1. 回想你别无选择的一种情境，以及在那时你不得不做的一些事情。你当时感觉如何？现在回想你有过选择的一种情境，你当时感受如何？请记住，我们应该确保儿童拥有选择权和控制权，这会使他们有控制感、自信、受重视和有潜力。

2. 苏·汉弗莱斯（Sue rlumphries）认为所有经验都能够"变成一个故事"。你是否为儿童提供过非常有趣和吸引人的经验，并能把它们作为故事来讲？

3. 教师是关注所有工作还是仅专注一些工作，即活动有无主次之分？

4. 根据佩列格里尼的游戏维度（第58页），观察儿童参与游戏的七个事件，找出每个事件在游戏连续统一体上所处的位置，并思考：你需要做什么才能促使该活动更接近纯游戏？

5. 根据佩列格里尼的游戏分类（第59页），两位教师观察相同的、有两名儿童参与的游戏情境。然后，你可以依据分类匹配两位教师的观察结果，看看是否得出相同的结论。如果结论相同，那么这是否佐证了你之前有关该名儿童的观察结果呢？该儿童的游戏水平是否达到了其年龄期望呢？

6. 阅读赫兰德的书《我们不能在这里玩枪：学前儿童的战争、武器和超级英雄游戏》(*We do not play with guns here: War, weapon and Super-hero Play in the early years*)，讨论你所在班级有关超级英雄游戏的设置方法及其理由。使用卜乐顿·琼斯（Blurton-Jones 1967）的动作模式观察儿童的打斗游戏，你是否能观察到那7种模式（第59页），并做笔记。

7. 儿童每天花多长时间为集体活动布置环境？你是如何知道的？请你在时间表上记下儿童参与集体工作的时间。儿童获得的成果是什么？儿童真的做烹调、园艺和收拾工作吗？通过你提供的这些工作活动，你教会儿童或发展了儿童的什么新技能和态度？请参照和对应《早期奠基阶段法定框架》。

8. 你每天花多少时间引导儿童讨论他们的日常生活和工作？谈话的质量如何？是否只是1—5个词的回答，而且儿童每天使用相同的词语？你需要扩展与儿童的谈话，以便他们的回答可以包含超过25个词，并经常融入新的词语。

第三章 历史和国际背景

概要

我一直对幼儿园和班级配有户外区域的事实很感兴趣。不管是在英国的哪个地区，不管班级规模的大小，幼儿园总是设有安全、可用的户外区域。这是为什么呢？当学前班附设在小学里，为什么不使用婴儿的操场呢（或许在不同的时间段使用）？答案可能是5岁以下的儿童需要有安全的围栏。他们还不够大，不能在没有围栏的区域里玩耍；他们可能会到处乱跑，而且他们可能不太会与年长的儿童一起玩耍。或许父母需要确认儿童在一个单独且安全的地方玩耍，这样才能安心。这些回答只是部分地解释了户外区域存在的理由，但这些并非是全部理由。户外有静态和可移动的玩具与设备，各种各样的地面、树木和灌木丛等。教师将在这里与儿童一起工作和游戏，整个区域都是开放的。

户外区域并非是英国幼儿园所独有的。美国、澳大利亚、新西兰和许多欧洲国家的幼儿园也配有户外区域，并且像英国幼儿园一样使用这个区域。那么为什么学前教育有别于其他阶段的教育（特别是小学教育）呢？为什么幼儿园配有户外环境呢？本章我们将探讨幼儿园户外是如何产生的，以及为什么它是幼儿园教育的重要组成部分。

影响

幼儿园户外存在的原因似乎与幼儿园的起源有关。回顾19世纪初英国幼儿园教育，很明显，它受到的影响不同于其他阶段的教育。幼儿园教育与小学教育有着非常不同的根源，走的也不是同一条道路。从某种程度上说，幼儿园教育源于对基础教育体系的不满，是对这种学校教育的一种直接反应。

在基础教育学校，儿童并未被视为有独特需要的个体，甚至几乎被忽视，他们被期望不加评论地接受成人所提供的一切事物。这是一个严酷的管理制度，三个在课上吵闹的儿童可能会被锁进柜子里。不同于基础教育领域的管理者，幼儿园教育的先驱们有自己对童年和人们生活方式的看法。他们的哲学受到不同来源的影响，这些影响导致了幼儿园教育的独特性，这已然成为众所周知的"普遍法"（common law）（Webb 1974）或"幼儿园传统"。

因而，幼儿园教育的发展是对低质量和不适宜的小学教育的一种反应，它从来就不是浅显化的小学教育。同样地，户外游戏成为幼儿园教育的一个独特特征，也是对不适宜的小学教育的一种反应，而且绝对不是小学玩耍时间的复制。事实上，户外区域是幼儿园教育的核心，是其存在的价值所在。了解户外游戏的根源和影响是非常有必要的，一旦理解了这一点，组织起来就容易多了。

有趣的是，世界各地都对学前教育产生了兴趣，比如19世纪中叶苏格兰的欧文（Owen）、德国的福禄贝尔（Foebel）、丹麦的索尔森（Soevensen）、20世纪中期意大利的蒙台梭利（Montessori）。

小学里5岁以下的儿童

1870年，义务教育被写入英国法令，规定凡年满5周岁的儿童必须入学。有趣的是，选择5岁这个年龄并不是出于合理的心理发展或社会原因，而是为了让议员们能够完成在下议院（House of Commons）一天的工作后再回家（Szreter 1964）。在贫困的家庭中，以前在家照看弟弟妹妹的儿童不得不去上学，而许多年幼的弟弟妹妹就没人照看了。因为要工作，父母要么不愿意哥哥姐姐去上学，要么无法亲自在家照顾孩子。童年并未被视为特殊的阶段，因而，儿童留在了家中或街道上，由于无事可做，这些儿童被赶到学校中，加入他们的哥哥姐姐。因此，这些年幼的儿童开始接受一种适合较年长儿童的教育，尽管这种教育被认为是不适宜这个年龄阶段儿童的。对5岁以下的儿童来说，这到底有多么不适宜呢？很少有学校会调整课程以适应这些儿童的需求。五六十名儿童被要求长时间坐在狭小和闷热的环境中，他们一整天都待在学校里；当他们到达学校时，已经又累又饿了，但是由于学校不提供餐点，他们只能继续饿着肚子；他们被要求长时间保持不动；他们被要求学习一个非常正式的课程，学会死记硬背，除非让他们发言否则不能开口；甚至 3 岁的儿童也被要求穿针和做针线活。当一些学校要求这些儿童接受正式测试时，情况变得越发糟糕了，因为很多儿童被评定为不达标。

截至 1900 年，43% 的 3—5 岁儿童进入小学（Board of Education 1912）。这些儿童受到的教育如此令人担忧，因此英国教育委员会开展了一项以了解 5 岁以下儿童在学校中状况的调查。妇女巡视员关于公立小学中 5 岁以下儿童所受教育的报告令人悲伤和震撼（Board of Education 1905）。这份报告认为，小学完全不适宜 5 岁以下的儿童，小学给予他们的任务/作业太难且太正式了，把太多时间投入在 "3R" 的学习中，而且纪律要求太苛刻；环境比较糟糕，教室的通风不好，儿童的行动受到限制。报告指出，儿童被"钝化"，纪律被"军事化"，并总结道，3—5 岁儿童在小学期间没有任何收获（Board of Education 1905）。总的来说，这些 5 岁以下的儿童所接受的教育是完全不适宜的，一些人也会说，5 岁以上的儿童也是如此。这份报告导致了 5 岁以下儿童被排除在学校外，这些儿童被重新安置回街道上，他们面临着各种各样的危险，没有人照看他们，他们的困境无望被解决。

对童年的兴趣

最贫困家庭的儿童的生活环境非常恶劣，家长工作时间超负荷且薪水极低，几家人挤在一幢房子里，房子里的每个房间都住着一个家庭。儿童被疾病缠身，婴儿的死亡率高，他们的营养不良状况非常明显。布尔战争（Boer War）和第一次世界大战（the First Word War）都清楚地表明，许多公民的身体健康状况很差。在官方和非官方的层面，越来越多人开始关注身处社会底层的人们，并希望采取一些措施来改善这种状况。人们对每一个人的健康和幸福产生了新的兴趣，尤其是年轻人。人们越来越相信，许多健康问题和疾病实际上是可以预防的。

随着儿童观的转变，人们开始关注年幼儿童。童年是人生的重要阶段，且童年有自己独特的需要和要求，因此要赋予童年前所未有的重要意义（Steedman 1990）。不能像过去一样把儿童视为"迷你版成人"或廉价的劳动力。1918 年以后，半工半读教育被逐步取消，所有的儿童都必须进入全日制学校中，因此最严重的儿童劳动力现象到此结束了。发展阶段的心理概念的建立、语言习得的研究，以及生理成长的详细描述都有助于把儿童视为必须接受教育的个体。儿童被看成是人类更美好未来的象征。

弗里德里希·福禄贝尔（1782—1852）的工作影响了那些与儿童相处的人们。18世纪六七十年代，幼儿园建立在城市的贫困地区；从1890年开始，这些幼儿园受到了教育委员会政策的支持。幼儿园先驱们的思想与整个社会观念的转变有关，并吸纳了卢梭、福禄贝尔、裴斯泰洛奇和杜威等人的思想。玛格丽特·麦克米伦（1860—1931）就是一位幼儿园先驱者。她在幼儿园教育界颇具影响力，1914年创办了一所幼儿园，之后又成立了一所幼师培训学院。还有一些人也创办了幼儿园，并且支持慈善事业，但麦克米伦的著作和演讲使得她在幼儿园教育领域显得尤为重要。通过在布拉德福德和伦敦的工作和政治活动，麦克米伦推动了英国工党关于儿童和家庭的政策。与其他中产阶级的女性一起，她致力于帮助穷人和儿童（Steedman 1990）。麦克米伦与其他关心社会的公民认为，改善贫困儿童的健康状况是最重要的。她一生有很多成就，其中一项是她在1906年设法确保了学校晚餐的补贴，并在1907年引入学校医疗检查服务。

儿童的花园

幼儿园是随着时间的推移而发展起来的，但它最初是从伦敦的户外营地开始的。1911年，玛格丽特·麦克米伦与她的妹妹蕾切尔（Rachel），在德普特福德贫民窟为6—14岁的女孩们建立了户外营地。儿童放学后进入户外营地学习，然后洗澡、吃晚饭、在露天睡觉。清晨，儿童吃完早餐再去学校。这个教育实验背后的设想是让儿童从拥挤、不健康的家庭环境中走出来，并试图改善儿童的健康状况，成果也是显著的。这项工作帮助麦克米伦姐妹认识到户外居住和户外环境能够影响人们的生活，并有助于改善他们的健康。

由于这项工作，户外教育的潜力开始显现。然而，麦克米伦得出的结论是，为了对这些个体的生活产生持久的影响，她需要和最年幼的儿童一起工作，因此她想为5岁以下的儿童创办一所幼儿园。她意识到健康和教育是密切相关的，这一点与小学教育是矛盾的，小学教育只关注教育却没有看到其与健康的关系。例如，她认为如果儿童有鼻腔问题，这可能导致儿童不能正常说话；视力问题可能会影响儿童正常阅读；缺乏锻炼可能会导致畸形、疲劳和兴致缺乏。

上述这些在目前看来是理所当然的。因此，健康身体应是健康心智的必要条件。麦克米伦认为，开展教育的环境必须有利于儿童学习。儿童坐在狭窄、光线暗淡的小学教室环境中，通过死记硬背来学习，这并不能让儿童产生兴趣，因而她想要在户外创设一个有趣的、富有吸引力的环境，在那儿儿童可以跟随自己的兴趣。

1914年，第一所幼儿园在德普特福德建立，名叫"蕾切尔·麦克米伦露天幼儿园"（Rachel McMillan Open Air Nusery School）。这所幼儿园最初是一个露天营地，刚开始只有6名5岁以下的儿童。幼儿园是一个花园，建筑物或庇护所（麦克米伦是这样命名的）是为了支持花园里的工作而建造的。这与福禄贝尔的观念是一致的，福禄贝尔使用"幼儿园"（kindergarten）一词来代表"儿童的花园"（a garden for children），而没有使用"学校"（school）这个词。有人认为"学校"这个词不贴切，因为它有身处建筑物里的含义。"幼儿园教育"（nursery garden education）这一词可能更好地描述她想要实现的目标。建筑物在恶劣的天气里起到了遮风避雨的作用，可以储藏设备，进行盥洗、烹饪和如厕等。室内摆放着乐器，还有供书写的材料以及玩具等。真正的学习环境是在户外的花园里。这并非我们今天认为的装饰的、郊区和公园里的花园，而是儿童的花园。这个花园与周围脏乱的街道形成了鲜明的对比，给当时的参观者留下了深刻的印象。麦克米伦花了很多时间把这里变成了美丽的绿洲，它的设计以儿童的学习为核心。与我们今天的工作相关的是，它是一个规划好的空间，在这个空间里成人与儿童一起游戏并帮助他们。这个儿童的花园并不是"随便搭建起来的"，它能适宜于儿童。这并非偶然，而是经过精细思考、组织、照料和管理的，并始终以儿童的学习为核心。

花园被分成了几个部分，这样儿童能有机会去探索、玩耍、建造和做园艺。儿童能够在不受干扰的情况下做自己喜欢做的事情。教师不像如今这样花费那么多时间来安排活动，因为儿童被期望能够自主选择活动。花园被设计成不同的层次，有的在草地上，有的在坚硬的地面上。这儿有小径、台阶、原木、大树、灌木丛、池塘、椅凳、桌子、滑梯、绳子、秋千、游戏屋、木板、梯子、木桶和积木等，还有种植花园、野生花园和岩石花园。这里有大量的自然材料，如树枝、树叶、石头、树皮和种子等。可移动的设备包括小卡车、手推车和自行车。儿童也能接触真实的工具，泥沙、流水和砌砖都是儿童可取用的。儿童还能装扮服饰。花园本来就会引来鸟儿，儿童还被鼓励进一步搭造鸟窝、给鸟儿用的浴室和桌子。花园里还饲养了小鸡、乌龟、兔子和鱼儿。儿童还可以使用科学仪器和小型的游戏设备。

花园（garden）是至关重要的，不在于课程、美景或交谈。课程和交谈都是跟花园里的所见所做息息相关的，就像美术馆里最好的油画都是实景的影子。如今，儿童能够到户外了！（McMillan 1930:2）。

所有的活动（包括运动、唱歌、绘画、吃饭和休息）都在户外进行。新鲜的空气、体育活动和空间都确保儿童变得更健康（正如她希望的那样）。

除了麦克米伦的著作，欧文（1928）、库斯登（Cusden 1938）、德丽莎（de-Lissa 1939）、惠勒（Wheeler）和厄尔（Earl 1939），特别是艾萨克斯（Isaacs 1932）等的作品促进了19世纪上半叶人们对幼儿园教育的认识。在幼儿园里，儿童的经验是综合的，各个领域的发展都得到了培养。这是一个自然的、真实的环境，而非一个脱离现实的、以任务为导向的结构化环境。先驱们强调了教育实践的各个方面，包括空间的重要性、不受干扰的游戏、学校的社交方面、集体活动的增强，以及儿童主导的游戏（Owen 1928, Cusden 1938, de Lissa 1939）。在自然和有趣的环境中通过游戏来学习被视为是促进儿童发展的途径（McMillan 1930, Isaacs 1954）。这是一个儿童天然想去的地方，并且能给儿童提供第一手感官体验。例如，在户外研究颜色的种类比在卡片上研究颜色更容易、更清楚。户外是在不断变化的，且它的多样性总能让儿童提出问题。这是一个被视为能够鼓励"集体活动和集体欢乐"的环境（Owen 1928:86），因而先驱们看到了让儿童一起玩耍的必要性，并通过提供废旧材料和可移动玩具来鼓励儿童一起工作和建造。德丽莎提及儿童通过有多种可能性的搭建材料来参与"实验游戏"（1939：49），这能让儿童把想法付诸行动，从而锻炼他们的策划、坚持、集中注意力和评估等技能。这与小学教育非常不同，在小学里，儿童被要求在同一时间做同一件事情。户外给儿童提供了情感支持，或者因为它是一个可以让儿童表达情感的地方，或者因为它营造了一个宁静的氛围。在户外，儿童能够从新鲜的空气中受益，他们能够发展健康的身体和心智，充满活力并且精力充沛（Plaisted 1909, Holmes & Davies 1937, de Lissa 1939）。

教师是至关重要的。"幼儿园的全部价值取决于教师。他们是问题的核心，他们可以促成或者阻碍成功。"（McMillan 1919:81）从本质上讲，是教师如何使用理论使之成功或失败，不论是在与儿童的互动、创设游戏的环境，还是让儿童参与规则和期望的制订。麦克米伦也认为，父母在个体生活转变中发挥着重要作用，户外式幼儿园能够吸引父母，让父母在观察儿童玩耍中学习。她设立了一个类似"父母房间"的地方，父母在那里可以接受教育，让父母知道不仅贫民窟的条件，还有无知，都会给儿童的健康带来许多问题。

户外游戏区域的消逝

随着时间的推移，花园（或称户外）在幼儿园教育的中心地位逐渐下降，户外游戏的数量也随之减少。早在1939年就有人对花园的滥用表示出担忧（de Lissa 1939）。有三个原因能解释为什么曾经被视为幼儿园教育存在价值的户外会逐渐消逝：第一，幼儿园教育开始被视为一种补偿教育；第二，幼儿园班级附设在小学的校舍里，而没有独立的场所；第三，普遍缺乏受过专业培训的幼儿园从业人员。除了这三个因素，雪上加霜的是，幼儿园教育从来没有成为义务教育的一部分，且自创立以来，幼儿园教育经费持续匮乏。直到1918年，幼儿园教育才被写入英国的法令，这是一项重大进展。然而，由于缺乏公共资金，幼儿园教育一直无法普及。尽管幼儿园教育持续在发展，但是缺乏整体的事业规划。有些地区的幼儿园数量庞大，有些地区却没有一所幼儿园。

补偿教育

麦克米伦和其他幼儿园教育领域的先驱们在改善儿童的健康状况方面非常成功。他们意识到，儿童在成功接受教育之前，身体状况要先得到改善，认知的发展离不开健康的身体。户外生活在改善儿童健康方面非常重要。儿童要有充足的食物、锻炼和休息。在幼儿园里，儿童变得更健康、抵抗力更强。正如布拉德伯恩（Bradburn）在为麦克米伦写的传记中所言，许多麦克米伦的追随者"可能错把过程当作目的了"（1976：163）。从某种意义上说，幼儿园运动的成功也是其衰败的原因。由于幼儿园教育极大地改善了儿童的健康状况，有些人得出结论，幼儿园教育并非一种新的教育，而只是一种补偿教育。把贫穷、疾病缠身的儿童安置于幼儿园里，他们能变得更健康。但不幸的是，在政府文件中，幼儿园被归属于"特殊学校"，这意味着它被看成是帮助有特殊需要儿童的场所，正如治疗机构只需要帮助某些儿童但不是所有儿童

（Board of Education 1936）。怀特布莱德认为，幼儿园被视为"社会和医疗保健机构，而非教育机构"（1972：68）。也就是说，人们并不把幼儿园看作一个学习环境，而是把它当作一个改善健康的场所。这种补偿性的教育观点仍然存在，在20世纪六七十年代，幼儿园教育被视为解决教育劣势的一种策略，帮助那些在社会交往或语言发展上处于劣势的儿童。"语言课程"的增长是明显的，这是给弱势群体提供幼儿园教育的一个例子，它能够让儿童变得更好，进而促进其语言的发展。克拉克（1988）认为促进语言发展是当时幼儿园教育迅速扩张的主要原因，幼儿园被视为儿童入学准备的一个场所，并甄别有特殊需要儿童，在某种程度上至今仍是（参见 Hutt et al. 1989 讨论幼儿园教育的补偿标签）。这种补偿教育通常发生在教室里，因而幼儿园户外的重要性被回避了。

英国有效学前教育项目的研究结果表明，高质量的幼儿园确实能帮助那些来自弱势家庭的儿童减少弱势因素和社会排斥（Sammons et al. 2004）。本届政府同样把提高最贫困家庭儿童的成就列为优先议程，因而也把5岁以下儿童的教育作为一种补偿。与此同时，政府致力于提高人们（包括母亲）的就业，因而5岁以下儿童的教育并不是简单地使所有儿童受益，而是作为一种儿童托育服务从而让父母能够外出工作（参见 Every Child Matters adenda 关于此的讨论）。

学前班的兴起

幼儿园教育始于学校，独立于小学教育体系。然而，多年来幼儿园规模的增长大部分是由于附设在小学里的学前班的数量增加，而不是幼儿园的数量增加。随着出生率的下降，越来越多的小学教室被空置，因此，特别是在20世纪三十年代和20世纪七八十年代，小学教室经常被改造成学前班，这是花销更低的选择。从表面上看，这可能不是一个重要的改变。然而，这对于维持户外的中心地位来说却非常重要的变化。很快地，幼儿园教育的重点就是改造室内教室，而非寻找和搭建合适的户外空间。在寻找适合建立幼儿园的场地中，户外游戏区域"从第一位的优先顺序中被降级"（McNee 1984:20）。人们花了很多时间去寻找一个合适的房子，且保证所用花费最少。大部分时间、精力和思考投入室内空间的改造中。户外变成次要的考虑，作为一个附加的空间。室内和户外这两个区域在寻找合适的幼儿园场地时并没有被考虑在一起。

这就能解释为什么许多学前班的户外区域"非同寻常"了：非常狭窄，形状奇怪，位于斜坡上，表面是光秃秃的，没有树荫，背朝太阳，在垃圾堆旁边，距离室外非常远等。我们今日所看到的幼儿园的户外区域并非是经过深思熟虑设计的，而只是偶然造就。因为学前班附设在小学中或作为小学的一部分，因而，很明显地，学前班的教室，特别是学前班的户外游戏区域，深受其影响。

那些发现自己有如此"有趣"或"不同寻常"的户外区域的教师必须十分用心，才能发挥户外区域的功能。做不到这一点，如此艰难的环境就不能按最初设想那样被利用。随着户外区域地位的降级，它的术语也被降级了。早在1936年，人们开始用"操场"这一词来描述"花园"这一户外区域（Board of Education 1936:20）。

在建立新的幼儿园时，户外区域仍然被忽视。通常在建造新的房屋时，参与设计的是建筑师，而非将来在里面工作的教师。当把小学教室改造成学前班教室时，设计师很少会考虑教室外的空间是否是最有效的，抑或学校里是否有其他更合适的户外场地。结果是我遇到一些教师，他们认为几乎不可能提供高质量的户外游戏是因为所分配到的户外空间非常有限。我也参观了一些儿童中心，在那儿，户外区域同样是事后添加的或被认为是与儿童的发展不相关的。建筑师的脑海被室内教室的设计占据了，甚至更糟糕的是，幼儿园管理者不希望儿童去打扰他们美丽的花园。

虽然如此，但令人惊讶的是，户外游戏区域至今仍然存在。这也许反映了它的中心地位和对儿童学习的重要性。

缺乏训练有素的从业人员

幼儿园教育不同于小学教育。麦克米伦认为教师是儿童教育成功的关键，她在德普特福德创办了一所名为"蕾切尔·麦克米伦培训学院（Rachel McMillan Training College）"的教师教育学校，以确保幼儿园教师能够接受必要的专业培训，因为随着幼儿园教育先驱们的逝世，以及幼儿园教育并未被普及，幼儿园教育的从业人员变得十分短缺。这不是小学教育的翻版，而是一个完全独立的培训。

第一次和第二次世界大战时，幼儿园教育得以发展是为了使妇女能够去从事与战争有关的工作。两次世界大战结束以后，婴儿出生率急剧上升，教师极度缺乏。第二次世界大战结束后，政府把幼儿园教师安置到婴儿班级里，同时把只接受过短期保育培训的妇女安置到幼儿园中，以此解决教师短缺的问题（Blackstone 1971）。这些短期培训强调幼儿园的保育工作，然而在幼儿园教育的根本方面，例如户外区域的教育，却没有被纳入培训中。20世纪60年代，教师普遍短缺，解决的策略是在幼儿园里增加保育员而非增加教师的数量。总体上，保育员培训更多涉及的是与保育有关的工作，而不是与教育有关的工作。这就意味着真正懂得幼儿园教育的人员稀少，这种情况在许多政府文件中都有提及，包括教育、科学和艺术委员会的报告（Great Britain 1988）。

报名参加幼儿园从业人员培训的人数较少，且随着实践领域中从业人员的匮乏继续困扰着幼儿园和如今的学前教育。现在，虽然强调学科教学，学生在校时间也增加了，但学生们毕业时，依然只能对学前教育有大致了解、对户外游戏有朦胧认识。许多教师可能无法确定幼儿园教育的本质，转而实施一套小学课程，明确区分学习和游戏，户外活动被降级为一种教师可以不参与的低等活动。

在许多婴幼儿教育环境中，由于资金短缺，保育员的工作由助教代替。新聘用的助教只接受了4—6天的培训，培训内容囊括基本的读写、特殊需要和行为管理等。这类培训不能像两年制全国保育机构检查委员会（NNEB）资格培训那样涉及关于年幼儿童的深入知识，以及如何帮助儿童学习等方面的内容。在私立、自发的和独立的机构中，成人可能很少或根本就没有受过培训。

幼儿园教育一直受到资金短缺的困扰。幼儿园教育不是法定的教育阶段，因而许多人对其本质缺乏信心，认为其很脆弱，并试图用小学教育取代幼儿园教育。在这种氛围下，像户外游戏这类专业活动很容易就被搁置一旁。

向过去学习

快速回顾浏览幼儿园教育的发展历程，可以看出，幼儿园教育从一开始就不是小学教育的一个分支，幼儿园的户外也不同于小学的操场。很明显，户外游戏区域是幼儿园独有的"传统"之一。户外是幼儿园教育的中心，也是主要的学习区域。从幼儿园教育的根源来看，户外最初是精心设计和布置的，它的使用也是每天精心规划好的。这并不是一个供随意奔跑的地方，室内活动结束后，天气允许的情况下儿童可以在户外长时间玩耍。这是一个保育和教育相结合（保教结合是20世纪初的一个全新概念）的场所。这是一个可以促进儿童身心健康发展的地方。在这个环境中，教师和儿童一起学习、一起游戏。

幼儿园教育发展的相关研究表明，户外学习环境的地位并不是因为其被发现是一个无用的空间而下降了，而是因为外部的影响使其发生了变化。它的中心地位下降了，是因为幼儿园教育被视为帮助处境不利儿童的一种方式，能为他们做好下一阶段教育的入学准备，抑或帮助在精神或身体上有特殊需要的儿童。因而，户外变成了开展体育运动和提供新鲜空气的场所，而室内成了补偿所谓弱势群体儿童的场所。户外的重要性下降了，因为重视学前班意味着更多地关注室内空间而非发展户外学习环境。因而，我们今天看到的户外游戏区域并不是精心设计的结果，而是偶然造就的。我们可以看到婴儿教育的直接影响，在那儿，所有的关注被放到室内学习区域中。人们缺乏对幼儿园教育的认识，这意味着发生在幼儿园里的很多事情更类似于婴儿教育，学习和游戏被分开，室内被视为学习的场所，而户外则被视为不那么重要的玩耍区域。在许多地区，这种观点仍然盛行。

当前状况

鲍尔（Ball 1994）建议，发展学前教育最理想的途径是推广幼儿园和学前班。然而，随着1996年推出的理想学习结果和学券计划，政府致力于提供低廉的幼儿园教育，并规定任何为5岁以下儿童提供照料服务的机构都可以归为"幼儿园"这一概括性的概念，包括游戏小组、私营或公立幼儿园等。一夜之间，那些私下运营5岁以下儿童教育、通常没有配备受过培训人员的场所，也能称为"幼儿园"了。户外供给在文件《理想学习结果》（*Desirable Learning Outcomes*）中没有被赋予地位，因而它的地位更加下降了，仅体现在促进儿童的动作发展，甚至可能只存在于当地的公园。2000年9月颁布的《奠基阶段指南》（*Foundation Stage Guidance*）专门针对3—5岁儿童，在这个文件中，"奠基阶段"取代了"幼儿园教育"这一词，指为3—5岁儿童提供保育和教育的任何场所，包括附设在小学里的学前班、独立的幼儿园、预备班、混龄班、私立机构和游戏小组等。

在《奠基阶段指南》中，户外游戏得到了更多的重视。文件指出，巡察发现户外供给和实践不足，依旧缺乏训练有素的幼儿园教师，后者尤其明显，因为这个年龄阶段的儿童教育隶属于学前教育，而非国家课程指导。教师们不得不在思维方式上进行重大调整，以便能够教育这个年龄阶段的儿童；依据《奠基阶段指南》，重视游戏和独立性，同时依照国家课程，重视指定的学校教育。自此以后，许多机构根据《奠基阶段指南》的要求，对户外游戏区域进行了重大改造。一些学校开辟了新的户外区域，不仅寻找了最适宜的房间，还考虑了适合5岁以下儿童的最佳户外空间。一些教育部门为户外改造提供了资金支持，有些学校也能为户外区域筹集资金，一些学校的预算尽管有限但也发挥了作用。例如，比尔顿（2005）介绍了如何在当地机构改善户外供给。然而，韦特和雷亚（Waite & Rea 2006）关于威尔士地区教师对户外环境态度的研究表明，教师仍然缺乏对户外环境的了解与认同。

2008年9月，《早期奠基阶段法定框架》取代了《奠基阶段指南》，覆盖了0—5岁的儿童（DfCSF 2008 revised），户外游戏受到了更高的关注。其提出幼儿园必须给儿童提供户外游戏，让儿童获得高质量的户外体验。然而，学前教育依旧存在师资匮乏、场地不适宜，以及被认为是一种补偿教育（即提供计时的儿童保教服务，因而父母可以去安心工作，不必担忧会给儿童造成不良影响）等现象。英国有效学前教育项目的研究表明，质量是至关重要的，保教结合的学前教育机构的质量最优（Sylva et al. 2004）。教师的质量也非常重要，"配备高质量教师的学前教育机构的保教质量更好，且儿童能够获得更多的发展"（Sylva et al. 2004:1）。正如鲍尔在1994年建议的那样，5岁以下儿童的教育需要在当地政府举办的幼儿园和学前班里开展。达拉谟（Durham）的研究表明，一名优秀的幼儿园教师能够对小学教育产生重大、持久、深远的影响（TACTYC 2007: 4），非常重要的是要确保儿童接受的经验的质量是适宜且恰当的。

国际视野

各国为5岁以下儿童提供的服务不尽相同。但有意思的是，2002年的一份报告发现各国也有很多相似之处，例如，20个国家／地区都"普遍提倡一种主动的、基于游戏的教学，并鼓励自我管理和独立性的发展"（Betram & Pascal 2002:ii）。这些国家／地区包括：澳大利亚、加拿大、英格兰、法国、德国、匈牙利、爱尔兰、意大利、日本、韩国、荷兰、新西兰、新加坡、西班牙、瑞典、瑞士；美国肯塔基州和马萨诸塞州，北爱尔兰、威尔士和中国香港。

在丹麦、瑞典和挪威森林学校的基础上，英国也日益关注森林学校。儿童要么在自己学校中的森林里漫步，要么就跟随幼儿园和森林学校的教师一起去当地的森林里玩耍、攀爬、探索溪流、搭建洞穴、生火，并使用一些真正的工具。在完成任务中，儿童建立起自信心。在丹麦和挪威，这些学校是永久存在的，随时给儿童提供进入森林的机会；然而，在英国，儿童只能偶尔去体验，他们正在体验着许多人过去经历过但现在却很少经历的事情，能够"有机会了解自然环境，学会如何应对风险，更重要的是学会如何主动地解决问题并与他人合作"（Forest Schools 2009）。在森林学校里发生的这些事情是美好的。儿童需要有与自然环境有关的经历，所有儿童都应该每日探索和体验树木和草丛。但我特别关注两个方面：第一，如托维（Tovey 2007）所言，这意味着把森林学校也视为补偿教育，还是说只把它视为是周围没有绿化区的贫困儿童的补偿教育？第二，我听到一些学校/班级声称自己是森林学校，这似乎暗示着它们不需要遵循这个国家悠久的幼儿园教育传统。在高质量的幼儿园教育中增加一些内容似乎是可以接受的，但完全回避幼儿园教育的这一做法是非常危险的。同样，我还知道一些宣称采用"蒙台梭利"或"高瞻"课程的学校，实际上开展的教育实践是非常令人担忧的。批判性地分析和采用这些课程模式（不管是森林学校、蒙台梭利，还是高瞻课程）似乎是明智的，但并非因此就意味着更高的质量/地位。

童年

在《有毒的童年》（*Toxic Childhood*, 2006）一书的开头，苏·帕尔玛（Sue Palmer）描述了一名21世纪的儿童，这个儿童看上去特别像个成年人，行为举止也像一个饱受摧残的成年人，并且可能知道的比她的母亲还多。读者的强烈反应是悲伤。但儿童观并非总如此：童年这个概念不仅是随着时间的推移而出现，而且是随着时间的推移而不断变化。正如波特曼（Postman）所言，随着时间的推移，人们对待童年的态度随着经济、宗教、知识和道德环境而发生变化，"在某些情况下，童年受到重视；在某些情况下，童年受到忽视；在某些情况下，童年受到贬低"（1982:53）。童年与学校、教育和社会密切相关，甚至莎士比亚（Shakespeare）也谈论了学校的枯燥："那个爱发牢骚的小男孩，背着他的小书包；脸上闪着晨光，像蜗牛一样缓慢行进；不太乐意地前往学校。"鉴于许多学校只重视读写，菲利普·亚力士（Philippe Aries）认为它"易于抑制青少年旺盛的精力"（Postman 1982：46）。他认为，书本学习意味保持安静和不动，而儿童自然的学习方式被认为是不合适的。我不想去动摇读写的重要性，但我想强调这种"安静不动"的方式不应该是儿童学习的典范，特别不适合3—4岁儿童。因此，我特别想把儿童带出来，让他们走动。埃韦顿（Wetton）谈论了当今学校里缺乏运动的机会，以及儿童如何变得沮丧和淘气：

更可能的是，几乎是作为一种补偿，儿童努力去寻找一些场地，在这些场地中他们被允许走动——比如在生活的某个角落里，他们可以像小狗一样爬行，可以爬到高处洗窗户，可以假装自己是一个会跳舞的天线宝宝。（1998：99）

我们需要尊重儿童自然学习的方式，把童心视为有益的，而非与之对抗。儿童不是迷你版的成人，无须穿成人的衣服，也无须知道成人所知的每一件事。正如波特曼所述，如果儿童知道了一切事物，他们则会"被驱逐出童年的乐园"（1982：97）。然而，有一个古怪的、分裂的观点：儿童既被视为迷你版的成人，同时又被认为是需要受到保护的。如果成人像儿童般一直受到保护，那么他们会变得无能。很显然，我们不希望儿童在矿井下工作，也不希望他们在条件恶劣的工厂里工作，这一点在当今其他国家是很明显的。但同样地，我们也不需要用柔软的棉絮把儿童包裹起来进行保护。正如坎宁安所言："我们如此固执地给儿童提供一个漫长且快乐的童年，这种做法容易使我们低估儿童的能力和抗逆力。把儿童视为需要保护的潜在受害者是一个非常现代的观点，它可能对任何人都无益。"（2006：245）吉尔（2007）认为，建立一个无风险社会的担忧在于，它认为儿童是一个需要受到保护的"赤字模型"①。在第二章中，我们讨论了不仅要让儿童玩耍，同时还要让他们参加对集体有意义的活动。儿童不能受剥削，任何人都不能受剥削，但儿童也不能视成人为他们的奴隶。过去，儿童必须适应成人的需求，而如今，成人需要适应儿童的需求，成人总是围着儿童转，担忧儿童是否能成功、获得安全并感到快乐。这渗透到学校教育中，学校教育需要满足儿童父母的需要，保障儿童是"成功和安全"的，而非满足儿童的需求。坎宁安（2006：239）认为，国家规定儿童在工厂里工作是非法的，只是为了用另一项工作取代它，即无报酬地上学。此刻，我们需要保护童年，确保在不以牺牲成人为代价和不以牺牲儿童为代价之间找到平衡。

---

① 译者注：赤字模型，即从消极的角度看待儿童，过于关注儿童尚不知道、尚不能做的事。

讨论

历史已经告诉我们，儿童的需求在过去百年里并未改变。儿童仍然需要在花园里玩耍，户外是一个健康有益的场所。教育和保育是可以相结合的，学校必须同时提供教育和保育。把户外供给等同于小学里的玩耍时间是一个错误的观点，因为这二者的环境从根本上来说是截然不同的。在第八章中，基于本书的主要发现，我提出了一些改进小学玩耍时间的建议。学前领域的户外区域既不能被视为郊区花园，也不能被视为探险公园。它是一个全面的学习环境，一旦领悟了这一点，就更容易组织户外区域了。第四章和第五章将提到户外区域的组织和管理。

问题

1. 相比其他儿童，学前教育对某些儿童来说更重要吗？或者你认为学前教育为每一位儿童都提供了一些东西？如果同意的话，那是什么？
2. 你是否认为户外环境没有室内环境那么重要？
3. 你拥有哪些方面的资格证书？你对儿童和儿童发展有足够的认识吗？你还能做些什么来获得信息呢？
4. 你们为儿童提供保育和教育吗？请举例说明。

第二部分
让户外发挥作用

第四章 户外教学与学习的指导原则

概要

当我在撰写《儿童早期户外学习：管理与创新》一书时，我尽可能把户外供给描述得清楚，这对那些没有接受过儿童早期教育相关培训的人尤为重要。我列出了以下10条原则：

- 室内和户外应结合起来，被视为一个整体的环境；
- 室内和户外应同时对儿童开放；
- 户外和室内一样，应提前计划、管理、评价、收集资源、布置，以及进行同步互动；
- 户外是一个教学与学习的环境；
- 户外设计和布置需要悉心规划；
- 户外游戏是儿童学习的核心；
- 户外给儿童提供了有效利用自己的学习风格的机会；
- 儿童需要丰富的器材和环境；
- 儿童需要学会控制、改变、调适他们的环境；
- 教师应支持儿童的户外游戏。

接下来，我将详细探讨和解析这10条原则。

室内和户外应被视为一个整体的环境

室内和户外应该被看作一个整体空间：室内是一半，户外是一半，共同构成一个整体。如果室内活动占据一个儿童15/16时间和精力，户外活动仅占1/16，那么儿童的户外活动时间就几乎所剩无几，类似于小学里的玩耍时间。室内和户外都应该是儿童学习的场所，而不应该视其中一个为工作区域——重要的"学校学习、功课"发生的地方，视另一个为其他区域——儿童做一些不那么重要的事，比如游戏或是无所事事。户外不能被看作附加的部分，而应该被看作童年不可分割的一部分，因此当儿童不能外出活动的时候，他们会感到失落，而不会为此感到开心。

成人在计划和准备班级活动的时候，不应该将室内和户外看作分割的区域，而应该将两者看作一体，使儿童能在这两个区域往复活动，并使用器械和其他工具与材料，尽最大可能满足儿童在不同场所和不同活动（游戏）的需要。（Lasenby 1990:5）

尽管这段话是 20 年前写的了，但这个观点至今仍然十分站得住脚。

那么，如何才能真正地将室内和户外看作一个整体呢？最好的办法就是，尝试将户外想象成一个有屋顶和墙的场所，在这样一个场所里你会组织什么活动呢？这里需要有儿童能够使用的资源，有经常观察并与儿童一起工作的成人，有足够的器材和空间供儿童游戏和工作，有不同的地表和不同的质地。这就是户外所需要的一切了（更多内容请参见第 3 条原则）。

室内和户外应同时对儿童开放

什么时候开放户外也许是我们要讨论的最重要的问题了。学者莱曾比（Lasenby 1990）、麦克莱恩（Mclean 1991）、拉利和赫斯特（1992）、道林（Dowling 1992）、古拉（1992）、比尔顿等（1993，2002，2004b，2005）、罗布森（Robson 1996）、QCA（2000）以及 DfCSF（2008）都呼吁将室内和户外相结合。事实上，如果每天只提供一定时间的户外活动，室内和户外活动都会产生很多问题（Bilton 1993，2004b）。而如果同时提供这两种活动，两者都会开展得良好。给儿童同时提供室内和户外活动，其实就是在告诉儿童，户外和室内对学习同样重要，并且也满足了我们的第一条原则。同时开放室内和户外会让这两个环境自然而然地成为计划中同等重要的部分，并且两者还有互补的作用。

在教学实践中，这个原则的真正意义在于，当儿童进入幼儿园的那一刻起，户外环境就已经为他们准备好了，并不是通过教师给大家通知（下达一个指令）之后儿童才能去户外进行活动，而是儿童能够随时打开教室的门，进入到户外。或者如果有主题活动，那户外也应该有与这个主题相关的活动。命令儿童在同一时间一起去户外并不好，因为这实际并不是你想要的。有时候没有人立马出去，每天的情况都会不一样。即使你的教室在一楼，或高于一楼，只要儿童学会了上下楼梯，就没有理由阻止儿童在教室与户外来回自由活动。已经有很多学校，甚至是那些有楼层的学校，儿童都能够快乐并且安全地在教学楼和户外场地之间快乐且安全地进出。

在每日活动开始时，儿童和父母需要有时间与教师交流。这应当是一个标准化的活动（流程/实践），但是如果这个活动在确立之初有足够多的教师（成人）参与，那么这种交流可以同时在室内和户外进行。但是如果没有足够数量的教师，室内和户外无法同时保证有教师看管儿童以保证他们的安全，那么可以等交流时间过后，再尽快地同时开放室内和户外。

在正常的幼儿园一日中，会有适宜儿童发展的集体活动时间。这可能是一个语言活动、数学活动、音乐活动或者体育活动。随后，儿童需要整理收拾，并且通常会伴随着一个讲故事或者小组讨论的环节来结束活动。如果儿童要在幼儿园待一整天，那么午饭过后的环节会与上午的环节类似。三周岁以下的儿童不适宜在幼儿园里待一整天，包括午餐和游戏时间。他们需要相对独立且安全的午餐空间，可以是食堂的一个特定区域。游戏时间对婴儿和学步儿也具有挑战，并且不适合他们参加。他们需要很多时间来适应这些游戏。然而，如果无法避免，那么给儿童提供玩具且成人给予密切帮助，也是大有裨益的。对这些儿童来说，或许让他们在午餐时间使用户外空间是比较可行的。而让他们花1/5（半日托）或者1/10（全日托）的时间来参加高强度的活动是违背发展适宜性原则的，且十分残酷。如果儿童已经在户外活动，那么晨间的游戏时间会变得没有意义，这会减少他们有意义的活动时间。在全国标准课程颁布之前，通常在午餐后给儿童提供一段休息的时间是一个非常普遍的环节。到了下午，儿童可能会有些困乏，有些儿童需要去睡一觉，而有些儿童可能刚从睡梦中醒来。在休息时间可以给儿童提供薄的垫子和个人的毯子。

如果只能在一天特定的时间提供户外活动，那么你可以考虑将户外活动作为一天之中第一个组织的活动。因为这样儿童和教师就不会认为户外活动是对好的行为的奖励，或者是儿童需要十分期待才能做的事。这样儿童在剩余的室内活动时间里才不会因此而分散注意力，总是期待着一会儿即将到来的户外活动。最好要保证户外活动时间越长越好，20—30分钟可不够儿童尽情享受、集中注意力在他们的活动上，也不够达到高质量的学习。因为在固定时间开展户外活动，一定要保证户外活动的计划、保育、注意力要能达到可以与室内相提并论的水平。

根据时间表安排的户外游戏带来的挑战

图 4.1 中的故事是一个关于户外游戏时间的例子，显示了有多少户外活动时间被浪费了，其中自行车"统治"了整个空间，这不能被理解为是高质量的学习。图 4.2 强调了计划性差、根据时间表安排的户外活动可能产生的问题，包括对室内经验的消极影响。

> 曾经有个幼儿园，在这个幼儿园里，户外活动只有在早晨 10 点才开放 20 分钟。幼儿园里的所有儿童都必须在这段时间内到户外去，不允许任何儿童留在班里，直到教室被打扫干净。可是在户外照看儿童的教师们并不喜欢户外，于是他们就聚在一起，聊聊天、喝喝茶。在儿童需要帮助的时候，他们无视儿童的问题，其中一个经常被提起的问题是关于自行车的。
>
> 在教师宣布户外活动要开放前的几分钟，教室里的氛围变得焦躁，儿童就像是在热锅里的蚂蚁一样。有些儿童，尤其一些男孩子，已经感受到还有几分钟户外活动就要开始了（即使他们还不能准确说出时间），于是他们便坐不住了，开始准备往室外挪动。当教室的门打开之后，通常会爆发一场"战争"，年龄小一点的儿童常常在推搡中被推倒。儿童会扔掉手上的玩具和活动，甚至放弃穿上外套。一旦他们出去，大家就冲向同一个目标——自行车。倒不是每一辆自行车都那么抢手，这一堆自行车里有一些性能完好的，还有一些已经破损了的。一旦儿童抢到了性能良好的自行车，他们会想尽一切办法待在这个自行车上确保自行车不被别人抢走；即使让他们从车上下来，他们也会装作听不见；即使有些儿童已经连着两周抢到了自行车，他们也会谎称自己从来没有玩过，拒绝下来；如果他们只找到一辆性能不太好的自行车，那么他们就干脆什么都不干，就等待着获得一辆功能完好的自行车。
>
> 一旦教师告诉大家室内活动时间到了，大家就会蜂拥而至把自行车排好。有些在自行车上的儿童会假装听不见；而有些儿童会被拽下来，双腿仍然牢牢抓住自行车不放。之后就会有教师来把这些儿童送回教室，然后再把自行车摆放好。但是总会有一名儿童会在教师把所有同伴送回教室后仍然在玩自行车。筋疲力尽的教师在将最后一辆自行车扔进车棚并且把教室门关上之后，心里窃喜道，"太好了，一直到下周四前我都不需要再做这件事了"。

图 4.1 自行车的故事

根据时间表安排的户外活动会干扰室内活动。古拉（1992）研究儿童积木游戏，发现儿童会为了最早到达户外而放弃手中正在玩的室内游戏。即使这些他们原本玩的室内游戏都是高质量的、是他们非常感兴趣的游戏，是他们非常全神贯注投入进去玩的游戏。然而，户外活动的吸引力还是太强了，根据时间表安排的户外活动可能会造成室内活动的突然中止。在这个研究中，儿童会看到他们的同伴——通常是那些身体比较强壮的儿童冲向室外。那些被落下的儿童也会放下手中的活动跟风跑出去。古拉认为，根据时间表安排的户外活动，会产生"打和跑"（hit and run）的游戏模式（1992:184）。我的个人经验也支持这个观点：在一所幼儿园里，即使户外活动时间很有限，儿童也会放下手中的零食跑出去，并且尽可能在户外多玩一会儿。

- 儿童数量远远多于可以供他们玩的游戏和玩具的数量
- 新的刺激或新的学习经验太少
- 教师对儿童的户外学习模式不熟悉
- 儿童之间会有很多争执
- 有些儿童会出现不良行为
- 有些儿童会感到无聊
- 儿童无法获得足够的学习机会
- 儿童总是重复已经学过的内容
- 会有儿童在户外什么都不做，就只等着玩最抢手的玩具
- 会有意外发生，尤其是磕到头部
- 教师需要处理争执
- 有些儿童会主导一些区域
- 一些儿童会害怕某些空间而从来不去使用
- 教师和很多儿童都不喜欢户外活动
- 室内活动会被干扰，有时甚至被破坏

图4.2 根据时间表安排的户外活动会产生的问题

如果所有的儿童都在同一时间出去，户外就会有太多儿童，而供儿童使用的器械和资源就会相对变少。这样就意味着，有些儿童没有办法开展有意义的游戏，而只是闲逛。当然这种闲逛如果是儿童自己选择的也是无可厚非的，可是在这种情况下，更多是一种被动的选择。争抢某个器材、玩具的争吵会时常发生，也因此提高了发生意外的风险。当儿童来到幼儿园，他们静下心来专注做一件事所需要的时间是不同的。他们一开始可能会因为习惯或者出于求得安全的需要，先去玩其中一个游戏，过一会儿再去找自己喜欢的游戏；或者他们需要花一些时间才能投入游戏中去。如果根据时间表来安排户外活动，儿童就需要在一个特定的时间出去，但是儿童又需要花一定的时

间来调适自己然后再去选择喜爱的活动。对有些儿童来说，这可能需要花费几乎整个户外活动时间才能让他们真正投入游戏中去；然而就当他们刚刚投入时，室内活动时间又到了。

布鲁斯建议，有限的经验，比如一周只用一次攀岩区域，或者只有很少的户外活动时间，"教师并不能促进儿童技能的掌握，并且意外也更可能发生"（1987:59；Bruce 2005）。我们都知道，就像我们在做一件事的时候被打断，然后再回过头来继续做这件事的时候常常会说"我刚刚做到哪儿了"，我们要重新温习之前做过的部分，然后再接着刚才的部分继续完成。儿童会习惯于操作设备或使用资源，可是他们在刚刚要到达可以学习到新技能的时候就被打断了。有时候儿童想要玩某一器材，心情很激动，他们因此会冲向这些器材，这大大增加了意外事故发生的可能性。等到下一周，他们再次来到户外活动，重新开始学习一项新技能，然后又被打断。这会让儿童感到非常沮丧和无聊。他们用大把的时间来温习之前做过的事，而不是用来学习新的技能。长久以来，他们的学习能力就会下降。卡伦（Cullen 1993）研究了儿童对户外活动区域的使用和看法，也得出了相似的结论。她认为，儿童在户外活动的时间太短了，因此没有办法培养预想的信心和技能。

根据时间表安排的户外活动会造成这样一种现象，即当室内的儿童都跑出去活动了，教师会将这段时间看作是一天工作中可以休息、放松、喝茶的时间（请见介绍部分和第三章）。根据时间表安排的户外活动还容易降低教师对户外活动精心设计的热情。卡伦（1993）发现户外活动的时间越长，活动的质量越高，尤其是创造性游戏和复杂的、需要教师协助的合作游戏。她还总结道，这个原因很简单，儿童在户外待的时间越长，教师就越要花时间去计划。教师投入计划的时间越多，游戏的种类也就越多且越有趣。

根据时间表安排的户外活动往往能造成很多问题，这个说法看起来十分有道理。儿童户外时间不足，没有足够的玩具，教师就需要在儿童之间调解。因为没有足够多、有意义的游戏供儿童去选择，这些冲突往往很难解决。在这种环境下就是"适者生存"，有些儿童太害怕以至于不想参加户外活动，而有些儿童则一直跟在教师身边寻求保护。

这是关于小学玩耍时间的一项研究，布拉奇福德（1989）发现：

- 很多儿童不敢到户外进行活动；
- 儿童经常表现很差；

- 儿童因无所事事很快感到无聊；
- 儿童会在教师身边徘徊。

小学课间玩耍时间是在19世纪80年代提出的，为了儿童能够在教室待了一天之后有足够的新鲜空气和运动。这与有效的教学和学习环境相差甚远。

这种情况下，教师和儿童之间的互动会严重匮乏，只有一小部分儿童能够得到更多的关注，如男孩、大童，还有那些出现问题行为的儿童。儿童总是在做同样的事也会让他们的行为固化，例如每天都骑着自行车一圈一圈地转。这也就意味着，这群儿童被剥夺了学习全部课程的权利。

根据时间表安排的户外活动也会给儿童传达成人对户外活动的看法。一天中只提供短暂的、没有经过充分准备和计划的户外活动，会让儿童和父母认为户外活动没有那么重要。这就会造成一些问题，有些儿童会在这段时间内什么也不做，或做一些没有实际意义的活动。拉利和赫斯特提出根据时间表安排的户外活动也会让教师认为，户外活动的主要目的只是锻炼体格（1992:86）。克里夫和布朗（Cleave & Brown 1991）研究了婴儿班的4岁儿童，他们明确要求给儿童提供更长的、不被打断的户外活动时间来发展儿童的兴趣（Rogers & Evans 2008）。巴雷特（Barrett 1986）建议，儿童需要更多的时间来思考、反思、吸收和掌握他们学习过的内容。史蒂文森（Stevenson 1987）认为，当儿童被给予一定时间用于某一项活动，他们可以集中很长时间的注意力。但前提是儿童需要知道他们有足够的时间可以用来探索。埃金顿（2003）和拉利（1991）认为，"全班一致的理念（a whole class approch）显然违背了发展适宜性原则，个体需要是急需关注的"（Lally 1991:78）。如果幼儿园里的一日活动经常被打断且都是需要全班儿童一起进行的活动，如全班儿童同时进行户外活动，那么儿童就不算是个体学习者。

解答迷思

将固定的户外游戏时间改成同时开放室内和户外，将会改变儿童的行为和他们的学习。图4.3展示了将固定时间安排的户外游戏转变为更自由模式的例子。即使一个班级里只有两位教师，只要教师想要做到，这也是完全有可能的。

教师也许会提出为什么不能同时开放室内和户外的一堆困难，包括天气影响、监管力、户外空间的缺乏等。不像室内活动，户外活动更容易受天气影响；但是其实能

> 在一所小学附属的幼儿园里，户外游戏被限定在某两个活动的中间，只有15分钟，所有的儿童都要到户外去。这时候儿童的行为总是疯狂的，他们蜂拥而至地来到户外区域，要去做一件他们非常期待的事，那就是：放松一下。
>
> 教师看到这种情况十分不满意，并且想要做出改变。首先，他们思考了儿童在户外需要的学习经验，以及户外场地能够容纳儿童的数量。其次，他们将这些学习目标列入活动计划中。他们进行了很多讨论、计划、设计以及修改工作，直到满意为止。他们第一天实施同时开放室内、户外区域的时候，没有下达任何指令，只有一位教师打开门走出了教室，所有的儿童就像以前那样，冲出了教室。这样的情况持续了三天，在这期间，教师也和儿童解释了新的规则，并讨论了他们想要如何使用户外环境。三天后，儿童不再一窝蜂地跑出去，而是就像教师解释的那样，他们可以在想出去的时候就出去。
>
> 从此之后，教师发现不再出现儿童疯狂冲出教室的混乱场面。户外游戏变得更持久、更有效，儿童的问题行为也逐渐减少了。教师们对于儿童能够在如此短的时间内有这么大的改变感到非常惊喜。环境组织和儿童行为之间也有了更明确的联系。短时间的、固定时间安排的户外游戏会产生无目的的行为；而有计划的、完整的、室内户外相结合的学习和教学环境则创造了有足够指导的、让儿童更专注的游戏。

图4.3 将固定时间安排的户外游戏转变为更自由的模式的例子

够影响户外活动的最常见的天气也就是下雨天。而同时开放室内和户外最大的优势就是天气因素不会影响活动的进行。对于限定户外时间的情况，一旦下雨，儿童就没有办法进行户外活动了。然而，同时开放室内和户外空间，不下雨的时候儿童可以外出游戏，不管是一天中的哪个时间段。很显然，教师需要提前查询天气预报，并且为即将变化的天气做好准备。每天对天气的研究可以帮助儿童获得很好的学习经验。儿童可以学习关于云彩、风、光等的知识，并且做出预测（第五章讨论了环境和科学发现）。有些教师会认为，户外对儿童来说太冷了。但是其实只要儿童穿得足够厚，并且一直在游戏活动中，他们就不会觉得冷。教师在户外如果能和儿童一起动起来，也不会觉得冷。教师需要提前为不同的天气做好准备，如准备一箱手套、帽子、围巾、靴子、鞋子，还有夏天穿的长袖、T恤和帽子。有了这些准备，儿童在室内和户外活动的转换会变得非常容易。图4.4展示了为什么需要同时提供室内和户外活动的例子。

有些教师会认为同时监管两个区域非常困难，而且如果只有两位教师的话会非常不安全。但是如果提前做好充分的准备和计划，那么两位教师分别监管室内和户外环境也是完全可以实现的。我们也需要学会信任儿童，不要认为只有我们全天一直盯着他们，他们才能安全；保证儿童的安全，需要让儿童自己学会相信他们自己的能力（请见第一章对风险的讨论）。我发现这种对于安全的担忧完全是没有实际意义的，因为这些担忧来自那些看着自己班里的儿童坐在自行车上争抢、疯狂地击打攀岩板并因此造成很多事故的教师。有些班级会配备更多的人员，如实习大学生、父母志愿者。不管教师身处教室的哪个地方都需要能看见班里的儿童（Kounin 1970，Pallard 2008），确定班里的儿童都在游戏，没有发生矛盾冲突的迹象，并且要对一切可能发生的危险情况有所察觉。同时开放室内和户外环境，教师还需要有一个灵活的交换时间，由此可以随着儿童变换的兴趣进出教室进行指导。这样的话，如果一个在室内指导的教师，想要带儿童去户外探索，那么他/她就可以和室外的教师换一下位置。这样，在户外的教师进入室内，就不会打断任何人的活动。比尔顿（1993）研究发现，仅有两名教师的班级也可以实现同时开放室内外环境，只要他们能够做到监督儿童的安全，拥有灵活的室内外转换机制。

- 没有哪个空间被认为是更重要的
- 喜欢户外活动的儿童会感受到更多的支持
- 儿童可以使用室内外的材料，并且同时在室内和户外工作
- 儿童有更多的学习机会和时间
- 儿童的活动不会因为另一个区域的开放而被打扰
- 儿童在户外的活动时间将会更加充分
- 那些比较沉默的儿童将会有更多的时间来探索两个区域
- 活动会被计划得更好
- 教师有更多的时间观察儿童
- 教师可以更好地去干预固化了的游戏
- 天气问题被很好地解决了

图 4.4　同时开放室内外活动的原因

　　教师需要就如何处理意外情况达成一致，尤其是在只有两位教师的情况下。就像消防演练那样，教师也可以提前演练如何处理突发的意外情况。例如，两个教师都有口哨，当意外情况发生的时候，一位教师吹响口哨，命令所有的儿童进入班级，并且由一位儿童来通知另一位教师发生了什么。这样就能让所有的儿童都集中到一个区域，一位教师集中管理所有的儿童，另一位教师来处理意外情况。

有一些教师认为，户外活动空间太小了，没有太多可以供儿童玩耍的活动，也不需要整天开放。当然，有限的空间容纳大量的儿童会造成更多的攻击、危险的行为。但是，如果室内外空间同时开放，户外空间的面积也就不成问题了。如果室内外同时有高质量的活动，那么争抢材料的情况就会极少发生了。即使是在夏天，儿童也会想要在室内活动，就和儿童在冬天也会想要去户外是一样的道理。儿童的兴趣会引导他们选择什么活动。小面积的户外活动空间实际上也可以成为优势，变成一个非常舒适的环境。

还有一些教师认为，准备户外活动会花费很长的时间，这也是他们不在意空间大小的原因。首先我们需要决定是不是真的需要将所有的空间准备好。如果我们想要儿童能做出选择，能够思考且学会独立，那么一个现成的环境并不能帮助他们获得这些技能，正如现成的饭菜不能培养出一个厨师，现成的环境不能培养出好的思考者一样。因此，花时间布置户外活动区域是需要的，但是并不需要每天都布置出整个环境。如果教师能够将室内外活动的布置视为一个整体，那么他们会发现环境的布置并不是一件费力的事，反而是一件非常有意思的事情。

非附属的户外活动区域

有些情况下，户外活动区域并不是直接和室内区域相连的。如果能够将二者连起来是最好的；如果不能，就需要做一些调整。两个区域不相连，儿童就不能在两个活动区域之间自由地转换，因为我们不能让5岁以下的儿童自己一个人在未监管的情况下走到户外花园。一个解决办法是建一条安全通道，通道两边设立好护栏，让儿童只能在护栏范围内活动。这样的护栏可能会将活动区域分开。当然，也完全可以在一定的时间将护栏打开，儿童因此有更多的空间活动。一位教师可以负责监管儿童的进出，不然儿童就没有办法自由地在室内和户外进出了。室内和户外环境分开的情况会让儿童的活动更加困难，但是比起只在固定时间开放有限时长的户外所造成的问题好多了。

户外和室内一样，应提前计划、管理、评价、收集资源、布置，以及进行同步互动

关于这一主题还可参见第七章关于成人的角色和第五章关于如何布置室内外空间

的讨论。

　　如果室内和户外被看成一个整体中的两个部分的话，那么室内有的东西室外也需要有。户外活动的计划需要被看成是日常计划中的一部分，而不是计划表中的最后一小行可能被忽略的部分。制订一个不区分室内和户外的计划或许是更有效的。这个计划只考虑儿童的经验，可以发生在室内，也可以发生在户外，或者既在室内又在户外。教师不能认为在室内的工作是教学，而户外的工作是看管；室内外都应该是教学的场所。我们不能让儿童在户外不被管束、肆意玩耍，使户外成了"适者生存"的场地。虽然你希望儿童能够感到自由并且有机会去尝试，但如果没有计划这是不可能发生的。教师需要确保他们能观察到教室里都发生了什么，尤其是评估器械、资源、活动、经验，还有儿童所在区域以及儿童之间的交流。只有这样，我们才能保证没有儿童在对某一特定材料或资源缺乏信心时被排除在外，也没有儿童出现不良的行为。有时我们可以添加新的材料，如一堆树枝。这些材料所摆放的位置和使用程度是可以被评估的。有一些材料没有适当的使用，并且可能会造成危险，很可能就是因为没有摆放在合适的位置。如果我们创造出一个摆放合理的户外活动空间，那么我们就可以有更多的精力来观察儿童的发展和需要了。这个环境并不是儿童一窝蜂冲上去抢着玩的地方，而应该是儿童有秩序地聚集在一起游戏并且能够给教师机会去观察、理解和照料他们。

　　儿童需要使用室内的资源和器材，他们也同样需要使用户外的资源和器材。可是，有一些户外空间没有棚子，但是也确实需要提供如盒子和手推车，甚至背包等，用来装这些材料。盒子和柜子需要用文字和图片来标记，并且时常进行整理。一些材料可以一直放在外面，如石头、贝壳、软木等。普通的木头需要搬到户外去。对于那些容易损坏的东西，需要将它们摆放在室内，要用时再拿出去。我曾经参观过一所学校，他们有很大的户外空间，他们用一个个盒子来储存东西，但没有人去盗窃或破坏铁盒子！

户外是一个教学与学习的环境

　　关于这一主题还可参见第一章和第二章关于以儿童为中心的学习、游戏和工作的讨论，以及第五章关于学习区域的讨论。

　　有一种观点认为，室内是儿童通过教师组织的教学活动来学习的地方，而户外则只是出去玩耍的地方。这其实只是教师用来喝茶聊天的借口而已。如果按照室内和户外是一个整体的观点来看，那么儿童就应该能够同时在室内和户外环境中学习。

　　在第二章中，我们讨论了教学与学习。儿童需要接受教育，并且需要在一个安全的环境中学习。另外，儿童需要接受全面的教育。例如，我们不应该只教儿童写字，却让他们自学如何投掷球。这就相当于给儿童的需要划分等级，在这个等级之下，大小肌肉动作发展和平衡就被放在了等级的最底端，似乎儿童不需要学习新的技能，只能不断地重复已经掌握的技能。任何与儿童有关的事都包含"教学"和"学习"两个组成部分。因此，我们需要将我们自己看成是儿童的帮助者和资源。

　　为了创造一个教学和学习的环境，我们需要知道儿童课程的所有方面都需要以某种方式被教授。例如，教师可以通过给儿童讲故事和书本的文字来专门教他们阅读。在学习环境中，儿童在玩角色扮演游戏时拿起书假装阅读，或者在学校读书给同伴听。同样地，儿童可能会通过教师示范如何攀爬器材来学习，随后可以自己练习攀爬器材。前者是教师的主动教学，后者需要儿童通过练习来学习。这两者对儿童的学习来说缺一不可。我们不能将这些学习机会仅仅丢给儿童自己去学习，这样不公平。

　　如果儿童从不去参与某些游戏，我们不能因此断定他们不需要学习这些经验。这和户外活动一样。我们发现重复做我们知道的事是非常简单的，就像有些儿童发现绘画很简单，有些儿童则更喜欢积木游戏。但这并不意味着我们要让儿童一直处在他们的舒适区而不去学习新的知识。对于户外游戏，我们可以试着将那些儿童不怎么玩的室内游戏搬到户外去。比尔顿等人（2005）的研究展示了很多类似的例子：儿童原本不怎么玩的游戏，一旦换了场所，他们便开始玩了。在一个幼儿园教室里，教师发现儿童不怎么去艺术创作区画画，于是教师将两个大的画板放在了户外，儿童奇迹般地开始对画画感兴趣，很多以前从不画画的儿童都开始去画了。有时候教学需要考虑重复儿童已经掌握的知识，如将写作材料搬到积木搭建区，那么开展"搬家"主题的搭建时就可以让儿童写下用来搬家的器材、花费清单和地址等信息。有时候我们也需要限制儿童使用已经掌握的知识，鼓励儿童学习和练习新的知识。男孩常常会更多地在自行车区玩耍，而女孩在"娃娃家"，那么在这两个区角让不同性别的儿童都加入是非常重要的。我们需要鼓励男孩和女孩一起工作，这也需要成人的介入。当儿童在做一些"性别角色主导"的游戏时，我们要鼓励这些儿童去别的区角获得更多的经验。

我们可以通过观察和交流来了解儿童需要哪些新的知识、技能，并以此做出干预和调整。如果将户外看作是一个不需要教学的区域，那么我们将错过很多教学机会，儿童也会因此错过很多学习机会。

户外设计和布置需要悉心规划

这个世界没有完美无瑕的教室，同样，也没有设计完美的户外区域。有时候区域太小、太大、太窄，又或者是太宽；可能只有草地，也可能是贫瘠一片；可能没有阳光，也可能没有阴凉；可能还有各种各样不如意的情况。所有的因素都能够影响户外的教学和学习活动。或许还有一些教室没有户外空间。无论户外空间有何种缺点，其都可以成为最好的学习环境：克服那些限制，利用那些资源。

有一些户外区域的缺陷是由于建筑物的设计所造成的，如果建楼之初就能考虑到这些因素，那么这些问题都很好解决。一些常见的缺陷包括：和室内空间的衔接，户外空间的形状，遮阳棚的缺失，以及缺少储存空间等。幸运的是，一部分问题可以被克服。例如，当室内外的连接部分出了问题，那么连接点可以换。然而，这样的改变可能会花费很高的代价。但是大部分问题可以通过改变现有的一些做法或者现有组织来改善，这样做的话就不会大动干戈地改变整体的设计，而又能通过小的改动来达到预期的效果。因此，当建筑设计不可改变时，可以尝试着重新调整一日活动的结构，或者小心地使用器材，这些问题便可以被克服（Bilton 1993）。当然有一些问题需要动更多脑筋。道林认为："户外花园的设计反映了成人和儿童如何工作"。（1992:139）这告诉我们教师需要规划和调整环境。

在考虑环境设计的时候，重中之重是要考虑儿童的需要。费雪（Fisher）认为，教师需要知道儿童的需要是什么，以及如何减少环境带来的限制。她认为教师应该思考的一个最重要的问题是"儿童最需要的是什么"（1996:65），这是所有决策的开始，然后考虑资源和空间应当如何安排。因此，在安排户外空间的时候，考虑到儿童有不同的需要，班级每年都不一样，教师需要问以下几个问题：

- 儿童有哪些基本的需要；
- 这个班级需要什么；
- 每一个儿童有什么需要。

无论户外环境怎样，在设计或改动设计的时候都有一些问题需要考虑：
- 和室外的连通性；
- 面积；
- 布局；
- 器材；
- 天气；
- 地面（表面）；
- 座椅（座位）；
- 整体观感；
- 储存。

更多内容请见第八章关于如何开展实践和解决这些问题的讨论。

连接

父母、儿童以及教师都应当能够同时进入到教室和户外环境中。如果儿童及其照料者能够通过教室的门进入学校，而不是通过户外花园，这样的布局会更好。这一点不只是我们推荐的，澳大利亚的教育者也是这样建议的（Walsh 1991）。如果进入教室的门是直接通往户外的，这样会产生许多问题。例如，课前摆放好的设备和器材可能会被重新调整、摆放或者磕碰，因为早晨儿童来上学需要经过此地。这倒也不是蓄意破坏。儿童经过时造成的挪动是因为他们感兴趣并且想要玩这些游戏材料。但是如果教师为了达成某种教育目标而专门布置好的器材被挪动了，那么会影响到教育效果。这对于花时间精心准备的教师来说是一件非常沮丧的事。这样的事如果经常发生，那么教师就很难提起兴趣来布置户外环境了。

最理想的情况是通过一栋教学楼进入教室，儿童应该在教室等着教师的到来而不是应该在户外花园里。这样，儿童和教师都可以在教室外面打招呼，然后再进入教室，并且开始游戏，最后再去户外玩耍。这样，摆放好的活动器材也不会被弄乱，儿童可以按照教师计划的那样进行活动。

如果儿童必须得从户外空间进入幼儿园并弄乱了户外器材的摆放，那么就需要和儿童以及他们的父母进行沟通来减少这样的问题。这也体现了教师和父母建立紧密联系的必要性。教师需要时常提醒父母，否则他们很容易忘记。但是对于儿童来说，如果他们看到了活动器材却不让他们玩是有点困难的。一个解决方法是在户外空间建一个小的篱笆护栏，这样就可以阻止早上进校的儿童去玩这些器材。有的学校会将布置好的器材用布盖上。这样孩子看不见，也就不会去动这些器材了。有一些教师将小的器材放在一起，如将沙子放在一个盒子里，等到父母走了以后再拿出来。教师可以先准备好一部分器材，等所有父母离开后再全部布置好。

显然上面这些办法都不是最理想的。如果户外空间只和教室连接而不和校园大门连接当然是更好，但是如果条件不允许，那么总会有办法来解决这样的问题。这样的话，布置好的户外空间就不会被弄乱，教师所付出的时间也会被尊重，儿童也不会失去教育机会。

户外游戏是儿童学习的核心

就像我们第一章提到的那样，我们知道环境其实对每个人的影响是不同的，有些儿童更喜欢户外活动，而另一些儿童不太喜欢；有些儿童更喜欢某些活动，而其他儿童有别的偏好。每个儿童都是与众不同的，他们有不同的个性、不同的背景、不同的学习方式、不同的处境和需要。因此，如果某个儿童更擅长在户外画画，并会因此感到更开心，那么教师也不需要特别在意画画是在室内进行还是在户外进行。

但是对有些儿童来说，户外是给他们提供新鲜血液的地方。他们在户外才真正地活泼了起来，他们需要户外的新鲜空气、光和空间。一个 17 岁的儿童，在教育体制的评价监测下完全是一个失败者，可是他拥有责任心、决心、勇气以及能力——这所有的都是在室内没有体现出来的，但在户外他做到了。

在户外，儿童会有更多的活动，因此如果儿童喜欢在活动中学习，那么户外空间对这些儿童来说就是非常理想的环境。如果小虫子和灌木丛能够激发儿童的灵感，那么户外环境就是适合他们的。如果儿童觉得在户外更放得开，那么户外对他们来说就是更好的。对于语言学习，参加户外活动是一个让儿童使用语言并且将学到的词汇运用在实际生活中的好机会。例如，在户外的角色扮演中，如果用英文对一个母语不是英语的儿童说"我们来画画吧"，然后拿起刷子开始画画就很容易被理解。这样，同伴在实际的背景和语境下就不会有太大的压力去说话，而是等到他们准备好了再去说。如果儿童更喜欢在户外活动，并且有许多能够做的事，那么我们就不应该拒绝给他们成长的机会。

通常男孩更喜欢户外活动，并且喜欢体育活动。但是同样地，这并不代表他们可以支配户外活动。

更多关于儿童的讨论请看第六章。

户外给儿童提供了有效利用自己的学习风格的机会

儿童都喜欢活动和交流,这并不是个例,而是普遍存在的现象。儿童1岁的时候就可以自己走路了,他们花费了将近365天的时间来掌握走路的技能,从出生还不能支撑自己头部重量时开始。他们两岁时可以倾听和说话,这种交流的欲望是每个人都有的,并且也是儿童需要通过学习来达到的目标。因此,儿童学习说话,并且通过说话来学习;他们学习运动,并且通过运动来学习;他们学习游戏,并且通过游戏来学习;他们学习自己的感官系统,并且通过他们的感官来学习(更多关于游戏和动作的讨论请见第二章)。所有的这些都是儿童学习的途径,而户外提供了很多学习机会。

儿童需要丰富的器材和环境

如果想要儿童发展想象、思考和反思的能力,我们就需要给儿童提供资源让他们自己去学习。如果所有材料成人都为他们准备好了,并且他们不能做任何改动,那么他们就不能够主动思考并且将自己的思考付诸实践。高质量的户外体验意味着儿童拥有可以促进他们学习的一切材料。例如,如果某个儿童对水的性质感兴趣,那么固定的"周一玩恐龙、周二玩漏斗、周三玩水壶、周四玩沉浮材料、周五玩杯子"就并没有太大的作用。至少我看不到儿童能够从中获得什么。

图4.5分享了关于两个儿童在小屋游戏的故事。如果儿童不能得到他们游戏所需要的资源,也不能制作他们想要的材料,那么这个"小屋游戏"也就不会发生了。这个游戏非常特别,教师可以观察儿童之间详细的对话,尤其是那些涉及解决问题的过程的谈话。故事中的两个儿童之前从来没有在一起游戏过,他们在这个游戏中认识了一个新的同伴、一个不同性别的同伴,这对于他们的个人成长来说是一个进步。因为他们在共同努力下成功地达成了他们的目标,并大大地增强了自信心。他们在这个过程

> 两名儿童来到了一个小屋，一个木质的、可以通过梯子连接到一层的建筑。他们并没有提前想好要玩什么。也许他们在游戏和交流的过程中想出玩什么，但是我没有问。这两个孩子以前并不常常在一起玩，只是那天不知怎么就碰到了一起。这个女孩常常在这个小屋玩，但是男孩不常来。爬上第一层之后女孩开始整理，这是女孩平常都会做的事。男孩则先在一旁观察着。小屋里有一台旧的打印机，两把塑料椅子，一个儿童浴缸，各种各样的旧的洗发水瓶和纸。男孩突然问道："嗨，邮差都是怎么送信的呢？"女孩回答："嗯，他们就把信放在这儿。"男孩又问道："那我们怎么拿到的呢？"女孩说："我猜应该是下楼去拿。"于是男孩便开始找了一根绳子和一个筒，他将这个绳子绑在筒上，绳子的两头固定在小屋里，筒可以在绳子上来回移动，这个筒就成了一个邮箱。他们接下来又来到了工作台，制作了几封信并找到了旧的信封。两个孩子花了一些时间和一位教师一起来玩送信的游戏，他们把信放在邮箱里，拉动信箱，取出信件读信，写更多的信，把信放在邮箱里，再把邮箱送出去。他们花了大量的时间在这个游戏上。第二天，男孩直接来到了这个小屋，并且开始自己玩了起来。他来到工作台，将一个鞋盒子做成了信箱，在信上订了孔。他找到一个大小合适的滑轮并把它粘在攀登架上，同时向教师展示。女孩则玩着送信的游戏。

图 4.5　一个多样化的环境——信箱的故事

中也使用并锻炼了大肌肉动作技能（攀爬并且在狭窄的小屋里活动）以及精细动作技能（剪、贴、摆放、测量、投掷、捆绑）。

就像我们在第五章提到的那样，教室里随时都需要准备好各种各样的材料以满足儿童的不同需求。例如拼图地毯（拼图垫子）和毛毯就可以在很多情况下用到：

- 可以放在小屋里，让儿童有坐的地方；
- 在跨越障碍的游戏中，把一块块的拼图地毯当作可以踩的石头；毛毯可以铺在地上让儿童从毛毯下面爬过；
- 可以作为垫子让儿童坐在上面，尤其是在户外潮湿的区域。

提供给儿童的材料资源使用的方式越多越好。例如，一捆绳子可以有很多用途，可以用作跳绳，可以用作捆绑卡车和自行车的材料，也可以用作箱子的滑轮。把这根绳子摆放成一个圆形，儿童就可以跳进来跳出去；把绳子摆放成一条直线，可以拔河。一捆绳子不会很贵，但是却有很多的用途。

有很多材料都是又便宜又好用，就比如拼图地毯（拼图垫子）、废旧的热水管道器材、切下的木头、电线等。布伦特项目（Bilton et al. 2005）中提到，这些器材一般小超市都有，往往会比大超市更便宜一些；也可以请儿童的父母参与到材料的收集中，即使是没有闲钱来置办材料，父母也会尽可能地愿意帮忙。

　　克里特斯基等人（Kritchensky et al. 1977）提出，儿童使用的材料应该分为三个不同的难度等级：简单、复杂、超级复杂。他们认为这三种难度的材料都需要提供给儿童，但是要保证儿童能够完成超级复杂材料的操作。否则，儿童就会操作一个又一个的简单的材料，而不能够更深入地学习和操作。图 4.6 描述了三种难度的材料，教师需要纵观所有材料，决定每个材料的难度。如果大多数材料都是简单的，那么就应该丢掉一些并将它们替换成难度更高的材料。

简单：只有一种非常明显的用途，如秋千、自行车。

复杂：有两种用途，如桌子上的手指画。

超级复杂：最高的复杂程度，如积木、沙子／泥土等非结构性游戏材料，并且可以与其他材料一起使用。

图 4.6　材料复杂性的三个水平
资料来源：克里特斯基等人（1977）

　　儿童还需要多样化的环境，这意味着固定的、不可改变的攀爬架就像是放在水缸里的恐龙一样缺乏活力。因此，很多固定的器材都需要变得灵活起来，也就是说可以在这些材料上添加一些其他材料。攀爬架可以用木板、梯子等道具跟地面连接起来。当然也需要注意安全，这需要教师们好好讨论并且告知儿童。有时攀爬架上的尺寸并不完全适合新添加的梯子和木板，这时候就需要改造梯子和木板。类似的器材也可以做一些调整，如在水池里添加一个攀爬梯（Tovey 2007）。如果你的教室里有一个木房子，那你需要时常去看看并进行调整，而不是常年在里面留下几个破旧的玩具。你也可以组织一次集体活动，请儿童自己去布置或去寻找材料来布置这个小木屋。

儿童需要学会控制、改变、调适他们的环境

　　就像我们在图 4.5 中看到的那样，儿童可以控制、改变、调适他们的环境。第 2 条

原则中也提到，如果我们想要培养出思考者，就要给儿童创造有思考机会的环境。这个环境不在于是室内的还是户外的，关键在于儿童需要能够主导环境和材料的选择与使用。换句话说，儿童来到教室以后，应该能够创造和构建：创造和构建一个游戏区域、一件艺术品、一个用积木搭起来的建筑、一个用废弃材料制作的手机、一个用乐高制作的小世界。如果你只提供一种材料让儿童玩，那么就不能期待他们靠这种有限的材料发挥想象力。如果发明真空吸尘器的詹姆斯·戴森在创作中被限制了，那么他就不能发明出这么有创造力的吸尘器。他在创作的过程中一定是用到了电脑，然后将图纸和想法拿给其他人来看，最后使用各种材料（包括金属、木材和塑料）来组装。如果有人说，"哦，不行，我们周二不能给你提供木材"，那么发明一定会受到拖延。三四岁的儿童虽然并不是戴森，但是他们都有成为发明家的潜力。从现在很多儿童搭建的积木就能看出他们以后有多大的潜力。

因此，儿童不需要每天都有一个完美的环境，他们需要的是一个可以进行创造的环境：他们可以在攀爬架上卷起绳子来创造一个流浪犬救助站，可以将毯子铺在地上来创造一片海洋，可以将泥巴放在桶里来烹饪一锅粥。这一切都需要教师来引导儿童，告诉他们对他们的期望。这也很好地印证了我们的最后一条原则。

教师应支持儿童的户外游戏

就同我们生活中大多数理所当然的事一样，每位教师都需要支持儿童的户外活动。玛格丽特·埃金顿说过，如果你对户外活动不感兴趣，那么你就不应该考虑和儿童一起工作。我赞同她的说法。如果你非常在意你新做的指甲是不是会被弄脏，又或是你的头发是不是顺滑，你的高跟鞋的高度，那就去干点别的工作吧！我有时候会说："想象一下一个人穿着厚厚的外套，带着一个可笑的遮住耳朵的雷锋帽，一双有孔的手套，靴子上还有颜料，围着厚厚的围巾。这个人一定就是在户外的雪地里和儿童玩耍的教师。"如果你不喜欢这样的打扮，那么可能你并不适合做幼儿园教师。

教师通过示范、引导儿童，可向儿童展示如何使用各种各样的材料和资源，并能融入孩子，和他们一起玩耍。例如，芭比娃娃和王子的玩偶也可以拿到户外去。有四个儿童假扮芭比娃娃和王子，他们根据不同的玩偶也将自己打扮成相应的模样。他们在室内外玩，在小屋里玩，在攀爬架上玩，几乎所有的地方都有他们可以玩的场景。

果教师不允许他们将玩偶带出教室，那么如此高质量的游戏就不太可能进行了。相似地，图4.7这个例子展现了儿童使用各种材料来游戏。儿随着游戏的进展，他们最终在水池里探索了水的运动。如果水池里只有恐龙玩具，那么这个游戏就不可能发生了。

> 三名儿童决定要开展一段旅程。一开始他们还是比较温和谨慎的，像往常一样，玩一家人乘坐汽车的游戏。突然一个儿童提到了在迪韦齐斯（Devizes）小镇上的船闸，几周前这个儿童和家人去过这个小镇。他们花了一些时间讨论如何建造出三个船闸。他们用扫把杆固定在大盒子的一边，然后将这些材料放在水中，还把一个大盒子作为船。这个过程教师也参与了。有些儿童没有参观过船闸，不知道船闸是如何运作的。于是教师决定将水槽分为两部分，然后用假船演示船闸是如何控制水流让船通过的。一开始这个演示不是很完美，但是已经很成功地让儿童理解了它的工作原理。这样一来，这个想象游戏就变成了一个科学实验活动。

图4.7 旅程

幼儿园的工作人员需要提前准备，以应对各种各样的天气。教师需要接受天气只是天气，并不是能出门的天气是好天气，不能出门的天气是坏天气。教师应该为自己和儿童应对各种天气提前做好准备。我们不应该仅仅因为我们不喜欢这种天气而不组织儿童出去活动。同样地，户外也不是让教师用来聊天的地方。这种聊天应该是教师在自己的休息时间进行，如在教师吃午饭的时候。虽然这种休息可能在一些场景下并不适用，如仅有几分钟的如厕休息时间。

婴儿的户外供给

儿童应该在5岁左右正式进入学校学习，但是近年来也有很多5岁以下的儿童进入义务教育学校。三四岁入校的儿童令人担忧（Cleave & Brown 1991，Sylva et al. 2004，Rogers & Evans 2008），因为学校的教育并没有给这些低龄的儿童提供发展适宜的教育。在2000年《早期奠基阶段》及2008年《早期奠基阶段法定框架》中都呼吁给儿童提供发展适宜的教育。但是实际上小学提供的学前教育仍然质量不高，并且教育形式太过正式。

埃金顿（2004）在书中提出，5岁以下的儿童在幼儿园和小学不应该有语文和数学课，而是应该接受高质量的早期教育。如果班上只有学前教育阶段的儿童或者同时有学前教育和小学教育阶段的儿童，那么班上一整天都一定要有适合这个年龄段儿的适宜活动。儿童可以很容易地接触到计划好的每日必须完成的活动。这样就可以很清楚地知道儿童完成了哪些学习活动，以及他们还想要做什么活动。最好在户外空间设置围栏，如果不能放置围栏也需要放置围栏的替代品，如画出的线、可折叠的围栏，或一些可以起阻挡效果的器械。班级里有可能只有一位教师，而教师没有办法出来照看儿童，因此我们也要学会相信儿童可以有能力自己独自在户外或室内活动。也许只有一部分课程适合在户外开展，但是无论如何，户外一定要有能发挥儿童想象力以及构建类的活动。也许我们不能够提供攀爬器材，但是仍然可以提供一些体育活动，如跳绳、球类运动，等等。也许户外区域一次只能容纳一定数量的儿童，并且需要让儿童轮流来参与户外活动。这种情况并不理想，就像我们之前讨论过的那样，针对这种情况的教学计划一定要很谨慎，从而避免一些儿童"霸占"户外空间这一现象。

与儿童一起工作并且观察评价儿童的学习是非常重要的。我在第一和第二章提及的研究结果显示，儿童需要在任何地方学习到全面发展的课程，而不是只在室内学习、在户外游戏。只有当所有的原则都满足的时候，室内外的教学环境才能真正起到教育效果。

婴儿和学步儿的户外活动

如果学校里同时有婴儿、学步儿和幼儿，那么没有理由不让他们同时在户外活动。每个年龄段的儿童都需要有和其他年龄的儿童在一起的时间，也需要有和自己年龄段儿童在一起的时间。器材的设计需要支持每个儿童的独立性（ECA 2004:11）。在布伦特项目里，各种不同类型的幼儿园都提高了教学水平的现象说明了婴儿和幼儿可以同时在户外进行活动。如果器材和资源具有高度的灵活性和多样性，那么什么年龄段的儿童都可以使用，不同的是教师的参与程度。对于年龄小一点的儿童来说，教师需要高度参与；大一点的儿童，如四五岁左右的儿童，就可以在无须成人帮助的情况下攀爬各种器械。而三岁的儿童可能需要成人在旁边给予一定的辅助。两岁的儿童一定需要帮助，并且可能需要教师手把手地带着他们走路、攀爬。对于那些还只能爬行的婴儿，教师一定要随时紧跟在他们身边。教师主要的担忧在于婴幼儿自己可能会有跌落撞伤的危险；而对于还只能坐在推车里的婴儿，教师更是要时刻紧跟在其身边。推车上应该有个遮阳棚。其实这种推车婴儿并不会常用。然而，沃尔什（Walsh）认为，学步儿的户外区域应该和年龄大一些孩子的区域分开，并且有些器材需要挪开，如木材、高的支架。她认为，学步儿需要很多用来推拉的玩具、重量轻的玩具、可以藏起来放置的玩具，以及足够数量的玩具以避免争抢（1991:99）。

特殊儿童的户外活动

有特殊需要的儿童也需要到户外去，但是出于安全考虑，他们受到很多限制。但是其实户外环境对有特殊需要的儿童来说是非常合适的地方，因为户外的面积非常大，混乱和吵闹并不会成为问题，儿童可以根据自己的需要开展能力范围内的活动。但是教师需要确保环境不能太过凌乱，否则儿童不能在环境中方便地移动。非建构性游戏材料，如沙子、水，非常容易让有特殊需要的儿童操作，他们能够从中获得成就感（请见第六章有关自我价值感的讨论）。户外有很多可以获得不同感官体验的材料，对于有特殊需要的儿童来说是有切实帮助的。儿童在户外可以不停地练习。游戏中每一个儿童都参与，这样也更方便教师进行观察。对于有特殊需要的儿童来说，户外环境设计时应考虑他们的需求，如花园里的盒子可以设计成和轮椅一样的高度；成人在课程中更需要提供一对一的帮助。但是在游戏中成人要淡化自己的成年人身份，沃尔什建议在草地上铺塑料板供轮椅移动，在沙坑里用塑料泡沫块帮助儿童保持坐立的姿势，或者在讲故事活动中在过道留出一个放轮椅的地方（1991:103）。她还建议"设计良好的、可移动的倾斜路面，路面上使用防滑的材料，以及安装5米高的扶手，可以连接到攀爬器材上"（1991:104）。

这个盒子可以做成一个超级棒的船。

昨天晚上下了好大的雨，孩子们喜欢在水坑里踩水。

图4.8 一个学习的旅程

海伦突然说道:"我们去把船拿过来!"搬船可不是那么容易。

经过几次尝试之后,孩子们找到了搬船的最佳方法。

有一瞬间大风吹得这群孩子偏离了航道……

但是最后船开动了。

船员们纷纷跳上了船。

图 4.8 (续)

可是无论孩子们多么努力地划桨，多么努力地推，船还是一动不动。

埃利森喊道："太重啦！"
海伦说道："一次就上一个人。"

所有孩子都爬了出去，海伦走上了船，然后船浮动了起来。

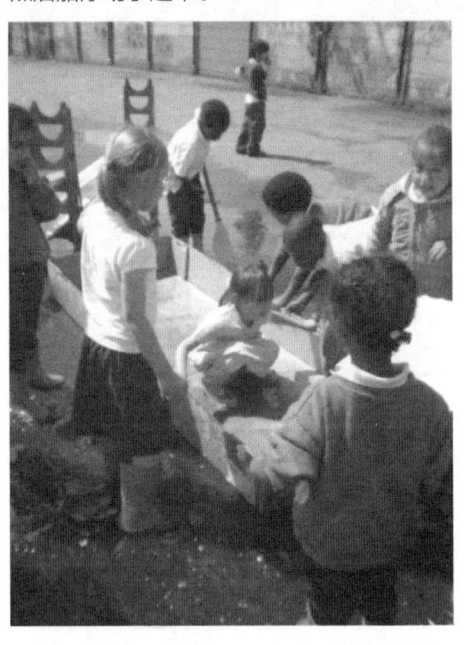

图4.8（续）

在所有孩子都跳进来之前，其他几个孩子也都轮流上船体验了一下。

突然杰西卡发现船破了一个洞，水从这个洞流进来。她说："别担心，我可以修好！"

但是水还是一直涌进来，之后海伦叫道："啊！看！"

图 4.8（续）

水越积越多,船被分成了两半。

"我们明天可以造一艘新的船。我们用砖造就不会破了。"

"我把它们叠好,然后放进垃圾桶。"

图 4.8(续)

- 有围栏的草坪，如果条件允许可以设置阶梯
- 自然区域，包括灌木丛和树木
- 户外和室内同时开放
- 设有关于户外游戏的公告
- 儿童来到教室后尽可能早地开放户外区域
- 尽可能长时间地开放户外区域，至少 1 小时
- 提前精心计划
- 工作坊式的环境——儿童来主导、布置、改变环境
- 有高质量的活动资源
- 室内外活动有更多的联系
- 儿童可以接触到储物柜
- 减少固定的器械
- 有主题的、儿童主导的游戏
- 成人和儿童一起工作
- 成人是儿童可信赖的资源
- 户外区域整年都开放
- 教师灵活监管室内外教学
- 更多有趣的活动
- 户外有阴凉的区域

图 4.9　户外的基本要素

讨论

　　这一章我们讨论了 10 条户外活动的原则。图 4.8 详细地描述了一群幼儿园孩子围绕一艘纸船展开的户外之旅。我们通过这个案例看到了孩子们的兴趣在户外得以满足，他们不需要一窝蜂地跑到户外来缓解在教室里的压力，他们在户外有教师和他们在一起，教师鼓励和支持他们。结果显示，孩子们可以在户外开展很多科学发现活动。图 4.9 列出了户外的基本要素以便达到这样的效果。室内和户外环境需要同时开放，它们是一个不可分割的整体。很显然，很多关于户外的"问题"，如儿童的问题行为、对室内游戏的干扰和中断、将户外视为体育活动区域，这些问题都是因为不能同时开放室内外区域而造成的。室内外区域同时开放意味着所有相关的问题都会被解决或克服，包括器械、资源、天气，以及儿童的行为。固定时间安排的户外活动对于儿童的学习和发展来说是不充足的。如果儿童在户外开放的那一

> 瞬间并不打算出去，甚至有时很长一段时间内都没人出去活动，这说明教师在室内做得不错。如果儿童一窝蜂冲出去，那么他们之前在做什么呢？如果儿童能够从容地在室内和户外两个空间中活动，那么说明一切进展得非常好！

问题

1. 你以前是在固定的时间开放户外区域，并且活动进行到一半就宣布户外活动时间到了，如果将其转换成早上一来就进行户外活动，儿童的行为会发生哪些变化？

2. 用不同等级来给你的"材料"评分（见图4.6），确保你有足够多的主题，尝试着放弃那些简单的资源；和儿童一起讨论有哪些资源以及这些资源的使用方式；请父母参与思考，并且带来一些可以使用的材料。

3. 你是如何储存这些资源和器械的？通过给盒子、柜子、箱子做好标记来让儿童能够很快找到这些器材，从而方便儿童使用；和儿童交流并展示如何使用这些材料。

4. 儿童通常不知道教室和户外有哪些材料是可以使用的，因此可以和儿童玩"找一找"的游戏来寻找教室里可用的资源。例如："我看到一个你们可以画画的地方，这是什么地方呢？"然后，儿童来描述这个地方。你也可以调换顺序，先描述一个地方："这是花园的一角，在沙堆的旁边，闻起来很香。"儿童回答："这是香草花园。"

5. 看一看，课程计划里户外活动是如何与室内活动联系的？室内外活动是否有联系会带来不同的结果吗？你的想法是什么？如果会带来不同的结果，你会怎么做以创造更多的联系呢？

第五章 学习经验 / 港湾

概要

当教师接手一个新的班级时，第一件事情就是打量教室环境并思考如何利用这个新的空间。大多数情况下，新的教室并非空无一物。教师应从教室分区开始，将教室分为不同的学习区，如阅读区、绘画区、探索区、积木区等。教师应根据学习时间与空间来分配不同的学习区。赫特等人（Hutt et al. 1989）将这些为特定学习活动而设计的学习区形容为"微环境（microenvironments）"。麦考利与杰克逊（1992）以及罗布森（Robson 1996）分别在他们的著作中讨论了"微环境"这一词。纳什（Nash 1981）将这种特别设置的学习区命名为"学习中心"，而科尔（Cole 1990）将此称作"活动中心"。海宁格（Henniger 1993/4，citing Esbensen 1987）将美国幼儿园户外游戏的分区称作"区域"。

在《儿童早期的户外游戏》（*Outdoor Play in the Early Years*）一书中，比尔顿（2002）提出了"学习港湾"一词，它涵盖了上述提到的所有术语，学习港湾简要地描述了活动区域、学习区域、微环境和学习中心，并指出其各自的重点。学习港湾可以在室外，也可以在室内。它可以是一个实际的教室区域，也可以是一种用于辅助课程计划的工具。它并不一定直接存在于教室里，而是可以嵌入课程规划中的。那么，教师应怎样安排户外区域呢？以下是不同学者划分户外空间的范例。

户外空间的划分

玛格丽特·埃金顿在 2003 年的著作中将户外空间划分为：
- 攀爬区；

- 跑动区；
- 车辆驾驶区；
- 小型器具区；
- 安静区；
- 躲藏区；
- 自然区；
- 大型建构和想象游戏区；
- 自然接触区；
- 园艺区。

艾斯本森（Esbensen 1987）提出了"七个区"的划分法：
- 过渡区；
- 操作/创意区；
- （心理）投射/幻想区；
- 关注/交往区；
- 社会/表演区；
- 体育活动区；
- 自然元素区。

在这"七个区"理论中，艾斯本森认为教师可以借此确保儿童能参与多种类型的游戏。

赫特等人在1989年的著作中讨论将户外空间划分为：
- 体育活动区；
- 想象活动区；
- 材料游戏区。

内伦敦教育局（Inner London Education Authority，简称ILEA）在文件中要求户外应有：
- 大型与小型器械；
- 想象游戏材料；

- 带轮玩具；
- 环境材料；
- 积木与建构玩具；
- 自然材料（Lasenby 1990）。

同时，ILEA 的文件将学校里的户外空间划分为：
- 科学区；
- 想象区；
- 体育区；
- 建构区。

曼宁与夏普（Manning & Sharp 1977）将幼儿园室内外空间分为四类：
- 娃娃家；
- 建构区；
- 装扮游戏区；
- 自然材料区。

此外，还有一类户外特有的区域，即受户外环境所启发的游戏区。

希尔（Hill 1978）也构想了四类户外游戏及其区域：
- 体育区；
- 社会交往区；
- 创造区；
- 安静区。

古拉休（1989）将户外空间分成五类：
- 大肌肉活动区；
- 多媒介体验区；
- 隐蔽与安静活动区；
- 自然观察区；
- 戏剧与生活区。

沃尔什（Walsh 1991 & ECA 2004）在澳大利亚建议将户外空间分为三类，并在这三种区域中安排不同的活动：

- 安静区；
- 活动区；
- 开放区。

也可以按照儿童的工作与游戏来区分户外空间：

- 想象游戏区；
- 设计与建造区；
- 交流与语言区；
- 调查与探索区。

帕克（Parker 2008：116）提出了以下的空间划分法：

- 自然环境、野生动植物、植被区；
- 园艺区；
- 体能挑战与感统区；
- 角色扮演区；
- 交通运输区；
- 自然材料区；
- 建构区；
- 创造与艺术区；
- 集合区。

可以看出，以上不同的分区方法都存在着相似之处，其主题都包括：想象游戏、建构游戏、科学探究和体育活动。通过比较与总结，我将户外空间划分为以下几个区域，并提议同时设置多种不同的"学习港湾"以便能根据儿童的需求加以变通：

- 想象游戏区；
- 建筑与建构区；
- 体育锻炼区；
- 小型器械区；

- 园艺区；
- 环境与科学探究区；
- 安静区。

为使各区域的功能更清楚，我建议将以上区域中的"区"一词去除，并强调儿童在其中的经验。这样，户外区域应满足以下活动的需要（见图 5.1）：

- 想象游戏；
- 建筑、建构和材料游戏；
- 粗大动作技能发展；
- 精细动作技能发展；
- 园艺活动；
- 环境与科学探究；
- 创造性发展（包括艺术、绘画与音乐）；
- 安静沉思。

这样，大部分的户外区域就能被用来开展任何活动。例如，一个沙坑可以用于儿童自发或教师主导的科学实验活动，而第二天则可以作为想象游戏的场地。不同户外活动经验也可以结合儿童的需求与教学日程来规划。例如，将建构游戏与想象游戏结合起来。当然，也有一些活动区域不能被移动，比如园艺区，一块已被种植的地方不能被搬动到别的地方。但其他诸如建构、球类游戏或艺术等的活动区域则可以在户外自由移动。

- 想象游戏
- 建筑、建构和材料游戏
- 粗大动作技能发展
- 精细动作技能发展
- 园艺活动
- 环境与科学探究
- 创造性发展（包括艺术、绘画与音乐）
- 安静沉思

图 5.1　户外经验

空间与场所

与此同时，托维（Tovey）提出户外空间不仅仅是户外活动的空间。一旦一个空间被设计创造出来，它就变成了一个场所。"场所是具有感情和意义的空间。尽管场所可能是没有被命名的，但它在我们的生活中具有重要意义。"（Tovey 2007:57）在第十章中，一个名为"自然英国"（Natural England）的组织阐释了自然世界的重要性。该组织支持英国国家卫生局（the National Health Service，简称NHS）的工作。基于"引导病人在户外公园与空间进行活动"的一个项目（Bird 2009:23），他们计划对医院与医疗机构周围的绿地进行维护，并种植130万棵树以形成NHS森林。包括儿童在内的个体对亲近自然的需求和渴望再一次被意识到（见第一章）。沃尔什提到，户外空间应尽可能地贴近自然且环境优美、令人愉悦。当户外空间成为儿童生活的一部分时，它就具有了"场所"的重要性，因此需要被重视并细心维护。托维认为有以下几种让空间变成"场所"的要素（Tovey 2007：59）：

- 特定并相互连接的空间；
- 升高的空间；
- 野生空间；
- 可供探索和调查的空间；
- 神秘奇异的空间；
- 自然空间；
- 激发想象的空间；
- 可供运动和静止的空间；
- 社会交往空间；
- 具有灵活性的空间。

因此，在组织运用户外空间时，应从三种途径着手。第一，根据托维（2007）的上述建议，将空间变为使儿童和成人都有归属感的一个独特"场所"。第二，遵循沃尔什（1991 & 2004）的"三种分区"，将空间划分为开放区、活动区和安静区。开放区即指一个灵活并且可以放置移动设施的空间，包括平地、土丘和具有三维视觉效应的设施；活动区则用于儿童参加动手和冒险活动，如攀爬和挖掘；而安静区可以设置沙坑、更正式的教学活动、儿童花园以及秘密角落。此区域适用于"观察、探索、发现、思考、独处，以及小组交流"（ECA 2004：11）。第三，户外空间的计划应参考本章关于"学习港湾/经验"的提议，如托维所描述的高处空间也可以被用于想象游戏，或被用于科学探究活动。这样，户外区域就可以融合进完整的课程规划，而"学习港湾"能帮助教师平衡安排各种活动。

在第一版《儿童早期的户外游戏》出版至今的10年间，我注意到户外空间经常被划分为非常多的区域，一系列的"学习港湾"相对独立并缺少联系。在每个区域有太多的教师监管以至于儿童无法自由游戏。因此，我们应考虑另一种组织户外空间的办法，将空间变为"场所"，并灵活安排儿童的活动。规划应具备一定的组织性、灵活性来满足儿童多样的需求和兴趣。每个人对户外空间的规划都会有所不同，但都需要满足以下儿童发展的需求（DfCSF 2008:11）：

- 人际、社会性和情感发展；
- 交流、语言与读写能力；
- 解决问题、推理与计算能力；
- 对世界的认知与理解；
- 身体动作发展；
- 创造性发展。

围绕着学习经验来设计教学能覆盖儿童各领域的学习与发展。如果有其他更合适的组织形式的话，也是完全可以接受的，但需要说明的是必须有证据证明为什么要这样做。论证的过程就是思考的过程。当你思考过为什么这样做时，你就成了一名更好的教师。

灵活性

仅仅提供学习经验是不够的，我们还需要考虑学习经验是如何在儿童学习过程中被利用的。学习港湾应该是灵活的，并且应融合进整个学习环境，而不是孤立的。儿童需要知道他们可以自由地在学习港湾中活动；他们明天还可以继续今天的游戏；他们也可以将一处港湾中的材料拿到另一处去。唯一的附带条件就是儿童不应妨碍他人、打扰同伴、对同伴造成威胁、破坏物品。麦考利和杰克逊（1992）提出，在规划空间的过程中，学习活动应被包含在"微环境"之中，而不是界限分明以至于儿童无法在不同学习区域中灵活地与各种材料互动。如果无法将物品从一个区域带到另一个区域，儿童将会在游戏中有挫败感。赫特等人（1989）提到了一些教师不准儿童将多个"微环境"混合，例如不允许儿童将用沙子做的蛋糕带到"娃娃家"。他们认为剥夺儿童将不同经验联系起来的机会是令人遗憾的。阿西（1990）总结道，儿童会系统性地探索世界并有一定的"行为模式"，他们需要遵从自己的兴趣与方向。马修斯在 1994 年的著作中讨论视觉展现时提到本（Ben）如何遵循自己的兴趣，画出并动手搭建了"火焰"。这名儿童混合使用了绘画材料与积木、吸管和睡袋之类的玩具。这是一个不间断的活动，如果每个区域都需要每天清理干净的话，本的兴趣就会被打断。马修斯（1994）认为，儿童必须能够有机会混合使用不同的材料，并有时间去慢慢体验不同的活动。这其中的根本在于，允许儿童在不同的学习港湾之间自由游戏。

布局（详见第八章）

布朗和博格（Brown & Burger 1984）的研究发现，影响儿童户外游戏的重要规划因素有：
- "区域规划"（器材的放置）；
- "分区"（封闭的单独活动区域）；
- 适宜器材的提供（如玩具车）。

在一个操场上，因为沙箱区处于交通繁忙之处，所以没有游戏的发生。任何一个去过儿童骑着自行车到处乱跑的户外活动区的人都会知道这种感觉有多可怕，并会知道它是如何妨碍其他儿童游戏的。一个能极大促进儿童社交与语言发展并使儿童全身心投入游戏的户外场地，一定有各种独立的活动区域让儿童能在合适的场地里骑车与跑动。此外，这样的结构提供了更多的体育活动机会和更多的活动种类。儿童在其中表现不太理想的户外游戏场地或许有诸多优点，但也有以下缺点：
- 过分强调外观美；
- 拥有大型游乐设施，并带有儿童游戏屋；

- 场地内有阶梯；
- 有专用的儿童车道以及带有行车线的宽敞儿童车区域。

布朗和博格（1984）的结论是，在这样的场地，设计师介入太多以至于儿童不能灵活地改变场地特性，所以他们的游戏兴趣较低。比尔顿（1994）在一项对幼儿园班级户外设计的研究中支持了这一观点。该研究中的户外空间有非常清晰的小路、茂密的植物，看起来十分怡人。但其中的小路与花坛却限制了儿童的走动，甚至因为路上风太大从而禁止儿童车的行驶。在很多方面，学校过度介入了这个户外游戏区域以至于空间变得非常局限，儿童不能自由地游戏。

每类活动区域的设计取决于多种不同的因素，例如活动的秩序、所需空间、安全、儿童人数、噪声程度等。蒂特（Teets 1985）提出在规划一个游戏区域的地点之前，应考虑在此进行的活动。一些因素也许会随着时间改变，但一些因素会永久存在，例如安全因素：球类游戏不能在路边或无保护的窗边进行。然而，这些限制也有许多方法能解决。一个简单可行的措施就是为儿童提供软而轻的球，或将较为安静的活动设置在距离教学楼较近的区域来鼓励害怕户外活动的儿童进行尝试，如桌上游戏或玩沙游戏。这样，他们就可以在游戏的同时观察户外区域其他儿童的游戏情况。同时，教师应多观察儿童的活动，以了解儿童数量较多的区域，并及时排除某条走道上的障碍。

从室内移到户外

为了让儿童能完整地了解整个活动区域，他们需要知道自己能在室内和户外自由移动，并能将材料拿到另一个区域（详见第四章关于室内外环境相结合的讨论）。当儿童被告知他们"不许把室内推车拿到户外"或"那个小推车不能拿进教室，只能在外面玩"时，他们会有挫败感。也许让儿童完全自由地移动各种器材不是很现实，但我们可以灵活应对这种情况。有时候，脚踏车无法通过教室门或者室内空间太狭小无法骑车，但在哈特利（Hartley 1993）的一个研究中，尽管场地有限，有一所学校确实允许将三轮车从户外带到室内。教师应清楚地告诉儿童哪些事情是允许做的，并让他们理解这样规定的原因。设立规定的目的是帮助儿童学习，而像"不能将这个推车带到操场，因为它们会被弄脏"这样的原因并不是一个足够合理的、能帮助儿童学习的理由。在纳什（1981）的研究中，无组织的教室使用"家务管理"标准来规划空间，而有组织的教室则使用反映学习目标的"教育"标准。

虽然遵守规定非常重要，但灵活性也很重要。有时候，变通或不遵守规则可能是恰当的。例如，为使一个游戏情景继续下去，不被允许带入教室的滑板车这一次可以被带入室内。在这样的情况下，如何与儿童沟通某个决定是非常重要的。有了灵活性，每一种情况都可以从学习可能性的角度来因势利导，以及考虑这样做是否会带来永久性的破坏等。在一个灵活的教室里，儿童可以投入一个想象中的房屋装饰活动中，在户外堆积木并贴上贴纸，将教室内的玩具家具放到他们搭建的房子里，并把沙子做的蛋糕放在餐桌上。儿童还可以在户外进行搭建活动后，走到室内画一些标语，然后回到户外将标语贴到他们的建筑上。如果儿童不被允许在各个区域间自由走动，这样的高质量游戏与学习也就不可能发生了。只要儿童穿着温暖的衣物，这样的多场景游戏即使在冬天也能进行。如果户外环境是草地并需要儿童穿上特定鞋子，教师应训练儿童养成进屋脱鞋、出门穿鞋的习惯。这也许不是最理想的情况，但也不失为一种能让儿童遵循自己的游戏节奏和兴趣的好办法。

材料

详见图5.2所列的一系列材料。

和室内空间一样，每一个户外学习港湾都需要配备相关的材料。材料放在储藏室里是最好的选择，但也可以放置在文件盒、整理箱或推车里。户外材料需放置在户外易于取放的地方，并允许儿童自由地将材料拿进教室或带到操场。

规划户外环境的关键是保证有足够的材料。比如，在教室里永远都有足够的铅笔，所以儿童不用和他人分享笔，但其他材料则不行。麦克莱恩（1991）在对澳大利亚幼儿园的研究中，表扬了这样一位老师：他保证一开始教室有充足材料，在缺少时及时补充，并引导因争抢材料而发生矛盾的儿童去做其他相关活动。另一位教师提供了充足的材料以及开放性的活动，因此儿童能与他人合作并"经常与同伴一起完成某个项目"（McLean 1991:68）。麦克莱恩的观点是，儿童间的矛盾常常是由材料匮乏引发的。当材料不足时，这样的矛盾可以通过给儿童提供更多有趣的选择来解决（Mclean 1991: 33）。她引用了林德伯格（Lindberg）和斯维德洛（Swedlow）的著作里的观点："对于我一向对提供材料和器材清单存有保留意见，因为我担心这会太过武断。但因为读者频繁的要求，我在此总结出一份基本的户外区域器材清单。此清单不包含特定的器材或脚踏车类型。这份清单中，"想象游戏"所列出的材料和器材取决于你的想象力。清单中价格最昂贵的是积木、A形框架和小卡车，也有一些器材并不需要购买，如地毯等。常用材料和器材有：

A形架或折叠支架（大型和小型）

木板支架（大型和小型）

铁梯子

儿童木梯子

魔方

板条箱，或其他能供儿童站立的箱子

中空积木与单个积木

晾衣架（新的和旧的）

小火车或卡车

想象游戏材料，如戏剧服装

胶带、橡皮筋、绳子（与室内手工材料相同）

大型材料

地毯、小方地毯

呼啦圈和跳绳（软质）

排水管（手工或五金店有售）

装水或沙的容器

椅子、凳子或其他座椅

球和球拍（多种尺寸）

绘画用具

读写以及算数用具

可装器材的手推车

"天气盒"（Ouvry 2003）

树干截面

迷你动物材料箱

园艺工具和材料箱

可回收材料，如纸箱、卡片管道、线盘等

废旧床架的木质板条

折叠攀爬架

图5.2　常用材料和器材清单

分享的学习不是一蹴而就的；儿童的分享必须在一个他感到能得到他想要的大多数东西的安全环境里形成，尽管并不是每一件他想要的东西他都能得到。"(1985：220)这或许是一个引导儿童学习分享的好措施，能避免导致"适者生存"的情况。

材料的组合同样能影响儿童的游戏以及随后的学习。纳什（1981）研究了儿童组合材料的行为。如果把几种材料放置在一起，儿童会认为它们可以被组合起来使用。因此，在一个空间安排合理的班级里，在创造区，儿童会使用放在一起的橡皮泥、串珠、石块、木头、盒子、胶棒和颜料等不同材料。在一个安排松散的班级里，儿童虽然能在纸上绘画，却不会灵活多变地运用其他材料，这样，儿童就只能单一地使用手上的物品；而在一个安排合理的班级里，儿童能够遵从自己的兴趣并发挥他们的想象力。所以，一个学习港湾内所放置的材料会影响儿童的行为。悉心安排并清晰放置的材料，也会影响儿童的游戏方式。蒂特（1985）发现，当艺术材料、戏剧器材和操作玩具被整齐而有序地收纳时，儿童可以了解这些材料是如何分类的，从而能更好地利用不同的材料。总而言之，高质量的游戏来源于合理摆放的、充足的、多样的、优质的材料。

教师应将储藏室看作儿童拿取材料的地方，而不是杂乱摆满三轮车的地方。合理运用架子、挂钩和标签来帮助儿童快速地找到自己想要的材料：诸如地毯、管子、纸板等大型材料可以存放在有明确标签的位置，以帮助儿童和教师随时能找到；而从当地园艺店购买的车棚则可以用来收纳积木、沙盒和玩水器具。当在园艺店购买材料时，教师要保持想象力，发掘物品的潜在用途，合理安排时间，并谨记不需要规划所有儿童可能需要的游戏环境。

材料可以从多个途径获取，也可以手工制作。例如，斗篷可以用轻薄布料加上橡皮筋制作，消防员的呼吸面具可以利用饮料瓶和塑料管子并结合眼罩组装而来。有些材料可以从二手店以及慈善义卖中购得。有时候儿童需要使用像锤子、泥铲、钱币、杯碗盘子等真实物品，家长或许也愿意提供一些有用的资源。更重要的是，儿童可以自己动手制作一些材料，并从中体验到对班级材料的拥有感和责任感。

边界

由于户外环境的特性，学习港湾/经验不会是固定设施，多数都需要教师与儿童放学时来整理收拾。蒂特（1985）研究了幼儿园环境和儿童行为，发现当学习区域的边界被有效建立起来时，课堂的干扰会大大减少。通过清晰划分学习区域，材料的丢失和损坏率降低了。这样的划分却并不代表教室结构是一成不变的。这或许意味着材料的放置地点和方式足够区分开不同的学习区域；或者户外区域像室内一样被推车、架子或桌子分开来；或者一条简单的粉笔线也可以作为区分不同活动区域的标志。

在户外区域，过多的固定区域分隔会阻碍儿童的学习。因此，场地中任何固定的围栏和隔栅必须要有绝对的存在必要性。有效的区域安排能鼓励儿童独立思考，尊重班级里的其他人，并谨记不能骑着小车到球场去玩。实际上，儿童所玩的游戏带有天然的边界。如果儿童得到机会合理地发展和练习正确的玩球技能，他们就不会将球乱踢或乱扔。边界需要有灵活性并且反映儿童现有的游戏活动。另外，在活动规定上，教师与儿童要达成共识，这样每个人都能参与到维护秩序的过程中来。

供给的连续性

户外活动的一个难点在于大多数场地中的材料都需要在放学后被整理收纳起来，而室内材料则可以保持原样。为确保儿童能延伸对前一天尚未成形的想法的兴趣，户外活动的规划应有一定的延续性。从材料的摆放开始，保证材料都处于清洁良好的状态并有序地摆放在标注好的区域，这样，儿童能清楚了解有哪些材料可用，然后快速地取得想要的材料。同时，我们可以与儿童一起收集或制作新的材料。有些时候，各种材料需被收纳在推车内以使儿童能从零开始新的游戏，而有些时候则可根据情况将材料放置在新的地方或摆放到前一天所在的位置以便儿童可以继续前一天尚未完成的游戏（Lindon 1997）。麦克莱恩在研究中描述了一种具有连续性的游戏场景，例如儿童每天玩的"电信工人"游戏，其所采用的材料有梯子、铲子、粗麻绳、安全帽、废旧电话和手推车。另一个例子是"挖矿游戏"，儿童每天都会在"矿井"进行挖掘。麦克莱恩称这种使儿童能在土坑中发掘有趣的石头和寻宝的"挖矿游戏"是一种"高效而精妙的游戏"（1991：167）。不得不说这是一种令人向往的户外游戏场景。这种情况下，儿童清楚他们可以在第二天继续前一天的游戏，而不是得从头再来。在埃金顿（2004）的研究中，教师发现当儿童能将特定的兴趣保持一段时间时，儿童的积极性和注意力显著提高。

类似想象游戏这样的学习经验需要随时随地都能进行，同时根据儿童的需求通过不同形式实现，如海盗船或火箭。像水上游戏之类需要儿童动手参与的游戏，教师应延长活动开放的时间以保证每个儿童都能尽情体验这种活动。儿童需要充裕的时间来接触和适应不同的活动。当户外空间不够用时，一个可行的方法是在一周或更长的时间里让儿童轮流参与该活动（Edgington 2004:135）。

户外活动并非把室内活动挪到室外

　　成功的户外游戏不仅仅是简单地将室内活动移至室外。将一个沙盒或写字桌搬到操场并不是户外活动。户外活动应提供室内活动所不能提供的学习经验。埃金顿提出："户外活动意味着儿童能参与更活跃、大型、混乱及吵闹的游戏。"（2004：135）。在户外，儿童能更放心地弄脏双手，更自在地抛接皮球，更大声地玩耍，他们也能轻易地操纵大型的器材。埃金顿列出了一系列可行的户外大型游戏，例如大型建筑游戏，而不是乐高积木游戏；用大笔刷在地上涂抹；用餐盘和水管组成一支铜管乐队；吹泡泡；观察风向等（2004：135-136）。这些都是在室内无法开展的活动。

　　室内活动的材料有时也能在户外被重新利用起来。如果纸张容易被风吹走，那么就将纸固定在画板上使用。儿童可以进行关于坐车、骑着动物，甚至徒步旅行的想象游戏。在户外儿童可以进行更大型的科学实验，例如通过组装水管来探索水的不同形态；而算数和韵律的学习则可以与跑步、跳跃、攀爬相结合。

户外课程

　　以下部分将讨论不同的户外学习港湾/经验，以打造一个完整的户外课程。每一类户外学习港湾/经验详见《户外游戏》(*Playing Outisde*) 这本书（Bilton 2004b）。

想象游戏

　　想象游戏也许是户外课程最先也最需要考虑的一种学习经验。所需材料要能适应儿童各种各样的想象游戏。邮局工作员、捕狗员、粉刷匠、电器修理工、饲养员、建筑工人、宇航员或者海盗，这些都是儿童可能想要扮演的角色。户外的想象游戏应能允许儿童合作、协商、分享、讨论、思考和总结。和室内的想象游戏区一样，户外的想象游戏区也要每日开放。与室内想象游戏不同的一点是，户外游戏需要更宽敞的空间，以容纳更多的儿童。儿童可以用带轮子的小车来扮演送奶工、搬运工或者玩过家家。相关的器材应坚固耐用，并能承受一个或几个儿童的重量。教师也可以帮助儿童将器材与脚踏车相结合。

多数想象游戏所需的器材都会与搭建材料有关。儿童可以自由组合想要的玩具，教师也可以预先搭建好一些器材来激发儿童的想象力。户外想象游戏的器材可自由组合，比简单的玩具厨房更具多样性，它能够促使儿童发挥想象力。户外区域同时需要一套桌椅供教师和儿童进行相关的游戏。各种材料应整齐收纳在器材室内。教师可以布置一些游戏场景，而儿童也可以从零开始自由发挥。

户外想象游戏并不需要十分昂贵的器材。下面这些材料就能打造一个完整的野营场景：

- 用布搭建的临时帐篷；
- 烹饪用具；
- 用毯子做成的睡袋；
- 儿童用可回收材料自制的"煤气炉"；
- 收集木棍之类自然材料假装生火。

烹饪用具可以利用现成的锅碗瓢盆，但若是能找到更大的器具就更理想。这一区域也应摆放玩偶、衣物和床单等不能被替代的物品。佩列格里尼在第一章就坚持了儿童应与真正的玩偶互动的想法。绳子、胶带、橡皮筋都是可以用来将室内材料改造为户外材料的好工具。用绳子将一块布固定在一个A形架上，就可搭建出一个简易的房子。胶带可以用来将标语贴在各种材质的物品上。这些自己动手搭建的场景也许不能维持太久，但也能满足儿童的游戏。绳子可以用来将箱子连接到脚踏车上，或将小车里的箱子捆扎牢固。附带纸和铅笔的剪贴板或白板是在大多数天气下可以使用的书写材料。这样的例子还有很多。最重要的一点是它们不仅要满足儿童当前的学习需求，而且要能提供新的经验。

图5.3列出了教师和儿童可以设置的游戏场景的若干建议，这些都可以被应用到

材料
- 小卡车
- 手推车
- 木质折叠婴儿车
- 购物车
- 滑板车
- 独轮车
- 积木
- 木质或塑料板条箱
- 大型积木
- A 形架
- 攀援架
- 木板
- 桶
- 鼓
- 大纸箱、管子、轮胎以及树干
- 大块布料
- 地毯
- 梯子
- 帐篷
- 多种尺寸的木块
- 大雨伞
- 衣物
- 服饰配件（手提包、帽子、腰带、太阳镜、安全帽、雨靴、皮鞋、警察制服、行李箱、篮子、背带、背包、睡袋、鱼竿、拐杖、旧显示器及键盘、首饰、地图、眼罩等）
- 工具（自制消防面具、自制消火栓、医生用品和医用箱、工具箱、刷子、铲子、小铁锹、旧相机、电话、小音箱、望远镜、滑板车、球棍、盒子或罐子）
- 木钉子、扫帚
- 陶器或厨具
- 洋娃娃、衣物和床单
- 汽车牌照
- 自制交通标志和警示锥可以增加想象游戏材料的丰富性

图 5.3 想象游戏

实际中并激发儿童的新想法。例如"时装秀"，儿童可以通过观看视频或实地观察来体验这种场景。与儿童一起看书、上网、实地观察（如去博物馆观察服装）来研究，都能帮助儿童更好地了解"时装秀"的概念。在伦敦，维多利亚与阿尔伯特博物馆（Albert Museum）就有专门展示时尚的展馆。向家长征集不需要但质量好的衣物，能够使班级材料的使用寿命更长。

儿童需要教师设立一定的范围来开展他们自己的角色扮演活动。教师可以规划一系列不同的游戏场景以供儿童根据兴趣选择。有一些儿童在游戏场景中想象力十分活跃。教师的作用则是为儿童的想象游戏提供额外指导来延伸他们的兴趣。儿童可以参与制作玩具的过程：制作航海游戏中的鱼竿、海盗所戴的眼罩、恐龙乐园里的大树。不论是儿童自主创造的游戏场景，还是与教师合作，想象游戏区都需要时常开放，否则儿童就不能延伸前一天的新奇想法，继续前一天的想象游戏，也不能再进一步提高前一天学会的合作协商等新技能。

一些儿童可能会需要教师或材料的辅助来开展想象游戏。例如，一个装有旧手机、笔记本、铅笔、围巾、手电筒和零钱的旧书包就能激发儿童的想象力。教师可以投放多个装有不同物品的书包（见图5.4），并时常更新，以激发儿童的想象。

- 建造工人的工具包
- 探险者的背包
- 寻宝工具包
- 室内装潢师的工具包
- 婚礼工具包

更多信息详见比尔顿（2005）

图5.4 背包或工具包

脚踏车

当学校资金不充裕时，脚踏车并不是必须配备的器材。有时候，它甚至会造成很大的麻烦。实际上，我并未将三轮脚踏车列入三岁以上儿童所需的器材清单。我认为一些教师对户外游戏的抗拒很大程度来源于对拥挤操场上儿童骑车追来追去的印象。这样的一个类似高峰期公路忙乱的场景不仅让大人感到忧心，更会使儿童感到害怕。当儿童感到危险时，他们便不会大胆去尝试。另一些儿童，特别是男孩，则会独霸整个场地。此时脚踏车的所有权成为儿童之间"地位"的象征，独占脚踏车的儿童就成了"大哥大"。在英格兰、苏格兰、北爱尔兰和威尔士,儿童之间自然而然地会形成对脚踏车归属权的阶级概念。而教师为了应对这种情况,就会统管脚踏车的使用并决定谁是下一个骑车的人(见图 4.1 中关于脚踏车的故事)。

那么,应该如何规划脚踏车的使用呢?

- 首先,考虑放弃购置三轮脚踏车,它们并不是非要不可的器材。若你所在的社区儿童自行车十分稀少,那么可以考虑提供一些脚踏车供儿童使用。在选择的过程中,尽量挑选可以容纳两到三名儿童一起搭乘的脚踏车。
- 设立一个专门的骑车场地或骑车时间来保证其他儿童的游戏不受影响。
- 购买两轮脚踏车并设立专用场地,确保脚踏车能在专用场地使用(Bilton 2005)。图 5.5 呈现了两位儿童骑两轮脚踏车的场景。
- 将脚踏车融入角色扮演游戏中。教师频道(Teachers TV,2006)曾播出一个学

图 5.5　两轮脚踏车

校利用脚踏车让儿童玩送比萨的游戏。当然，教师也可以引入送货员、鲜花快递员、送餐员、邮差或网购快递员等角色。
- 考虑购买一辆健身自行车。将破旧自行车的轮子卸下来，并把它绑在一个结实而沉重的木框上。儿童可以尽情地玩踏板的同时不打扰其他人。

建筑、建构和积木游戏

儿童需要有充足的机会去搭建和使用不同材料来了解数学和科学的基础知识。他们应学会使用、设计、搭建并改造不同的材料。在这一户外区域，儿童需要有能与同伴合作来完成作品的机会。这样，儿童可以学会合作，并做出成果，比如和朋友一起用小木块、泥土搭建一座塔，也可以是用木板和箱子来修筑一座桥。有些儿童会将此区域的游戏带到想象活动区，过一会儿又带回来，循环往复。如果教师担心与地面的摩擦会损伤木质玩具，则可以用布料或毯子进行保护。《社区玩具》(Community Playthings)一书介绍了一种自制的坚固积木。《我做了一只独角兽》(I made a unicorn)

- 空心的和普通的木块
- 塑料牛奶盒和面包箱
- 木板
- 电缆线轴
- 纸箱
- 各种大小和长度的原木与树枝
- 梯子
- 各种厚度的绳索
- 塑料管材
- 排水沟和软管
- 管道
- 桶和其他容器
- 石头、贝壳、小树枝、种子、树叶、树皮、软木、瓶盖、木片、鹅卵石、砾石
- 带有坚固轴的铲子
- 泥刀

图5.6　建筑、建构、积木游戏

一书介绍了儿童用积木搭建不同物体的例子。

水和沙子也能在这一学习港湾中作为一个"微环境"被充分利用。教师可以在户外设置更大型的玩水游戏，并摆放一系列的水管、桶、托盘，来鼓励儿童在游戏中合作。要使这个环境中的户外游戏有利于儿童发展，儿童必须学会与同伴合作。儿童可以不用传统的水盆，而是将两片水管连接到墙上以使水能往下流动；也可以在玩水游戏中灵活利用其他器材。

儿童也完全可以使用像铁锹、锤子之类的真实工具来玩耍。一所被泰晤士教育增刊（*The Times Educational Supplement*）提到的幼儿园就因让儿童使用真实工具而得到了 OFSTED 的赞扬（Klein 1997 & Bilton 2004b）。在阴冷潮湿的天气里，布料、毯子或纸板都可以被用来创设更舒适的游戏环境。这些物品在弄脏后可以丢弃。

自然材料可以用来衔接建构游戏区和想象游戏区。自然材料因不易损坏和被偷窃，基本上都可以储存在室外。收集的石块、贝壳、树枝、种子、树叶、树皮、软木塞、瓶盖、木块、鹅卵石和沙粒则可以储存在小罐子里（见图 5.7）。这些材料有着多种用途：既可以被用在想象游戏中，也可以作为学习密度、重量和体积的材料。这个年龄的儿童特别喜欢运送任何物品，因此他们可以将贝壳、松果、木块放进小推车里四处运送。儿童也喜欢把花瓣泡在水中来做"药水"或"香水"。自然材料可以被假装为食物，或用作建筑材料，或当作动物。它们可以象征任何东西。这些材料本身也可以被用作研究，或被画下来，或被讨论其特质。它们可以被放在花园的各个角落以供儿童随时取用。

在建构区还需要一个独立于园艺区的挖掘坑。这里将被用作建构活动区，供儿童尝试用泥土和砖块搭建房子，或被用作想象活动区，供儿童"挖掘隧道"或者"寻找宝藏"。一个户外空间并不需要同时有沙坑和挖掘坑，二者选其一就足够了。相关材料可以包括：坚固的铁锹、泥铲和自然材料。当天气干燥时，儿童可以就地坐下开始挖掘；而在潮湿天气里，只要在泥地上铺上纸板或布料，儿童依然可以玩耍。

木工活动也可以作为建构活动的一部分。工作桌可以被放在室外荫蔽的地方。但在各种活动区域，教师应自主决定木工活动最为理想的位置。有一所学校，教职工们觉得木工桌对户外空间造成了不必要的分隔，于是决定将其挪入室内，与其他材料放在一起。

- 石头
- 贝壳
- 细树枝
- 种子
- 树皮
- 软木塞
- 瓶盖
- 木头
- 鹅卵石
- 海玻璃（沙滩或大型湖泊边的碎玻璃）
- 松果
- 球果
- 七叶树果实
- 串珠
- 羊毛
- 细绳
- 羽毛
- 叶子/花瓣/草（直到腐烂）

图 5.7 可以放置在户外的材料

粗大动作技能发展

体育活动区将满足儿童粗大运动协调能力发展的需求。这一区域主要提供体育活动以发展儿童的运动技能，如平衡能力、协调能力、敏捷性和力量（详见第一章关于动作发展的阐述）。儿童需要通过练习来调整他们的运动技能以发展出成熟的运动模式，并在其中建立自信心。同样地，许多在想象游戏和建构活动区用到的材料也能在这一学习港湾中被利用起来。儿童也许会从想象游戏慢慢过渡到体育活动区，然后再移动到建构活动区。一个用来攀爬的 A 形架或木箱也可以是一个躲避"恐怖怪兽"的藏身之处，而分散四处的垫脚石则可能被想象为蹚过满是"鳄鱼"的河流的唯一通道。当单独设立体育活动区时，教师应牢记儿童并不仅仅在此区域进行体育活动。户外活动的很大一部分就是关于从运动中学习以及学会如何运动。

体育活动区需要配备与攀缘、平衡、踏步等活动相关的器材。这些器材可以设置在不同的高度或角度上，互相连接来形成滑梯、走道、小桥或垫脚石（见图 5.8）。例如，一些平衡杆与 A 形架相组合，接着是可供跳入或走入的圈，可供爬上或爬下的箱子，与 A 形架连接起来的梯子。这一阶段发展强壮的手臂肌肉对锻炼手指肌肉有着重要的作用。树墩、地毯和轮胎都可以用作垫脚石，锥形体和箱子则可以搭建出一个弯曲的跑道，板条箱则可以被拆开来作为跳杆或扶手。

- 木板
- 滑梯
- 梯子
- 嵌套桥或 A 形架
- 盒子
- 板条箱
- 桶
- 隧道
- 铁环
- 绳子
- 轮胎
- 树干
- 地毯
- 球果
- 藤条
- 攀爬架

图 5.8　粗大动作技能发展的材料

这些在运动区设置的障碍物可供儿童独自或结伴玩耍，并以自己的节奏发展体育运动技能。儿童可以根据自己的能力与信心自由地在体育活动区探索。搭建在 A 形架上的木板可以根据儿童身高来调节。体育活动区可以是圆形或线形布局，也可以设立两个独立的活动区，或设立一个专门用于剧烈活动的区域：用警示锥分隔开跑道，设立供攀爬的箱子以及供跳跃的指示线。显然，体育活动区的规划取决于不同儿童的需求。

波特（Porter，2005）在关于儿童主要户外活动的研究中，建议以锻炼儿童不同肌肉群为目的来规划户外体育活动。例如，在攀爬架上的活动就能锻炼手臂、肩部以及手部的肌肉（见图 5.9）；平衡绳活动能锻炼手臂、臀部、腿部与脚部肌肉；而在攀爬架上攀爬则可以锻炼上臂力量，以及大腿和背部肌肉。因此，教师可以仔细考虑体育

图 5.9 在攀爬架上活动能增强手臂和手指肌肉能力（De Bohun Primary School）

活动与儿童肌肉发展之间的联系。

体育活动有时需要高度集中注意力，但儿童是能够在活动中找到自己的节奏、挑战与速度的。一旁的教师可以适时向儿童提出挑战来鼓励儿童的进步以及尝试新的事物，告诉他们"试试这样做"或者"你可以跑得更快一点吗"。教师应指导、支持、鼓励儿童进行体育活动（详见第七章关于成人角色的相关内容）。另外，教师也可以通过一些体育活动来使儿童学习和体会关于方位的词语，如"穿过""下方""上面""里面"等。最重要的一点是，体育活动区可以随着儿童的游戏而不断变化和完善。

有时候，学校会存在体育器材不足或者场地太小的问题，但教师依然可以运用智慧来设计高质量的粗大动作与协调活动。绳索和木板可以用来锻炼儿童的平衡感。教师可以把梯子平铺横跨在两个大木箱上，让儿童爬过去（教师要握住梯子）。尽管这些材料并不是最为理想的，却能应对器材短缺的情况。在场地不足的情况下，粗大动作活动可能只能在室内、小操场或走道里开展。就算场地十分狭小，儿童也必须要有机会进行一定的体育锻炼（见第一章和第六章，并参考 Gallahue & Ozmun 2005 相关论述）。教师应尽可能提供机会让儿童锻炼动作技能，增强其自信心。布鲁斯（1987 &

2005)认为，如果儿童不能进行日常性的体育锻炼，他们就不能学会许多动作技能。

教师可以通过观察儿童的运动来判断他们的动作发展。麦考利与杰克逊（1992）在分析赫特等人（Hutt et al. 1989）的研究时提到，体育活动与想象游戏的结合时常被忽略；观察者一般只能看到单一的体育活动或想象游戏，而不能看到二者的结合。户外游戏的重要性在于在运动程度上儿童进行了全身活动，这不像在玩具屋里玩玩偶，也不像在画板前画画，而是类似送奶工人、电话修理工或者运动员，他们全身都得到了锻炼，并发展了动作技能。

儿童有时也可以自己来完成体育活动区的摆放。教师可以请儿童在地上摆出同心圆的形状，或将方形器材放到三角形的旁边；可以画好平面图或引导儿童自己画图并按图摆放。设计的难度需按照儿童的理解水平来调整。对于一些比较胆小的儿童，教师可以请他们协助拿出体育器材来帮助他们熟悉这些相对陌生的物品。

精细动作技能发展

户外是儿童练习和提升精细动作技能的理想场所，宽敞的场地使儿童能自由地使用各种材料而不用担心造成损坏。重要的是，儿童需要常常接触小型器具，否则就不能练习精细动作技能。如果儿童只能偶尔玩玩球，那么就不能发展相关的技能。户外场地需要一个装有各种尺寸球类、圈环、沙包、跳绳、球拍、游戏木柱的器材车（见图5.10）。为锻炼精细动作技能所设的器材车应放置在远离其他活动的区域；同一时间玩球的儿童的数量也不能太多，以避免场地太过嘈杂混乱。

同样地，在场地有限的情况下，儿童可分组在户外场地玩耍，教师可以提供弹跳力略弱的球或沙包。尽管儿童天然地喜欢随意抛掷，但教师应鼓励儿童有目标地投掷：投给某人、投向别的物体或穿过别的物体。教师可以让儿童练习将球投入碗、桶或者地上用粉笔画出的圈，也可以鼓励儿童将球踢进一个空花坛中、一面墙上或一条线外。一个简单的标有数字1—10的格子也可以用来鼓励儿童朝着特定数字投掷。当然教师也可以在地上写出字母、名字或单词作为儿童投掷的目标，这样既锻炼了他们动作技能，也锻炼了其阅读技能。

晾衣绳也是一种宝贵的资源。例如，将一个网球放进紧身裤的一条裤腿中，把紧身裤一端系紧，另一头系在晾衣绳上，这样就得到了一个可以自动抛接的球。儿童可

- 球类：多种尺寸、重量和质地
- 绳类：有接头和没有接头的
- 铁环
- 球拍：长短柄各若干，不能太重
- 沙包
- 装球的篮子或桶

图 5.10 精细动作技能发展的材料

以单独玩耍，也可以和同伴一起玩耍。将一个圈用晾衣绳吊起来，这就成了一个抛球的靶子。

图 5.11 展示了一些可以用 A 形架和支架搭建的活动器材。这些器材可以灵活使用。

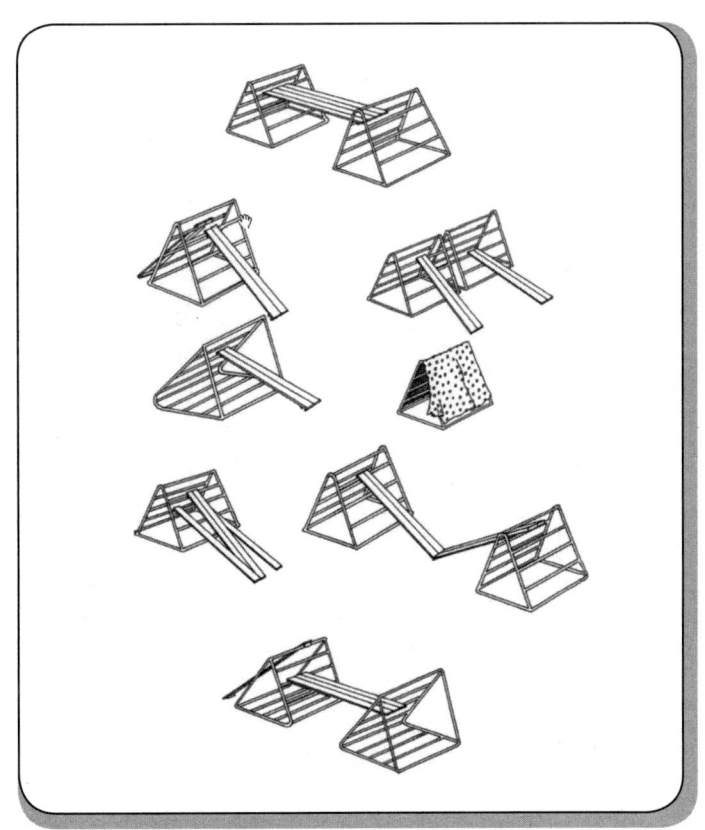

图 5.11 A 形架的各种组合

园艺活动

园艺活动是一项十分便于开展且有实际意义的户外活动。通过园艺活动，儿童可以学习科学和环境概念，照顾花草，维护公共区域，以及发展肢体协调能力。理想的园艺活动区应有一小片可供儿童种植、培育以及收获花草蔬果的土地；如果场地有限的话，则可以用木质花坛、花盆、培育包或其他容器（如水桶、洗衣盆或旧轮胎）。木质或砖砌花坛也是理想的儿童栽种场所，特别是对行动不便或需要坐轮椅的儿童来说。

园艺活动区最好能有一些隔离，如矮栅栏、草坪、砖或石子铺成的小道。这样儿童就知道，这里不是玩耍的地方。一开始，教师和儿童可以一起种植，当儿童学会一定的园艺知识后，则可以独立为花坛浇水、除草；在园艺活动区，儿童应使用真实的工具（见图 5.12）。

这一区域可以分为两个区块：秋冬植物区（从九十月到来年四五月）以及春夏植物区（四五月到九十月）(见图 5.13）。帕克（2008）提议新教师从简单的种植活动开

儿童以及成人尺寸的：
- 铁锹
- 泥铲
- 钉耙
- 锄头
- 洒水壶
- 水管
- 藤条
- 独轮车
- 篮子
- 园艺手套
- 修枝剪

- 种子和植物
- 水龙头
- 大水桶
- 相机
- 书写工具

图 5.12 园艺活动的材料与工具

> 从九月起：
> 冬季开花植物：雪花莲。
> 春季开花植物：水仙、番红花、郁金香。
>
> 从五月及最后一次霜冻后：
> 夏季开花植物：一年生耐寒植物，如香雪球、车叶草、白竺葵、山字草、鼠尾草、三月花葵、绣线菊、旱金莲、轮峰菊、弗吉尼亚紫罗兰；一年生植物，如：大波斯菊、金盏花、矮牵牛花；蔬菜：四季豆、豌豆、西葫芦、土豆、生菜、黄瓜、番茄；球茎或块茎植物：银莲花、小苍兰、鸢尾、蛇鞭菊、大丽花。
>
> 四五月播种，来年三四月收获：紫叶花椰菜。

图 5.13 种植周期

始，并将园艺活动和角色/故事扮演活动联系起来。

教师不必担心自己是不是园艺高手——也许你们所收获的植物和蔬果并不能拿到花草展去展出，但已经足够让儿童来观察并欣赏植物的生长。最重要的是，儿童能目睹整个种植到收获的过程。教师还可以选择种植简单的香草等（见图 5.14）。

BBC 园艺网站为成人和儿童提供了各种关于种植的帮助、建议和资源，包括关于如何在四月种植向日葵花墙、如何堆肥，以及如何搭建蜂箱等，以及详尽的每月的园艺指导（BBC 2009）。这是一个多么好的向儿童展示如何上网搜寻信息并在花园中实践的机会啊！另一个非常有帮助的网站"掘土"（Dig in），提供了关于种植胡萝卜、南瓜、生菜和番茄的详细教程，还有一到两分钟的浅显易懂的视频。儿童可以轻松地跟着教程一步步学习如何操作。

在安排园艺活动过程中，教师应考虑到蔬果收获的时节，以免学期末有些儿童不能见证收获时刻。儿童应观察和体会生命的轮回，并用文字、绘画、图片或其他媒介来记录。另外，事物随着时间流逝发生的变化，也是值得儿童记录下来的。因此，相机是十分有用的器材。儿童可以制作记录自己观察的小册子，这意味着园艺活动能让享受户外时光的儿童也参与写字、画画、手工等其他他们在室内不太热衷的活动。制作观察手册会涉及摄影、准备土地、种下种子、发芽等场景；也可以制作一个可以折叠起来的"时间轴"来介绍事物的先后次序。儿童可以自己绘画，并写下心得体会，

图 5.14　春天里的儿童花园

也可以使用电脑制作图片等。这样，这本观察手册就能激发大部分儿童的兴趣。

　　园艺活动区是一个帮助儿童发展并运用感官与场景想象力的理想场所。建造一个香草花园十分简易，不仅能教会儿童感受不同的气味，也可以鼓励他们去描述、比较，甚至烹饪不同的香草。花朵也可以给儿童提供多种感官体验，如看、嗅、摸或品尝（一些可食用花朵）。观察分析花的花瓣、茎秆、叶片、种子和树皮，为儿童提供比较和学习不同颜色和质地的好机会。在画纸上模仿自然界的配色，如白底红点或黑底黄条，也可以激发很多有趣的讨论。不同的感官感受区可以促进儿童的自主探索或作为教师的教学点，例如设有镜子和不同反光材料的视觉感受区，设有风铃的听觉感受区，设有不同香草的嗅觉感受区，以及设有不同石块、树皮和贝壳的触觉感受区。

　　参见库博和强生（Cooper and Johnson，1991）关于辨别有毒植物的文章。

环境与科学探索

我们生有五感（视、听、触、味、嗅）来探知外界。儿童需要学会运用这些感官来探索世界。教师应帮助儿童专注于每一种感官，然后学会有效地利用感官，从而锻炼他们的感官。环境体验格外能丰富儿童的感官体验。

我们可以通过设立动植物友好的环境来帮助儿童认识户外环境中的动物与植物。陈旧的腐木或潮湿的地毯容易吸引一些小生物，儿童和教师可以时常搬开腐木和地毯来观察这些动物。旧水槽或浴缸可以为小型水生动物提供栖息地，但也会吸引蚊虫。鸟窝或喂鸟箱可以放在户外儿童能看到的地方。乌弗里（Ouvry）建议设立一个"天气箱"（2003：70）。这是一种放有关于各种天气现象的器材、书籍、歌曲和诗歌的箱子，以供儿童在特定天气时进行学习。儿童应对不同天气现象有多重感官的体验而不是仅仅在室内看看，而"天气箱"则为天气观察做好了准备。例如，乌弗里建议用不同材料，如泡泡纸、羊毛和锡纸等来覆盖雨伞以便聆听雨点打在不同材质上的不同声音。她还提到在水坑里滴入油来观察彩虹的颜色。她的另一个想法是给两个玩偶分别穿上防水和不防水的衣物放到雨中，以讨论不同的现象。儿童还可以制作风筝、泡泡水来观察风，用有刻度的盒子来观察降雪或降雨。随着儿童提出发现更多的想法，这些"天气箱"随时都可以放入新的材料。

户外区域和室内学习港湾之间可以很好地建立联系：当儿童需要参考书籍来学习各种观察到的生物或天气时，他们可以在图书角找到相应书籍。教师与儿童一起，制作专门关于园区环境的手册。相机应被放置在随手可得的地方以方便随时记录有趣的景象。此学习港湾所需要的材料可以整齐地摆放在推车或带标签的盒子中（见图5.15）。

帕克（2008）的著作中讨论到她与儿童一起修建沼泽花园以及以此来激发儿童的极大兴趣的经历。她的学校非常鼓励儿童在提问过程中进行思考并对沼泽花园生发归属感。儿童会问："我们会吵醒这里的植物吗？我们可以在这里泼水玩吗？这里会有小鸟飞来吗？蜘蛛是不是爬得很快？"（2008：113-114）。说实话，我并不特别了解沼泽花园，但这个故事使我非常想与儿童在这样的一个沼泽花园中探索。

凯茨和查德（1989）建议儿童学习关于天气的谚语。日复一日关于天气的仔细观察和讨论能使儿童掌握许多知识并热爱观察。同样，关于天气谚语的小册子也可以拿来给儿童参考（见图5.16中的一些天气谚语）。英国气象局推荐了一些适合儿童的活动，例如制作天气中心、气象台，在杯子中制作云朵等。他们还提供了一份专门记录

观察盆
放大镜
收集罐
无脊椎动物聚集的矮树丛
在池塘舀水的工具
网
望远镜
相机
各种鸟食
防松鼠喂鸟箱
天气表以及各种天气符号
天气箱
书写和绘画材料，纸和铅笔放在剪贴板上
参考书籍
对动物（野生区域）、迷你小兽（树干、旧地毯、大而平的石头、常绿插枝）、鱼以及两栖动物、鸟类（盒子、喂食桌、浴盆、树）友好的环境

图 5.15　观察天气

天气晴时收稻草
朝霞不出门，晚霞行千里
三月像狮子一样来临，像羔羊一样离去
四月雨纷纷
常刮西北风，近日天气晴
早晨下雨当日晴
太阳雨不长久
鱼鳞天，不雨也风颠
马尾云，大风暴；鱼鳞云，必下雨
不刮东风不雨，不刮西风不晴
天寒则星亮
有雨山戴帽，无雨山没腰
月亮长毛，天气不牢

不管天气是否晴朗 / 不管天气是否阴沉 / 不管天气是否寒冷 / 不管天气是否炎热 / 我们都要经受风吹雨打 / 无论什么天气 / 无论我们喜不喜欢

图 5.16　天气谚语

天气的表格。这些观察活动都是为儿童量身打造的，所以即使他们并不明白什么是龙卷风，也能开展令人兴奋的关于龙卷风的活动（见图 5.17 的例子）。这些活动可以激发儿童的好奇心与兴趣，并使他们学会提问与思考。

制作罐中龙卷风

龙卷风就是一股快速旋转的气流，是由超级单体引发的一种天气现象。

需要的材料：
- 有盖子的玻璃罐或其他透明罐子
- 洗涤剂
- 食用色素

制作步骤：将罐子装满水，然后滴入几滴食用色素与洗涤剂，将瓶盖拧紧。将罐子朝一个方向旋转多次然后停下，你就能观察到在罐子里形成了一个小小的龙卷风。龙卷风慢慢上浮，然后慢慢消失。现实生活中的龙卷风也是这样形成的。

图 5.17　天气观察活动范例
资料来源：Crown copyright 2009, the Met Office

艺术、绘画和音乐等创造性发展活动

视觉展现，不管是素描、绘画，还是搭建积木，对年幼儿童来说十分重要。因此户外区域应配备日常绘画材料。马修斯在著作中介绍了儿童如何将绘画与字母自由地联系起来并发掘多种意义的例子（1994：93）。他进一步描述了某幅画，并深思这是否意味着开始学习双关语，儿童在思考自己的想法，这代表着对象征的反思。这是一种宝贵的高级思维方式。儿童在户外区域时应能进行绘画活动，如用粉笔在地上或用颜料在大幅纸张上画画。在墙上粘贴的大纸上进行合作绘画也能鼓励性格内向的儿童。帕克（2008）谈到可以让儿童用自然材料来临摹安迪·戈兹沃西（Andy Goldsworthy）的雕塑作品，或者利用杰克逊·波洛克（Jackson Pollock）的作品帮助儿童探索泼墨作画。

一些易弄脏教室的艺术活动可以在户外开展。在户外，儿童可以用脚印作画，教师不用担心他们会弄脏地面。陶艺活动——虽然常常被忽视——也可以在户外区域进行。清理工作只需要一桶肥皂水而已。户外音乐区则可以让儿童放声歌唱或演奏乐器而不用担心打扰到其他人。一个备有各种乐器与器材的音乐桌可以让参与集体音乐活动的儿童尝试和练习各种音乐技能（见图5.18）。

- 各种厚度及大小的纸张——墙纸很适合在户外使用
- 各种削好的铅笔
- 炭笔
- 水粉颜料
- 陶土
- 油画颜料
- 画板夹
- 粗粉笔
- 采集篮
- 用于油画的旧木板
- 沙子

图 5.18　艺术、绘画和音乐等创造性发展活动的材料

静思区

室内常常设有能让儿童安静思考或小幅活动的区域，户外也需要有这样的区域。最好是在荫凉、舒适的地方放一套桌椅，放室内椅子、几个箱子、一张毯子，在一片地毯加上垫子也都可以。不论怎么规划，儿童应清楚这里是安静区。有藤架或灌木围起来的长椅也很合适，既防晒又挡风。就算是场地非常有限的户外区域，也能规划出静思区。一箱书籍、一个录音机、毛绒玩具、纸和笔，以及语言或数学游戏材料都可以投放在这个区域。

也许户外静思区与室内的静思区并不一致，但这个区域是非常有必要的。这里也可以开展棋牌游戏、编织活动、主题读书活动等。这样一来，内向安静的儿童能在户外找到一个喜爱的地方玩耍，而那些玩累了需要放松和冷静的儿童也可以来静思区。这个区域为只想要观察别人玩耍的儿童提供了一个好场所。这意味着一些对学校生活不太有信心的儿童也能拥有一个让他们感到安全的环境（见图5.19）。

- 各种儿童书籍：新的或旧的，虚构类的或非虚构类的
- 装有故事朗读、儿歌或歌曲的随身听（特别是教师曾唱过或讲过的歌或故事）
- 儿童杂志、漫画书
- 录音机
- 毛绒玩具
- 不易被风吹走的棋牌游戏材料
- 书写和绘画材料

图 5.19　静思区的材料

其他户外经验

前文所提到的户外学习经验仅仅涵盖了最基本的活动区域，并保证儿童能均衡地接触到各种活动。但户外活动经验绝不仅限于此，其他的活动体验区也应安排在这里。例如，小组阅读、音乐、舞蹈、餐点、休息等活动都可以在户外区域进行。这样，户外区域就自然地变成了完整学习环境中的一部分（其他户外经验见图 5.20）。教师可以自主安排今天是否在户外吃点心、跳舞、讲故事。就像先前所讲的一样，户外能安排的活动很大一部分取决于教师的想象力。图 5.21 列举了一些可以参考的户外 ICT[①]资源。儿童

- 小组读书
- 音乐
- 唱歌
- 舞蹈
- 运动
- 点心时间
- 正餐时间
- 休息时间

图 5.20　其他户外经验

---

① 译者注：ICT 是信息、通信和技术三个英文单词的首字母组合，它是信息技术与通信技术相融合而形成的一个新的概念和新的技术领域，也是在线测试仪的简称。

> - 录音机
> - 耳机
> - 对讲机
> - 收音机
> - 卡拉 OK
> - 英特尔数码蓝色电影摄影机
> - 手持金属探测器
> - MP3 播放器
> - 电池盒式录音机
>
> 更多关于 ICT 和户外的详情请见比尔顿等（2005）

图 5.21　ICT 资源

在花园内走动并谈论他们所看到的事物时，他们就变成了小小新闻播报员、记者、摄像师。他们也可以像歌手或乐队一样在户外进行表演。这些都是鼓励儿童学会倾听和表达的好办法。

图 5.22 展示了关于户外区域布局的一些想法，其中包含了 8 个学习区域：

- 想象游戏区：这是一个超市送货区，有卡车、大纸箱、交通锥，放有各种纸箱和容器的桌子，儿童自己用粉笔画的一条路。
- 建构区：一部分由教师规划，一部分可以由儿童根据自己的喜好来搭建；还有一块挖了一个洞的地。
- 体育活动区：放有 A 形架、木板、箱子、桶、毯子、树墩、地毯。
- 小型器具区：装有各种球拍、球、绳子、铁环的推车，并用粉笔标出范围。
- 园艺区：有工具、户外水龙头、各种生长阶段的植物和准备栽种的种子。
- 静思区：有椅子、垫子、地毯、树荫、书本、绘本、胶带、游戏材料。
- 小动物区：有树干、地毯、树墩、当作踏脚石的硬纸板。
- 小屋/棚：由于小屋/棚布置得很好并贴有标签，儿童可以很容易地找到更多的材料。靠近教室墙的地方有一些可以被用于任何活动的石块、鹅卵石和木头。

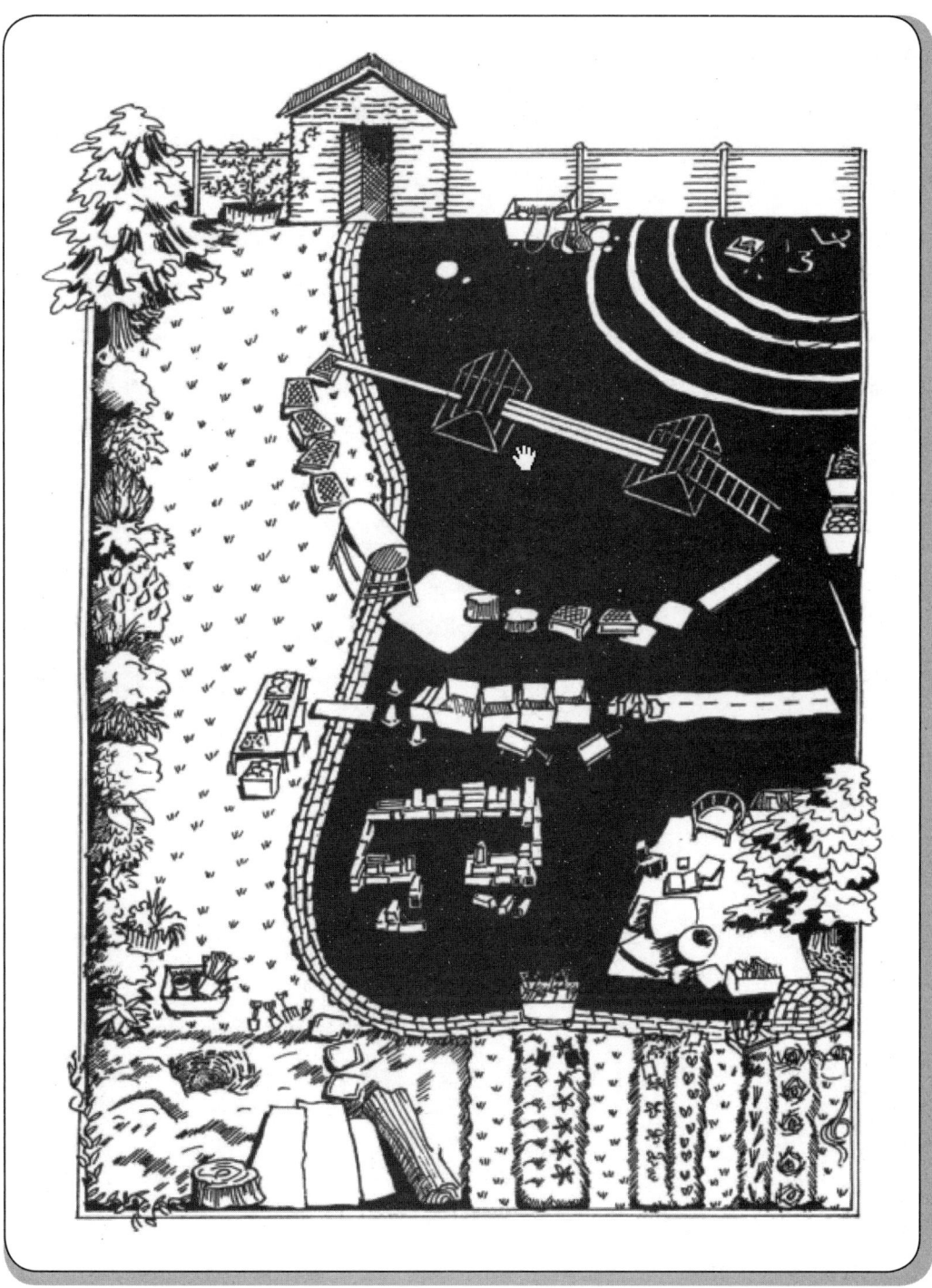

图 5.22 一种可能的布局

讨论

户外区域应该是一个能让儿童尽情玩耍的地方,所以户外区域应成为一个如托维所描述的"场所"。这样的"场所"可以通过种植树木、灌木和隐秘角落来建成,如果不具备这样的条件,儿童仍会喜欢,就算它不是英国皇家植物园,只要我们用爱对待它,儿童也会将它看作一个特别的地方。要让儿童爱上这个户外区域,那么首先你就要爱上它。通常来说,户外由三个区域组成:开放区、安静区和活跃区(Walsh 1991)。户外活动应根据儿童的需要来规划。我们需要决定什么对儿童才是重要的,然后在这个特别的地点提供相应的活动。对于某个区域的规划,你应胸有成竹,或画在纸上,或用更浅显的方式来呈现。即使儿童以前没有这种学习经验,它们也能激发和开启儿童的高质量游戏,并为儿童接下来的活动提供方向。这些学习区域能帮助教师规划一个包容且平衡的教学计划,确保重要的活动不缺失。这样的体验应使人感到灵活,允许儿童在室内外环境中自由地移动和玩耍,并将游戏从一个区域进行到另一个区域。图5.22呈现了儿童一天中学习经验的可能布局,其中一些是由教师和儿童一起决定的,而一些则是儿童自己创造的。

问题

1. 你计划如何改善你所在的户外区域?有哪些长期方案(五年为期)?又有哪些短期方案(6—9个月)?

2. 你所在的户外区域能让儿童有归属感并提供学习机会吗?参考前文提到的"空间"与"场所"的区别,并在此基础上创造你自己的"场所"及相关的学习经验。

3. 你班上的儿童有哪些需求?你将如何在室内外环境中满足他们的各种需求?

4. 剪去一条旧裤子的一条裤腿,将一个网球放进去,在一端打结并把另一端系在一根晾衣绳上,这样,一个悬挂在空中供儿童击打并不会丢失的球类玩具就做好了。

5. 你的户外区域提供了想象游戏、体育活动、建构活动、科学体验的区域吗?

如果没有的话，你应想办法保证儿童能在户外体验到上述各种活动。你的户外有开放区、安静区和活跃区吗？如果没有的话，你会如何规划出这些区域？

6. 回想本章关于学习经验连续性的讨论，如果一项活动只持续了一天或一个上午，你如何看待？依据是什么？你会如何规划一些有趣且有效的活动使儿童的学习能持续一周、两周甚至一个月？请用一种特定的学习经验来阐述（如想象游戏）。

7. 观察某一课程领域、知识点，理解并将课程内容分解成不同部分：历史、地理、科学、ICT。在各个部分，你想要教儿童什么内容呢？你能提供怎样的户外学习经验/活动来促进相关的教学？

8. 观察图5.22中的布局并思考：你会怎样改进这个空间？想想还需要什么才能将这里创造成一个"场所"？

第六章 儿童对户外环境的使用

概要

本章将阐释户外环境与室内环境的不同,以及户外环境中儿童行为的特别之处。但更微妙的区别是,在户外环境中一些儿童可能会得不到平等玩耍的机会,通常男孩比女孩在户外环境的玩耍机会上更占优势。儿童如何玩耍,与谁玩耍都会被教师教学方式的细微改变所影响。我们需要对这种情况保持警惕,确保能发现并解决这些问题。一些儿童也许比其他儿童更适应户外游戏,但户外游戏也要给所有在场儿童提供学习必要技能的机会,包括增强自尊心与自控力。

在我和教师交谈的过程中,他们经常提到所在班级儿童的不同之处:一些喜欢户外,一些不喜欢;一些在户外表现会发生变化,一些则不会;一些对特定的户外游戏活动感兴趣,而一些并没有偏好;一些儿童在室内也许文静羞怯,而到户外却自信且外向。儿童在室内外游戏中学到的东西各有不同。玛格丽特·麦克米伦认为所有儿童都能从学前教育中受益,但他们所学到的东西都各自不同。一些曾在 20 世纪 30 年代将孩子放在"露天托儿所"(Open Air Nursery)的中产阶级父母戏称切尔西富人区儿童为"肯辛顿废童"(Kensington Cripples),因为他们什么事都依赖仆从,几乎没有任何自理能力(Whitbread 1972:72)。麦克米伦认为在幼儿园学会简单的自理技能会给这些儿童带来极大的裨益。

自我价值

户外活动能帮助儿童形成健康的自我认知。儿童需要对"我是谁"有一定的认识。古拉休和奥兹蒙(Gallahue & Ozmun)认为"自我(我是谁)"的概念由自信(相信自己）、自知（自我意识）、自尊（对自我的评价）和自我形象（对自己的认知）组成（2005：280）。所以，我在本书中谈到这一点与户外活动的联系是因为一个人如何行动会影响他的"自我"，这也是为何我们重视运动、锻炼和游戏。对能力的自我感知和实际的能力将有利于自信心的发展，同时也能增强个体的自尊心和自我概念（Gallahue & Ozmun 2005:285）。所以我们不仅应尽力帮助儿童发展体能，还要帮助他们提高自信。古拉休引用了一项研究，该研究提到，擅长运动的儿童比不参与运动的儿童拥有更高的自信心（Gallahue & Ozmun 2005:284）。因此这也证明了运动技能和积极自我认知之间的关系。有趣的是，这两者间的联系在年幼儿童间并不是特别明显，尽管参与体育运动确实对他们的运动技能有一定的影响。古拉休和奥兹蒙所引用的研究（2005：284-285）发现，年幼儿童的运动参与度对他们运动技能的自我认知并没有显著影响。因此，我们不能让儿童在选择时间或玩耍时间来参与体育活动，我们需要确保所有儿童都能参与并在此过程中帮助他们发展目前所需的动作技能及对未来的自信心。

和成人一样，儿童也需要享受成就感，相信自己能成功做一件事或尝试一件新事物。我们需要儿童说"我可以"和"我做到了"，而不是说"我不会"或"我太没用了"。在户外活动中，我们应帮助儿童获得"我可以"的自我认知。斯蒂芬森（2002）认为，户外环境更多的是一种"看我在做什么"的环境，而室内环境更多的是一种"看我做了什么"的环境。实际上，儿童与教师对室内外环境有不同的运用，因此在户外环境中，我们应发掘儿童对运动的天生的兴趣，鼓励并发展他们的运动技能和自我价值（详见第一章对该研究的更多信息）。学会阅读需要数年的练习，而学会跳绳等多种运动技能则只需要几天的时间。在一所幼儿园里，一个班级决定让儿童每天早上练习10分钟的跳绳。这些4到7岁的儿童以惊人的速度学会了跳绳技能。这些儿童的跳绳学习分为以下几步：

- 用双手将跳绳拿在身体的同一侧，并挥过头顶；
- 分别用双手将跳绳拿在身体的两侧，并挥过头顶；
- 分别用双手将跳绳拿在身体的两侧并挥过头顶，同时跳跃，但不能准确地抓住跳跃的时机；
- 分别用双手将跳绳拿在身体的两侧并挥过头顶，并在准确的时机跳跃，这时，儿童将会惊喜地发现他们学会了单次跳绳；
- 连续跳绳。

至此，儿童将练习尽可能地连续跳更长时间，或以不同的节奏跳绳、或反向跳绳、多人跳绳、跳长绳等。这其中令人印象深刻的是不同年龄的儿童学会这项技能的速度。掌握这样的技能也进一步发展了他们的自信心和健康的自我认知。儿童能从学习各种运动技能的过程中发展这种自信心——不管是攀岩、翻杠杆、抛接球、或骑两轮脚踏车（见第八章对小学儿童操场活动的讨论）。最重要的是，儿童能在这样的活动中相对快地赢得胜利，因此他们会认为自己是能够获得成功的。沃尔什（1991：11）谈道：

最开始幼儿会发现相比于社交环境，自己能更快地在体育活动中取得进步。这是因为体育活动更具有预测性和清晰性，而社交环境则更复杂多变，并在很多时候对幼儿造成更大的压力。

第七章对儿童运动技能发展的进一步讨论，涉及成人需要注意什么以及如何帮助儿童成功。

自控力

奠基阶段项目（Foundation Stage Project）中的剑桥郡独立学习（Cambridge Shire Independent Learning，简称CINDLE）研究并进一步探索了儿童独立学习的发展，并认为独立性是年幼儿童能学会并应该在受教育经历中培养的一项关键技能。有趣的是，威廉姆斯-西格弗雷德森（Williams-Siegfredse 2005）指出，丹麦儿童课程中将自控力作为学习过程中教师必须培养儿童的一种能力。怀特布莱德等人（2005）发现当儿童得到合适的机会时，他们能自我控制并对自己的学习负责。怀特布莱德的研究源于心理学家弗拉维尔（Flavel）的发现。弗拉维尔提出了元记忆和元认知模型。该理论认为个体对自己的心理过程有一种意识和控制，从而使个体能描述他们思考的过程。怀特布莱德提出明确教学情境下的儿童和其他教学环境下的儿童间存在着巨大的不同。"填鸭式"教学下的儿童想象力较匮乏，常常不能完成任务，并轻易就放弃；而被允许自由玩耍并对自己的学习拥有一定控制力的儿童则常常更具创意、有成就感且坚持不懈（Whitebread 2008:3）。此文谈到拥有或缺乏自控力是造成这两组儿童学习发展上巨大差异的主要原因。怀特布莱德等人提出了帮助教师营造有利于提高自控力的环境的四项原则（Whitebread et al. 2008:27–30）：
- 情感上的温暖和安全感；
- 掌控感；
- 认知挑战；
- 对学习过程的表达。

这项研究启示我们需要给儿童提供足够的机会参与他们能够控制且有意义的活动。

再次重申，户外环境的特点，使儿童感到成人并不完全能控制或拥有这片空间，所以他们需要加强自己对于"我可以"的认知的发展。研究表明，应避免设立教师搭建的角色扮演区，而应该保证儿童能拿取多种多样他们所希望玩的材料。确保儿童不受干扰地游戏就保证了儿童有机会形成自己的思考。邀请儿童独立或与教师一起合作来规划活动，并通过示范来鼓励他们对自己的行动做出解释或评价，能让儿童学会发

有自控力的儿童能更加：
- 有创意
- 有成就
- 在提倡自控力的环境下坚持不懈。沉浸在游戏中虽不能直接教会儿童提高自控力，但游戏的过程却能让自控力慢慢形成

有利于自控力培养的环境需要：
- 情感上的温暖和安全感
- 掌控感
- 认知挑战
- 对学习过程的表达

儿童需要：
- 不受干扰地游戏
- 能够谈论他们正在做的事，能够清晰表达他们的想法
- 获得独立或与教师一起合作规划活动的机会
- 不要有完全由教师搭建的角色扮演区
- 能拿取各种各样的材料

图 6.1 自控力
资料来源：Whitebread et al. 2008

掘想法和思考问题（Whitebread et al. 2008）。此研究进一步提到，儿童沉浸到游戏中时是最具自控力的时候。因此，尽管游戏并不直接教会儿童这一特定技能，游戏的过程却能让自控力慢慢形成（见图 6.1 关于此信息的摘要）。所有这些想法都符合第二章的主题，特别是契合关于儿童发起的学习和学习经验。

如果儿童的自控力未得到发展，他们就会过度依赖大人，不能在没有帮助的情况下学习与生活。这就会造成教师常常处于危机管理的状态下，总是需要应对各种问题而不能富有前瞻性并有效地进行教学和评估。长期缺乏自控力就意味着儿童无法正常发展，且失去发掘最大潜能的机会。

学习品质

凯茨和查德由怀特海德（Whitehead）的研究延伸而来的文章讨论了学习环境的特性。他们总结道，儿童需要具备一定的学习品质才能在学习环境和未来的生活中取得成功。两位作者认为，尽管儿童在接受学业任务时最初能取得成功和积极的成果，但从长远来看，这种成功是站不住脚的。知识、技能、情感和优良的品质需要同时培养，"如果在培养技能的过程中忽视对儿童学习品质的培养，这样学到的技能也不会有利于未来的发展"（Katz & Chard 1989:31）。他们也认为，只拥有学习品质，而没有技能，同样没有意义。儿童所需要的是学会技能的同时掌握优良的学习品质，从而合理地利用这些技能。优良的学习品质包括好奇心、创造力、足智多谋、独立、主动、责任感（Katz & Chard 1989:30），但他们也提到能让儿童沉浸在活动里的兴趣或能力、努力、熟练程度、应对困难的能力和善于助人、宽容、感恩都是优良的学习品质（见图 6.2 关于优良学习品质的列表）。威廉姆斯－西格弗雷德森在研究丹麦学前教育时，提出了儿童需要培养的能力，包括专注、合作、思辨、想象力、好学好问等学习品质（2005:3）。

怀特布莱德也认为，除了学习品质之外，若想要儿童发自内心地积极学习则需要我们格外注意奖励与表扬的使用。凯茨和查德（1989）在研究中发现，儿童受到别人奖励时会认为他们的事情是为别人而做。如果他们本来对做一件事保有极大兴趣，当他们受到奖励时他们的兴趣则可能消退。同样，如果儿童是为了奖励而做一件事，那他们就不会想尝试有挑战性或风险较大的任务。当儿童完成一件要求的任务后，教师奖励他们可能会造成与期望相反的效果，一些额外任务则不会引发儿童同样的兴趣。

- 好奇心
- 创造力
- 足智多谋
- 独立
- 主动
- 责任
- 兴趣
- 在活动中全身心投入
- 努力
- 精通
- 坚持
- 追求挑战
- 乐于助人
- 善良
- 尊重他人的努力

图 6.2　值得培养的学习品质
资料来源：Katz & Chard 1991:30

所以我们需要对奖励非常谨慎，特别是当儿童在进行一些他们真心感兴趣的事情时。更有意义的策略应该是对儿童正在进行的活动提出非常明确清楚的评论和问题（见图 6.3 和图 6.4）来促使他们思考。

你为什么喜欢做这个？
你觉得你下次会用不同的方法吗？
你下一次会用什么不同的方式或还是继续用同样的方式呢？
如果我们这样做……你觉得会发生什么呢？
我不知道接下来该怎么做，你知道吗？
你明天／待会儿会怎么做？
如果你是我的话，你会如何建议？
我认为做这件事……非常值得思考。
不如试试这个……
你认为怎么样？

图 6.3　能启发儿童优良学习品质的提问

> 你可以帮我做……吗?
> 你可以再讲解一次吗?
> 你觉得如果我做……就会发生……吗?
> 你可以帮我想想我下一步该怎么做吗?

图 6.4 延伸儿童学习的提问

有效学前教育项目（Sylva et al. 2004）证实了凯茨与查德（1989）的研究，提出儿童在学习中的进步是由成人长期积极地参与他们的成长并进行有意义的对话而促进的。"鼓励儿童参与能持续一段时间的活动（几周或几天）会增强他们对知识的渴求与学习能力。"（Katz and Chard 1989:35）两位作者表达了他们对项目教学的支持。这种教学方法使儿童能参与到一些能持续一段时间并与多种学科相关的项目中来；这种项目可以是由一个或一群儿童的兴趣引发起来的，同时教师给予指导。此方法是《小学课程综述》（*Review of the Primary Curriculum, DfCSF* 2009）中所提到的跨学科教学或创意教学的一部分，其原则就是当儿童能全身心沉浸在手头的活动或项目中时，我们所想要培养的优良学习品质能很容易地被培养起来。最重要的一点就是儿童可以持续性地学习并能与他人共同学习。图 6.5 展示了一些几乎整天在户外进行建构活动的儿童（主要是关于一个对修建房屋特别感兴趣的儿童）的一天。这个项目持续了一整天，涉及了对提出问题并解决问题的深度思考，解决与同伴的矛盾，对同伴不同的创意和风格的讨论。儿童进行了写写画画的活动，也动手参与了建造活动。教师记录了儿童的想法和讨论，以及对所画的作品的介绍。

回顾凯茨和查德的研究，他们认为，与儿童互动需要遵循一定方法，但只用单一教学方法是不行的。若只用一种方法，不适宜这些方法的儿童就可能会感到挫败。所以，儿童能在多种多样的户外环境中学习非常重要。那些在户外环境中感到放松和有兴趣的儿童就能更好地学习，而且户外环境是一个非常适合培养我们所想要培养的优良学习品质的地方。例如，当儿童想要在木工桌上做一件手工的时候就必须要学会坚持，或者当他们想要栽种蔬菜时，他们就要有耐心与爱心。第七章更详细地谈到了成人在户外环境中的角色以及成人行为的一些影响。

第六章 儿童对户外环境的使用 165

图6.5 儿童使用全面发展所必备的学习品质和技能

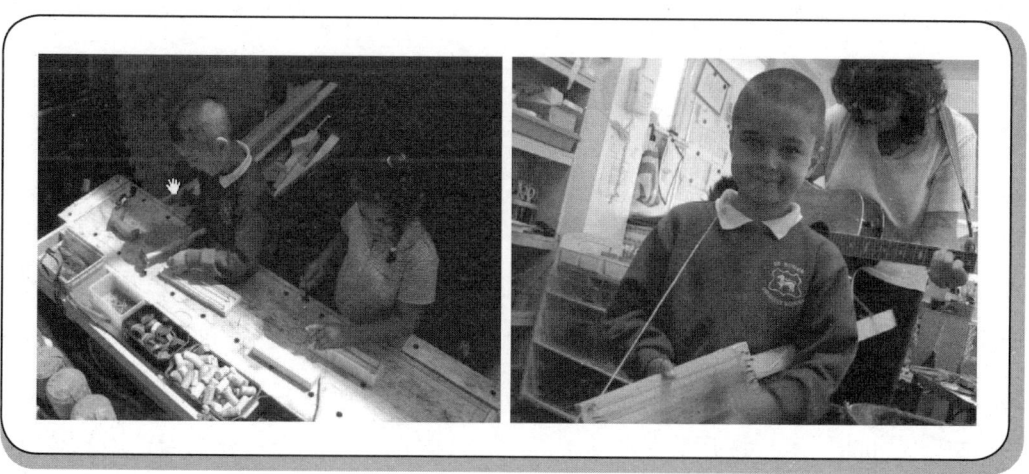

图6.6 木工活动——坚持制作吉他

在室内和户外工作的儿童

蒂泽德等（Tizard et al. 1976a、1976b）在研究4岁儿童在活动区的游戏时发现，来自工薪阶层家庭的儿童对户外游戏的偏好显著不同于来自中产阶级家庭的儿童。来自工薪阶层家庭的儿童选择将四分之三的时间都用在户外游戏。他们在户外游戏时表现得更成熟且更健谈，而在室内时他们则更倾向于独处，游戏会更简短和更简单，社交方式也更为初级。如果只观察这些工薪阶层家庭的儿童在室内的游戏，则会显得他们的游戏比较幼稚。小组合作游戏在户外更常见，而与成人一起游戏和非社会性游戏则在室内更常见。总的来说，作者发现工薪阶层家庭的儿童正在偏离教师的教育目标。

海宁格（Henniger 1985）研究了学前儿童室内外的行为，并认为室内环境有可能抑制一些儿童的社会行为。他发现在角色扮演游戏中，男孩和年龄较大的儿童在很大程度上被户外环境所影响，在户外，这两组儿童都会进行更多此类游戏。海宁格还发现合作游戏——一种最高级的社会游戏，在室内外被观察到的频率几乎相同。他认为合作游戏在室内外的不显著差异十分重要，因为一些儿童可能被室内的空间、地面情况和可允许的噪音程度所限制，这些因素可能会阻碍更活跃的游戏类型，而这些游戏能鼓励男孩参与更高水平的社交游戏。此研究中唯一有显著差异的是年龄越小的儿童越喜欢室内合作游戏。

怀特赫斯特（Whitehurst 2001）在对自己教学的研究中发现，假装游戏在所有户外游戏形式中最占优势，儿童的自我、社会性和情感都能在假装游戏中得到发展。社交技能和自尊最为显著，其次是学习热情、注意力和坚持性。作者强调了游戏与儿童的自我、社会性和情感发展之间的清晰联系。然而，她进一步提到，要想促进这些领域的发展，儿童需要能够独立接触到户外环境，并有充裕的时间和材料来开展游戏。

北伊利诺伊大学关于手眼协调的研究发现，儿童在室内的行为与在户外的行为大不相同。儿童在户外的活动非常"坚定、自信和有想象力"（Yerkes 1982:4）。赫特等人（1989）发现在户外男孩更多进行体育活动，而女孩则更多开展积木游戏。男孩户外活动所持续的时间比女孩略长，并且男孩在户外体育活动中持续的时间最长；而女孩在室内玩积木游戏的时间最长。

帕克（2008）用几张儿童在户外游戏的图片强调了她关于户外学习环境的观点，其中令人感受最强烈的是，儿童自发的活动、真实的游戏，以及充满兴趣与全神贯注的游戏，这些都是高质量户外游戏的特征。帕克列举了两个儿童户外活动的例子：第一个是本身在户外进行的活动，第二个则是需要一些大幅度活动而选择了户外宽敞的空间。作者阐释了一些活动对于环境本身的适应性，如户外主题的故事《咕噜牛》(*The Gruffalo*)和《三只坏脾气的小山羊》(*3 Billy Goats Gruff*)的活力，可以设计一些与自然材料互动并增进想象和角色扮演的游戏。这些经验虽说也可以发生在室内，但户外环境更能发掘他们的潜力。

斯蒂芬森（Stephenson 2002）调查了一所新西兰学校室内外环境之间的差异（详见图1.2）。这些差异也许与英国的有一些细节上的不同，但重要的是儿童和成人发现了这两种环境间的差异并由此导致了不同的举动。图6.7列举了一些成人所感知到的不同之处。令人诧异的是两者有很大的差异。有些比较明显，例如可以在户外制造更多

户外	室内
搬运或运输的场景	不同的场景
儿童身体活跃	更倾向于静坐
长期项目	短期体验
更少的规则	更多的规则
教师和儿童能注意到环境的变化	更稳定的环境
更吵闹	更安静
更脏乱	不脏乱
年龄较小的儿童使用更固定的器材	儿童活动较不多变
年龄较大的儿童使用更多可移动的器材	
游戏——开放性、更少固定的结果	具体的目标
直接教学，特别是运动技能	更多的是辅助而不是直接教学
大组儿童	小组儿童
教师在不破坏游戏的情况下参与或退出游戏	如果教师参与到游戏中，儿童倾向于让教师承担责任
环境特点： • 包容和更少控制的 • 包容变化和不可预测性 • 缺乏围墙和四周墙壁的安全性 • 动态和开放的 • 不可预料，甚至具有威胁性	环境特点： • 可预料的 • 恒定的 • 安全的 • 常规导向的 • 更亲密，与教师有更多肢体和情感接触

图6.7 室内和户外行为的差异
资料来源：Stephenson（2002）

的"混乱";但有些则并不那么显而易见,例如,教师觉得在户外儿童更容易接受他们加入到游戏中并被视为玩伴,而在室内儿童则更倾向于一种服从的状态。这些细微的差别也许因不同的情况各有不同。但这告诉我们,我们需要对自己所处环境中的这些细微差别十分敏感。在一个小型的班级研究中,一位教师发现有两个儿童对创造性活动十分感兴趣,他们喜欢在室内独自进行这样的活动。他们对户外游戏并不排斥,但却不喜欢户外开放的空间和燥热的天气(Gater 2009)。

性别

机会平等意味着所有儿童都应平等接触班级里所有的活动和人。但这样的情况并不总能发生。墨菲(Murphy 2002:324)在关于发展评估的性别差异的分析中谈道:"这些成绩上的区别可以由儿童学习机会的不同来解释,而不是因为他们学习能力的不同。"因此,当儿童发展欠佳时,并不是因为他们缺乏所需的学习能力,而是因为他们的学习环境不够有利。她进一步解释道,我们需要注意儿童的"学习方式"(2002:326)。斯科尔顿和弗朗西斯(Skelton and Francis 2003:13)提及"性别是自定义的",即身份的性别并不是固定的,男孩和女孩都在积极地学习如何成为一个男孩或女孩(我们都按照一定的模式在塑造自己、创建我们所要成为的人,而这些改变在一生中都在不停发生)。因此,儿童所处的环境能影响到他们对性别身份的认知。关于男孩和女孩的成长并没有一个概论,并且成为一个男孩或女孩是一个长期的过程。康诺利(Connolly 2003)认为所有的儿童都在积极地创造他们的性别身份。从上述研究中可以看出的重要一点是,我们的行为能影响到儿童,而我们应将儿童在性别发展和其他方面的发展同等看待。如果我们对一个女孩吵闹蛮横的行为做出负面反应而对男孩同样的行为予以接受时,我们将影响到他们的性别身份。不管吵闹蛮横是否是可以接受的行为,这不应由你是女孩或男孩所决定。所以我们应仔细注意成人的行为。关于成人的行为将在下一章详细阐述。

"在进入学前班时,女孩一般都比男孩更擅长社会技能,特别是在合作、独立和注意力等方面""女孩比男孩显示了更好的认知发展"(Sylva 2004:3)。沃克尔丁(Walkerdine)谈到女孩在早期学习上所显示的优势主要是因为她们能更好地参与到"教学讨论"中来(1996:300),而男孩则保持沉默,不参与这样的讨论,他们也更少参与到家庭角色扮演游戏中。沃克尔丁认为,男孩明显不喜欢家庭角色扮演游戏,而女孩在这类游戏中更占据主导地位。她发现男孩由于在这样的活动中不占优势,倾向于退出家庭角色扮演游戏或改变游戏的形式。沃克尔丁还发现男孩几乎不会在有女孩参与的家庭游戏中扮演父亲这一角色,但在只有男孩参与的时候,他们会扮演父亲这个角色。利弗休姆计算研究项目(The Leverhulme Numeracy Research Programme)展示了国家算术策略(the National Numeracy Strategy,简称NNS)对男孩和女孩的影响。此策略倡导"表现、竞争的学习风格"(Skelton & Francis 2003:55),但这种策略与大多数女孩普遍的遵从行为相悖。"国家算术策略(NNS)基本上注重过程而不是最终的正确答案,这很值得赞扬,但同时也对女孩造成了影响……"利弗休姆算术研究项目的证据表明,男孩比女孩能更轻易地掌握这种游戏形式,因为他们喜欢"以自己的方式做事"(Skelton & Francis 2003:53)。并且,该研究认为女孩更在意记住教师所说的并遵守指令,而男孩则更专注于对同一个问题的多种解决方式。此外NNS所倡导的竞争节奏可能会阻碍一些不喜欢主动发言的儿童和不适应自己独自钻研的儿童。这些儿童知道问题的答案但不习惯团体环境,更想要用纸、笔写出自己的想法。所以,NNS的方法可能对两种性别的儿童都不利。

本杰明(Benjamin)在调查性别和SEN[①]时谈到男孩在足球上的成功和学校成绩上的成就之间的联系。这些在学校其他方面没有非常成功的儿童尤其需要在足球上取得成功。有特殊教育需要的男孩也许因此热衷于展示一些"非正式的""大男子"行为(2003:104)。本杰明提到,女孩较少需要特殊教育,因为他们不想成为有特殊教育需要的学生。在上述沃克尔丁的研究中提到女孩倾向于参与"教学讨论"并会向他人寻求帮助,而不是从正式的测评和SEN项目得到帮助。男孩则更倾向于让所有人都看到自己的问题。诺贝尔等人(Noble et. al)认为,男孩比女孩更喜欢动觉的学习方式(从操作、运动和触摸中学习),但"英国的学校则更强调视觉(从图像、颜色和形状中学习)和听觉(从声音、音乐和声响中学习)这两种学习方式"(2001:99)。这样一来,男孩就不能用他们擅长的方式来学习。把这个研究与本杰明(2003)和沃克尔丁(1996)的研究一起分析,可以得出女孩比男孩更能帮助自己学习的结论。所以即使需要额外帮助的儿童也会因性别而面临不同情况。

米拉德(Millard 1997)认为,阅读似乎是一项更适合女孩的活动,因为最受教师

---

① 译者注:SEN,即 special educational needs,特殊教育需要。

欢迎的故事书一般都是女孩所喜欢的题材，因此女孩和男孩会各自创造不同的教育体验。男孩一般会惹出更多的纪律问题，他们会占用教师更多的时间，妨碍教师给予女孩平等的关注时间以及强调女性的一些负面特点。这些行为在很小的年纪就开始出现。佩利（Paley 1984）从她精彩的关于课堂中男孩和女孩的研究中总结道，她所提供的课程更适合女孩。她发现女孩在课堂活动中显得更有准备，而男孩总是试着逃避这些活动。她认为女孩一般会比男孩更快、更容易取得进步，所以她们在活动中占有优势。男孩一般会在课堂活动中感到挫败，因为他们总是很担心失败。对于女孩来说，课堂活动就像是游戏，不管教师在不在，她们都会使用这些材料。而经历过尝试的男孩发现这并不是那么容易，就会回到玩积木和开展变身为超级英雄的想象游戏。佩利认为不能及时地得到成就感使得男孩比女孩更容易放弃。欧舒立文（O'Sullivan 1997）认为，男孩倾向于被视作一个集体而不是一个个体，而女孩更多时候被视作个体，这样不利于帮助极度渴望个体认同的男孩。

近期的复杂脑部扫描技术证实了上述发现。多年来男孩在学业上不够优异的原因被很大地归咎为学校与课程中缺少男性模范，但这一脑部扫描研究发现，男性与女性处理信息方式是不同的；而信息处理方式也影响着对世界的认知和学习方式。结果显

注意力
- 男孩对事物如何工作感兴趣，如机械活动、运动和动作片
- 女孩喜欢学习人们是如何工作的，如情感世界和情感片

大脑发育
女孩：
- 语言区域比男孩早 4—6 年发育成熟
- 精细动作区域比男孩早 4—6 年发育成熟
- 情绪控制比男孩早 3—6 年发育成熟

男孩：
- 控制抽象思维的大脑区域比女孩早 2—4 年发育成熟
- 粗大动作区域比女孩早 2—4 年发育成熟

在两种性别中，情绪控制的边缘大脑区域以及计划和建议区域都需要长时间建立联系与发展。这些联系在女孩 16—17 岁时和男孩 20—22 岁时发育成熟。

图 6.8 女孩与男孩大脑发育的不同
资料来源：Salmon 2009

示,男性在阅读时主要使用左脑,而女性则使用了两侧大脑,如图 6.8 所示。这表明了采取不同教学方法的必要性。在埃克塞特大学进行的利弗休姆小学提高项目中,雷格(Wragg)及其助手发现,入学时男孩比女孩在 NFER 阅读测试中平均低 4—5 分。这一差异在学年末也并未改变。为了改善这种情况,莫伊尔斯(cited in Salmon 2009)建议让男孩从盒子中取出字母或单词模块而不是让他们进行手写,因为有些男孩存在书写困难。男孩需要坐在教室的前面,以便他们能听到;女孩被鼓励去爬树,因为她们需要学习冒险精神,从而在长大后可能也更愿意接受挑战(Salmon 2009)。

与此同时,我们不应忽视女孩和男孩能够并喜爱许多同样的活动这一事实。赫兰德(2003)对超级英雄和枪类玩具游戏的研究发现,女孩同样想要扮演超级英雄并且她们也十分了解这些主题和角色,尽管她们很少被观察到发起这一类型的游戏。虽然女孩对组装武器游戏并无兴趣,但她们对超级英雄的追杀与胜利很有兴趣。佩列格里尼与史密斯(Pellegrini & Smith 1998)也同意,女孩对超级英雄游戏不感兴趣的说法是不对的。赫兰德注意到男孩更愿意跨区游戏,他们更经常进入到令人意外的区域玩耍。在超级英雄游戏完全被允许的地方,男孩想穿女孩的衣服。她认为,新体制让儿童知道,他们是被接受的而不是被评判的(2003:58),因此他们可以自信地在不同的区域探索。

雷格(1997)、纽马克(Neumark 1997)、米拉德(Millard 1997)和博斯塔尔(Burstall 1997)认为学校应更加适应男孩的需要以使他们能成功,但我认为这不应以

图 6.9 儿童快乐地游戏

牺牲女孩的成长为代价。学校应考虑儿童的个体需求，不管他们是男孩还是女孩。男孩和女孩有时候有所不同，学习方式也不同，但有时候又有着相同之处。若我们不想要"极度女性化的女孩"和"冷酷的男孩"（Parkin 1997:VI），那么我们就需要进行干预并提供帮助。图6.9提供了一个女孩被允许按自己的兴趣建造马戏团，并用砖头建造了可供其他儿童使用的钢丝绳的例子。谁也不比谁更好。神经心理学家安•莫伊尔（Ann Moir）认为，我们需要一个"性别中立的教育"，以使我们能将儿童视作独立的个体而不是一个性别群体，"班级应根据儿童的大脑需求来设置"（cited in Salmon 2009:18）。在这种环境下，女孩可以是有男孩子气的，反之亦然。

性别与户外

性别上的机会不平等似乎在户外游戏时更为显著。麦克诺顿（MacNaughton 1999）认为操场是一个危险的地方，并且很容易发生"统治"和"服从"的情况（详见第八章）。

康诺利（Connolly 2003）认为自主游戏更利于男孩，因为他们更喜爱探索和实验，而当女孩这么做时很可能受到挫败和惩罚。古拉（1992）关于积木游戏的研究显示，区域和支配力是相互联系的，男孩一般都控制着班级的一个区域，即积木区。哈利第等人（Halliday et al. 1985）在新西兰的研究也同样发现了这一点。哈特（Hart 1978）在一项关于户外空间使用的性别差异的研究中发现，男孩往往会比女孩更频繁、更有效地改变户外空间的布局；而女孩则往往是在想象中改变它们，例如将灌木丛想象成墙壁，把侧枝想象成架子。当女孩参与建造时，一般都是与男孩一起，并且由男孩组织和规划修建物体。男孩倾向于修建外部建筑（如墙、窗子、屋顶），而女孩更多地参与室内设计。更重要的一个发现是，当男孩参与女孩的建构活动时，他们会成为主导者，而女孩则成为助手。因此，这其中似乎存在着一种男孩强势主导，女孩接受次要角色的不良现象。赫特等人（1989）发现男孩比女孩在选择活动中更有能力和自信。蒂泽德等人（1976a）发现男孩更倾向于主导户外游戏，女孩更倾向于在固定器材上玩耍（如攀爬架、秋千等），而男孩则更倾向于在移动型器材上玩耍（如脚踏车、箱子、轮胎、梯子等大型建造器具）。卡伦（Cullen 1993）发现，女孩和男孩使用户外区域的方式不同，并且这种差异符合其他研究中关于女孩和男孩游戏的刻板印象——男孩倾向于使用更活跃的器材，而女孩则倾向于玩安静的家庭主题类游戏。

赫兰德（2003）在调查"战争""武器"和超级英雄游戏时展示了女孩的游戏方式比男孩更安静，而成人对听话安静、不惹麻烦的女孩并不很担心。然而赫兰德认为，这既不正确也不公平。她进一步解释道，若我们禁止男孩的超级英雄游戏，则可能对女孩造成更大的伤害，因为这会阻止女孩理解反抗也是一种选择，同时也会阻止男孩理解女孩也可以很活跃并且会反抗（2003:27）。她同时建议，我们可以通过超级英雄游戏来帮助儿童进行混合性别游戏。我们需要投入更多的精力来鼓励女孩变得活跃并勇于发出自己的声音。她又谈到我们需要创造一个不会压抑儿童并且所有儿童都能发声且不用总是妥协的环境。这一环境需要顾及两种性别。杰戈在其关于小学课间操场活动的研究中发现男孩比女孩更活跃，且"男孩投入了更多时间在游戏中提高他们的心肺呼吸能力"（2002:175）。近年来，女孩的肥胖率比男孩增长得更快，斯特拉顿（Stratton 1999:79）强调男孩的心肺呼吸功能比女孩更强。正如康诺利（2003）的研究所说，男孩倾向于在户外占主导地位，因此女孩得到体育锻炼的机会就更少。杰戈（2002）发现男孩比女孩在他的干预中进步更多，并且比女孩更加活跃。他的干预包括了将活动卡片四散在操场中、跳绳学习、家长信息培训、CPD（一种互动式教学法）、基于健康锻炼的体育课程和科学课程。他总结道，女孩不如男孩对这些活动感兴趣。详见第八章关于成人需要做些什么来解决这一异常现象的建议。

比这些基本差异更让人担心的是，一项研究发现，相比男孩，女孩实际上在户外处于弱势。罗斯和莱恩（Ross and Ryan 1990）发现女孩常常被期许成为男孩的下属且将男孩的需求置于自己的需求之前，当对空间使用存有矛盾时，女孩应牺牲自己的兴趣和想法（见上述研究）。布拉奇福德（1998）认为，女孩学会了将自己看成是无力弱势的一方。学会如何迁就宽容是一个值得称赞的美德，但这应该是所有人都应该学会的，包括男孩和女孩。康诺利（2003）通过对三个对比鲜明的关于操场的仔细研究发现：

- 男性的攻击行为和暴力，对男孩和女孩的性骚扰；
- 女孩被隔绝在足球比赛之外；
- 男孩被隔绝在跳绳活动之外。

凭借控制户外游戏空间和在足球比赛之类的活动中取得成功，男孩被看作比女孩更容易成功，且他们相信自己更强大（Benjamin 2003）。有趣的是，不同学校对于男子气概和女子气概的主导性也有着不同的形式（Benjamin 2003:124–125）。

康诺利（2003）提出了一系列改善操场环境的建议，包括提供更多器材，规划不同活动的不同区域，教职工在操场进行观察和必要的干预。例如，停止足球比赛实际上能有效改变操场上的社会生态；增加成人干预确实使更多儿童想要参与活动。他还建议我们应使儿童参与关于操场上发生的事的讨论，从而改善这样的环境。

我们需要向所有的儿童提供平等的机会，而不是制造性别主宰。不然就是学校没有完成职责。如果一些儿童主宰了游戏空间，并限制其他人进行游戏和活动，学校就违背了"每一个儿童都很重要"所强调的性别平等、健康和安全的原则。

儿童在户外的玩伴

多年来的研究表明，儿童在户外倾向于与同性朋友一起玩耍，而男孩和女孩所玩的游戏也有所不同（Opie & Opie 1969，Roberts 1980，Blatchford 1989，Evans 1989，Boulton 1992，Thorne 1997，Connolly 2003）。2008年在牛津郡一所乡村小学进行的一项小型研究也支持了上述发现（Milligan 2008）。此研究是基于对一组9至11岁的儿童在操场上的玩耍的日常观察以及他们在一项大型轮船模型组装活动中的表现的观察。儿童与同性别同伴的交流是与异性交流的6倍多。很明显，和成人一样，儿童享受同性的陪伴；而令人担心的是这些游戏和材料也许会造成性别间的隔离。男孩通常进行球类游戏、赛跑游戏和摔跤游戏，而这些活动是女孩最少参与的；而女孩通常会坐着聊天、在秋千或滑梯上玩耍。男孩进行摔跤和打斗活动的概率是女孩的11倍，而女孩坐着聊天的概率约是男孩的5倍。当我们对这些活动进行分析时，很明显，男孩对竞争性的活动更感兴趣，而女孩则对合作性的活动更感兴趣。女孩所缺乏的活跃性是十分令人担心的。她们在户外时倾向于在固定器材上玩耍也符合了上述章节的讨论，这种情况并没有随时间而改变。在拍掌游戏以及需要运用语言和文字的角色扮演游戏中，男孩的低参与度也是另一个需要警惕的方面。追赶游戏、秋千和滑梯在两个性别间出现的比例较为均衡，且其间男孩和女孩也更多地在一起玩耍。

对于性别倾向的研究主要集中在小学课间休息时间，而不是幼儿园户外游戏。随着年龄的增长，儿童的性别意识更强。然而，这种性别区别在幼儿园户外游戏也可以被观察到。男孩更喜欢骑脚踏车，而女孩更喜欢角色扮演或在固定器材上聚集着玩耍。对户外游戏行为的观察是尤其重要的，这样才能使我们对所面对的情况做出可能的改变。例如，在康诺利（2003）的研究中，足球活动被取消后，操场上儿童的行为得到了改变和改善。

户外游戏和玩耍时间

有趣的是，儿童会根据他们所处的户外游戏类型来调整他们的行为。例如，在早期环境中，户外游戏是课程的一部分，而玩耍时间是标准的休息时间，在这两种情境下他们的行为可能会有所不同。在幼儿园的自由游戏时间，儿童在户外游戏时表现得十分有序、听话、活跃并沉浸在户外的活动中。然而，在午餐时间他们可以在花园或操场上自己玩耍时，他们的行为就不一样了。他们开始不听指令、不负责任、活跃却不专心地玩耍；甚至他们在使用同一种器材时的行为也大有不同。儿童的行为随着他们对活动的认知而改变，他们甚至认为在休息时间做一些在自由活动时间不允许的行为是可以被原谅的。根据活动类型的不同，他们会选择不同的行为方式。

视力障碍儿童对户外空间的使用

DJ 是一位患有镰状细胞性贫血视力障碍的 4 岁儿童。他的母亲十分担心他是否能适应幼儿园喧闹的环境和活动。在这个有 26 个儿童和一位教师的班级里，一位助教专门负责照顾 DJ。这所学校的室内和户外环境同时对儿童开放。

DJ 可以辨别事物的形状和颜色，并可以自己活动。起初，DJ 十分安静，时刻与教师待在一起，并且需要教师对他所处的环境进行提醒。DJ 最喜欢的区域就是户外并且会在户外长时间玩耍。自从他老是碰到室内的桌椅板凳，他对室内环境变得很紧张。而在户外时他就没有这样的担忧。十分有趣的是，学校的室内环境非常宽敞且整洁。他在户外所面临的困难是，户外的器材位置每天都有所不同，因此他需要依赖教师提前告诉他各种器材所在的位置。

当 DJ 逐渐适应了幼儿园环境时，他不再需要教师的指引，而是自己停下来观察并确定自己的位置。他十分喜欢在攀爬架上进行想象游戏。他不仅在这些器材上玩耍，还搬动盒子、木板和箱子等器材来进行设计和建造。当他遇到困难时，例如一块板子被卡住了但他看不见是什么卡住了板子，他并不喜欢寻求帮助，并在教师给予帮助时变得烦躁。DJ 十分享受根据自己的节奏来攀爬和频繁地使用器材；他享受在野外仔细观察昆虫；他可以追着球玩耍，但要是有东西挡在途中，他常常会因为看不见而发生碰撞。在幼儿体育馆中，最开始 DJ 随身有一位助教。但随着时间的流逝，他不再需要帮助并能跟上课程。他学会了如何应对在体育馆里快速跑动的同学，如会请他们跑远些或改变方向。其他同学都学会了"关注 DJ"，所以他得到了很多帮助，他们知道他们应注意到 DJ 的位置并不要对着他快速跑动。但同样地，DJ 想要做能做的所有事，他从未说过他不能做任何事。

　　DJ 患有两种可能使他不适合户外游戏的疾病，但他需要并想要在户外活动。户外游戏给予他自信心并为他未来的学习奠定了基础。他的母亲当然对他十分担心，有时甚至保护过度。户外环境给他提供机会去做他的母亲不放心他做的活动。幼儿园教师在一个非常支持他的环境中创造了他所需的这些经验，给 DJ 提供了在室内体验不到的活动的自由。DJ 的故事的重要性在于启示我们，户外活动应是属于所有儿童的，每个儿童都应能够在户外游戏。

讨论

　　1972 年赫特提到，男孩和女孩有所不同，应因材施教，这是我们需要经常思考的一点。无论男孩还是女孩，都不应该受到优待，两者都有各自的需求，只是常常有所不同。我们应将儿童看作独立的个体并尽力帮助每一个人，包括文静不惹麻烦但经常被忽视的女孩。教育不仅仅是传授知识，更重要的是培养个体能在任何情况下成功学习的技能和态度。规划良好的户外环境使儿童能全神贯注地游戏、学习，并学会独立。这是一个儿童能活跃地跑动并强健身体，以发展不仅仅是运动技能，还有自尊心和自信心的地方。

问题

　　1. 你想要你的学生在离开班级时成为怎样的孩子？你想要他们离开班级时学会什么技能、知识和态度？

2. 当儿童在使用材料时，如沙堆或积木，你对年龄较大和年龄较小的儿童有什么不同的期望？

3. 从儿童的角度设身处地地思考户外游戏。儿童会怎样看待户外空间？为什么？儿童会认为户外游戏的目的是什么？为什么？

4. 你能规划一个儿童能自己创造角色扮演游戏的环境吗？如果不能，可以考虑搜集一些第五章提到的材料，并保证儿童能自己创造他们自己的扮演游戏。仔细观察他们的行为是否有所不同。

5. 将图6.2中提到的优良学习品质做成一个表格，和你的同事讨论什么样的行为展现了这些优良学习品质。参考你们的讨论结果，对儿童进行观察并记录在什么情况下他们展现了这些优良学习品质。当他们还不能表现出这些优良学习品质时，想想你应该如何改进你的教学方式来帮助他们。

6. 观察户外游戏中的男孩和女孩，注意谁和谁在一起玩，什么时候男孩和女孩在一起玩，谁会和教师一起玩。用第七章的参与估算表来进行观察，想一想你观察到了哪些规律？你会如何改进？

7. 推荐你们阅读谢里丹（Sheridan 2008）书中关于0—5岁儿童发展的综合性目标以及对5—7岁发展目标的粗略总结。这本书为与年幼儿童一起工作，为其进行诊断并给予其建议的人员提供了有益参考。

第七章 成人的角色

概要

　　户外游戏的成功与否取决于教师。只有当全体教师都大力支持并喜欢户外游戏时，户外的有效作用才能充分发挥。一位教师曾告诉我，她并不热衷于想象游戏，所以她就没有参与其中。不幸的是，这可能是户外游戏的宿命。当户外游戏被视为次要的活动，教师可能会提供，也可能不会提供户外游戏，那么户外游戏对儿童的学习来说只是产生边际效应。只有当户外游戏被视为教育的一个关键组成部分时，它才会得到很好的保障。如麦克米伦（McMillan 1930）所述，儿童成功的学习取决于教师。拉利认为，幼儿园教师的角色具有多重复杂性，是一个"充满活力的职业"，需要持续不断的反思自身、儿童以及他们的家庭（1991：XI）。

　　儿童与成人之间的互动质量是高阶功能形成的核心（Vygotsky 1978，Wells 1987）。游戏中所涉及的高阶功能在于，儿童实际上必须通过思考、分析以及与他人合作来解决问题。这涉及自我控制的发展，也促进了思维的发展，具有逻辑性、意志力以及全神贯注思考的特征。游戏并不是简单的玩耍活动，而是需要从成人那儿获得很多东西。为了最终获得成功，成人需要与儿童相互交流、合作，在必要的时候还需要相互鼓励与解释。布鲁斯（1987 & 2005）所强调的互动主义取向认为成人有责任和义务去确保儿童承担合作者的角色。因此，教师在儿童进入游戏场景之前、期间以及之后，都要承担相应的角色。事先，教师必须考虑儿童在游戏场景中的需求，然后做出相应的计划。他们需要仔细考虑如何设置相应的材料、资源与设备。当儿童在户外时，教师需要与他们一起合作。与此同时，教师应评估这些经验的效能，并观察儿童的专注度。之后，教师需要每天反思，以积累经验。因此，教师所承担的角色与在教室里的工作是相似的，都需要将儿童、环境与课程整合在一起。

　　斯蒂芬森（2002）的一项研究强调了对自身实践状况进行思考的重要性。这不仅仅是把几辆自行车扔到外面，而是需要教师考虑自己的教学方法。斯蒂芬森在她的研究中认为，教师在室内和户外所秉持的教学方法存在着哲学理念上的差异（2002:32）。教师将两类空间视为是不同的，意味着他们需要以不同的方式来对待室内和户外活动。例如他们觉得户外的环境变化更大，而室内的环境更稳定。这就意味着户外比室内可以做出更多改变。教师觉得他们可以控制户外活动，而不是一般的研究结果所建议的那样。斯蒂芬森引用了吉尔克（Gilkes 1987）、比尔顿（1993）、戴维斯（Davies 1997）和斯泰恩（Stine 1997）的研究，表明由于设备的属性，教师觉得他们对其缺乏有效控制。在这些研究中，固定攀爬装置被认为是不可改变的东西。但是在斯蒂芬森的研究中，教师认为即使空间里有固定装置，他们对空间的利用也有完全的控制权。这似乎表明，教师需要仔细考虑户外空间是什么，以及如何开发空间以帮助儿童。在斯蒂芬森的研究中，教师认为户外"能够为儿童提供机会，通过创设环境的方式来回应儿童的兴趣和需要"（2002:33）。所以教师所做的一切都是为了儿童的利益，而不是为了自己的利益。将户外游戏视为教师的休息时间这一现象只是考虑了教师的需求，而不是儿童的需求。

计划与评价学习

教师必须仔细做计划，对一天里发生的事情进行评估，观察儿童做了什么和说了什么，然后评价资源的有效性。为了确保儿童能从所有学习经验中取得最大化收获，所有计划都需要成人一定程度的参与，而计划的一部分是关于成人需要在哪里以及做什么。计划需要包含所有经验准备和物质准备。因此，仅仅只有一个针对室内的计划表，涉及将一个小型广场用于整个户外游戏的室内计划表是完全不够的：户外计划必须和室内的一样详细（见图7.1）。一旦这两个区域被视作一个区域，那么针对二者的计划将变得更加容易。室内活动届时可以支持户外活动，反之亦然。但最重要的是，活动可以设置在给儿童更多益处的位置，从而充分利用所有可能的空间。怀特赫斯特认为，教师需要对活动进行规划，明确成人在户外怎样才能"模仿、互动或与儿童一起游戏"（2001:66），这些特征将有助于儿童成功地学习。

重要的是，不要将位于户外区域的固定结构设施罗列出来，如"沙坑、攀爬架、房屋、船"等。罗列出针对每个结构设施实施的具体活动，这就意味着课程规划是以设施为中心，而不是以学习为中心的。更为有效的做法是罗列出学习或者发展的领域，然后决定围绕这些领域如何使用这些固定结构设施。例如，一个充满想象力的游戏场景可能是一艘海盗船，攀爬架可能被认为会将这个游戏延伸到一个小岛上。因此，材料和资源都被设置在攀爬架上。但是在某一天，这些攀爬架可能会用来支持一些微型项目。

以下这个每周户外计划表表明了室内课程与户外游戏之间的联系，其为每个领域的游戏提供了起点，显示出教师将支持指定的儿童，从儿童的角度出发安排活动，以及针对如何能够让活动在一周内扩散开来，教师可能会倾向专注于活动的哪些方面。显而易见的是，许多其他的游戏情景会产生，教师会随着活动的进行而做出反应。这个班级有3名教师，她们决定各自在哪一天工作，以及各自承担的具体职责是什么。					
户外游戏	周一	周二	周三	周四	周五
6月1日记录	康纳（Connor）和梅根（Megan）的父母为想象游戏带来了一些东西。从家里带来了迷你动物	观察贾格迪普（Jagdeep）和哈迪普（Hardeep）的动作技能	土豆		
想象	与室内相联系——移动房子，整周都可以根据儿童的游戏做出改变	卡车、绳子、盒子、家具材料、黏性标签，儿童家具检查清单……	午餐盒、热水瓶、可以伸缩的卷尺……	必要的教师投入，尤其是在儿童阅读检查表和写作标签时	
建构	填补空间——与移动房子相联系	没有创设。萨玛（Saima）和艾米丽（Em）与教师一起搭建	填补空间。利用木块、砖块搭建适合的木头立方体、盒子和巢穴	没有创设。劳拉（Laura）和吉娜（Gina）自己搭建，教师支持	对儿童本周的想法进行反馈
体育	与关于桥的故事相联系——在不接触地面的情况下移动"8"字形设置	两个"8"字形设置，一个更高，一个更低	巢穴和梯子——强化手臂肌肉，水平进行拉伸	与周一的活动相结合，并鼓励其参与周三的活动	鼓励使用介词，如下、上、里、外等

图 7.1 反思性计划/评估

户外游戏	周一	周二	周三	周四	周五
小型设备	将球扔到用粉笔写的指定字母上	用儿童名字的首字母来写粉笔字	将字母写在墙上——瞄准写	球拍和软球——针对不同水平进行击球联系——将球扔给儿童,用拍子将一些球打在墙上	开放式选择
科学	继续追随贾格迪普和基森(Junser)对于迷你动物栖息地的兴趣,设置干的、湿的、覆盖的以及未覆盖的栖息地,在周五进行察看	准备好书以记录周五的信息——特殊的室内活动			察看与记录栖息地
园艺	除草,野草的构成是什么,园艺书籍	除草	M、R、J和E种土豆	比利(Billy)、露丝(Ruth)、梅根和康纳种土豆	制订规划表来决定下周需要做什么
其他活动				磁带录音机,故事和诗歌录音带	彩色蜡笔和厚纸,大垫子、晴天雨棚

幼儿园班级计划表——期中,为期2周。这个计划的主题很松散,聚焦在通过"学习港湾"获得的进展,例如体育活动有着非常明确的动作发展目标——平衡性、速度、耐力或者态度,如毅力。通过这个方式,到一学年结束时,儿童可以说已经获得了明显的学习进步。该计划反映出季节特征,如种植日历和绘制风信子。这只是计划付诸实施时实际情况的一部分。体育活动、语言和数学活动之间显示出清晰的联系。"学习港湾"共同提供了整个课程,但每个港湾又各自着重强调某些学习领域。

图7.1(续)

食物	个性、社会性和情绪	沟通、语言和读写能力	数学	关于世界的知识和理解	创新性	动作
想象——比萨外卖,在室内和户外购物	合作、平易近人、团队协作、鼓励女孩使用自行车,鼓励不那么有动力的儿童	很多以儿童为主导的谈话、写作、阅读订单、地图、地址,给予清晰的指导	钱币、写数字、合计、空间意识、自行车号码、自行车车牌	位置、距离、路线、地图	设计、制作盐面团比萨、蒜蓉面包,设计和制作商标和标签	骑自行车四处走动,写作技巧,在盒子里摆放食物
建构——安排送货上门——简单的和复杂的	鼓励"试一试"的方式,强调安全搭建,鼓励沉默的儿童,所有儿童支持这些	清晰的讨论能够使搭建可视化并进行描述	房屋号码	科学——沙盘,不同形状和重量的球从不同的高度落下,观察球与地面的碰撞以及球的弹跳力	对设计审美的一些想法,绘制出最初计划	强调准确地抬升,而不是拖拽。利用卡车来装载货物。当用到繁琐的物品——带子、衣夹等时,鼓励儿童自己动手来做
小型设施——跳跃	帮助对方提高动作技能,并讨论如何改进	与跳跃相关的词汇——跳、高、上、下、弹跳、弹簧、扑、袋鼠、野兔、飞越、小袋鼠、跳跃、重力、跳房子。当儿童移动时使用这些词汇	数学朗(Maths lang)		仔细思考	弯曲膝盖,单脚换脚跳,单人或和其他人一起跳绳,双脚合拢与分开,跳房子——针对年龄大一些的儿童

图 7.1(续)

食物	个性、社会性和情绪	沟通、语言和读写能力	数学	关于世界的知识和理解	创新性	动作
体育——平衡性，被选中的儿童小组创设环境	专注度、坚持、给予时间以实现平衡、不放弃、控制环境、领导力					专注于改善平衡技巧——不摇晃，手高高举起，向前看，姿势
园艺——放入胡萝卜种子、洋葱	合作，思考需要做什么	钻孔、深度、空间、长度、洞穴、沟渠、深挖、掩盖	洞穴的深度，种植的距离	天气，可能的霜冻，可能的害虫——胡萝卜茎蝇		仔细地工作，思考使用铁锹和铲子，把土堆在洞口边
科学，环境——观察图纸——风信子，紫色发芽的西兰花	庆祝与欣赏不同风格的绘画				自身的工作，庆祝风格的多样化，创编关于花朵、蔬菜以及花朵/蔬菜精灵的故事	
安静——关于故事的书籍与录音带，还有与食物有关的歌曲，在明信片中制作自己的拼图，创作有关花朵与花朵精灵的故事	充满信心去了解与掌握歌曲与故事，对着别人讲故事和唱歌，给予那些不确信自身写作与创造技能的同伴以信心，对着磁带录音机讲故事	故事程序、押韵、交流理念	形状——矩形，当制作明信片时创造其他形状，只有一种方式可以装配起来	全世界的食物——明信片，磁带录音机的效用		对剪刀的控制

图 7.1（续）

教师可能会认为让儿童建立自己的游戏是非常重要的，因此尽管教师会提供一些游戏材料，但不一定会布置好，而是让儿童自己从头做起。在每个区域设置一些活动是一种相当现代的做法，但也可能会受到限制。因此，计划不一定要说明将会提供什么，而是可以提出可能的问题来询问儿童；或者可以根据儿童当前的兴趣来对一天里所发生的一切进行评估，以及预估第二天学习的方向。

一些学校使用主题来支持计划与课程。只要主题不限制学习，而且教师觉得他们必须让每个活动都符合主题，那么这样做也很好。主题应发挥支持作用，而不是起到限制作用。跨空间设置课程的美妙之处在于，通过"学习港湾"或经验能够确认这些活动作为整体涵盖了全部课程。这些活动本身需要证明跨越了时间的发展进程。例如，在计划表（见图7.1）中，体育活动区是用于发展平衡力的，小型设备区是用于发展跳跃技能的。这些将会被变为其他方面的运动和动作控制，但在必要的时候会融合到其他课程内。园艺区或者园艺港湾有一个自身的主题——四季，而不需要任何虚假的名称。这种学习经验是一种真实的经验，儿童可以适当地参与其中。这能够让儿童投入到有价值的以及真实的活动中，能够让他们真正地调查一些事情。通过这种方式，儿童能够遵循自身的兴趣，教师也能确保这些活动能够融入自身的计划内。凯茨认为，儿童需要真实的经验，而调查对他们来说是一种自然的学习方式，"儿童是天生的自然科学家和社会科学家"（1995:40）。关于这一点可见苏·汉弗莱斯在第二章的阐述。

计划只能起到指导作用：持续性的评估以及一天结束时的评价揭示了更为全面的情况。一些教师在学期过程中对一般性观察进行记录，而另一些教师在学期结束后花费时间来对观察进行记录（见图7.2）。教师要注意天气是如何影响游戏的，无论是以积极的还是消极的方式，同时关注这两个区域共同作用时是否会存在任何问题。例如，一所幼儿园发现对于户外的小型积木游戏区，儿童没有持续性地在那里玩耍，而是倾向于快速地进出这个区域。虽然无法找到其中的原因，但是教师将这个区域移动到室内后，儿童的行为变得更加一致了。

游戏有过程，也有结果，两者都需要被观察才能看到其价值。伍德和阿特菲尔德（Wood & Attfield）在对游戏、学习与发展之间的关系进行探究后，提出了一些值得深思的关键性问题："当儿童在游戏时，他们的头脑里实际上发生了什么？儿童是怎样变成游戏的精通者以及成功的学习者的呢？"儿童做了些什么，对他们在短期内是有价值并且是他们感兴趣的，可能长期来看对他们也是有影响的？（1996:125）这些问题也期待着实践者对游戏进行整体分析，对每个儿童的游戏进行分析。这就导致了我们需要去审视游戏结果。伍德和阿特菲尔德再次提出,"游戏的结果可以是乐趣、同伴群体归属或地位,练习和重复以掌握与控制,或者仅仅是乐趣和放松"(1996:125)。第二章探讨了游戏的连续性、游戏评估和游戏螺旋。

想象	高质量游戏。PSE——合作性、专注时间长度、由1—9名儿童组成小组、协商。语言——誊写、儿童阅读自己的写作、紧急情况。数学朗——距离、时间、大小、空间。家具的有趣重组。计划——保持地图作业的可用性。KUW——联系到内部技术。语言——发展阅读自己写作的能力、在游戏中誊写和紧急提供写作指导、完成更多的编号清单
建构	萨玛和艾米丽更加自信,独自走路10分钟。PSE——注意力集中。数学——儿童对填满一个大立方体的数量感到吃惊,意识到需要进行系统化考量,如果扔进去,要少装一些。会自然地延伸到在建构中制作3-d来填充。计划——数学——继续进行2-d空间,大型的水平表面区域填充,与绘图相联系(创造性,KUW)
体育	PSE——很多不自信的儿童,需要成人的参与。体力——手臂肌肉的有效加强。计划——对年龄较大儿童(体力)的挑战,延长拉伸——伸展、拉伸、直的、拉紧的
小型设施	对儿童来说非常有效、有质量的学习。语言——非常渴望做对,因此专注度得到提升。计划——在充满想象力的工作中长期使用的词汇和短语——包括多少、直立、前进、后退、推、向上、向下、更多。体力——对一些儿童来说是挑战。PSE——涉及特别的女孩
科学	最后的担任者——语言——完成得很好,他们在回顾的环节里将信息反馈给所有儿童,在解释时富有逻辑性。PSE——贾格迪普和基森(Jagdeep & Junser)就他们的发现进行了讨论,通过妥协来解决存在的分歧。语言——乔希和约书亚(Josh & Joshua)想要参与到记录中。口语——潮湿和被覆盖的原因——昆虫害怕(PSE),"动物渴了",没有水喝(KUW)
园艺	KUW和PSE——纳迪亚(Nakita)对治疗非常感兴趣。数学——M、R、J、E——预估深度和长度。计划——数学——使用尺子,儿童决定留下超前的计划,总结出(KUW)没有多少可以做。等到周三才去查阅,他们将通知贴在板上(语言)
其他活动	计划——没有足够的创新性工作。将桌子搬出户外进行绘画——可能的激励——绘画喜欢的房子、设计。KUW——绘画大的盒子,利用壁纸在木制立方体上进行装饰。语言——儿童讲述他们的游戏情景,成人扮演抄写员。乔(Jo)、埃丝特(Esther)、瑞恩(Ryan)、雷切尔(Rachel)、乔希(Josh)在复习时间里进行重述。需要更多的数字写作任务

图 7.2 对一周的评价

评价儿童包括对他们的观察，记录信息，最终做出判断。当对儿童进行观察时，需要牵涉以下几个方面：

- 当儿童在和其他伙伴、成人或独自玩游戏时，观察和聆听他们；
- 与儿童一起谈论他们的游戏与工作；
- 结合在户外和室内对儿童的观察；
- 与家长和教师一起讨论观察。

考虑到一些儿童在室内和在户外表现非常不同（见第一章和第六章），在两个区域对他们进行观察，将更加全面地了解他们的个性、理解水平以及需要帮助的地方。针对每个儿童的标示有日期的连续记录（见图 7.3），可能是最为简便以及最为有效的记录观察的方式，教师可以对其优点、缺点以及需要什么帮助进行评论。请看图 7.3 中所给出的两个案例，在 7 周的时间里收集每名儿童的信息是相当惊人的。教师可阅读这类书面材料，然后利用这些记录来规划课程。

一名 5 岁的男孩，在幼儿园的第 3 个学期

4.5 多数时间都在独自玩耍，看其他儿童玩耍（沙子）。不太和其他儿童说话。在室内想象游戏中自言自语，假装在剥橘子皮。在室内和 J 一起玩耍，假装已经睡着。喜欢玩"打砖块"的游戏（与 G 和 J），但与同伴没有太多交流。与我进行交流时，在没有被提问的情形下，能正确指出砖块的颜色（R 红，Y 黄，B 蓝，G 绿）。

10.5 需要英语语言的扩展。非常不成熟的语法，通常只使用名词和动词。与他一起看书。画图：绘制了一幅非常"有趣"的 P 太太的图像，脑袋和眼睛分离。带凸点的圆圈（复印件）。

11.5 开始和我进行了几次口头交流，需要很多更基础的词汇。

11.5 同上面一样，在水盘上玩了很长时间，一直在给容器盛水直到水溢出来。非常乐意做这个事情，还让我过去看看。

13.5 户外：非常仔细地关注着在滑梯上的 C。帮助她站起来，然后哄着她滑下去。对她很温柔。花很长时间给棚子"涂抹"颜色。没有发表任何口头观察意见。尝试着与成人进

图 7.3 连续记录

行交流，但词汇和语法非常有限。当成人和他交流时不停地点头，也不能确定他能听懂多少。会与爸爸、妈妈进行交流。

14.5 不能明白"再来一次"的意见。很难理解基本的指令。看起来应该由一位会马尔都语的教师来评估他的理解是否有所不同。

24.5 最多知道 5 个数，能够计数并识别。

7.6 今天分配了牛奶，知道每一个标签是属于谁的，以及谁在教室里。

11.6 切割与粘贴——两个方面都存在问题，需要在这个领域进行大量的实践。

15.6 户外：做了很长的时间黏土作品，为墙做了墙柱。然后继续以立体的方式来代表房屋，用铅笔画墙柱，做了一个有屋顶和 4 个房间的屋子。然后继续将一小块一小块的黏土放在屋子上面，并声称他们是"开放的"。

户外：对冰气球非常感兴趣，在活动中停留了很长一段时间。必须介绍单词"冰"。没有融化的概念，并感到非常惊讶。对单词的发音有些困难。绘制了第一幅带有人物的图画，有身体、手臂、腿、头发和"小鸡鸡"。对自己感到非常高兴。即时写作：利用"A"来签自己的名字。画自己的肖像。观察自己并仔细选择颜色。

21.6 今天讲了关于牛奶标签的故事。自告奋勇地去做事。费了好大的劲儿才说出了句子。他已经做得非常好了，对自己感到非常满意。在活动之后告诉了每个人一个完整的长故事——关于他、父亲还有妹妹在公园里做了什么。

在为期 7 周的时间里，不仅这名儿童获得了进步，而且教师对他也有了更多了解，有明显的证据表明教师是如何支持这名儿童的发展的。在这段时间里，这名儿童从沉默发展到能够向整个班级讲述他生活中的一件事情。他对其他儿童表现出明显的同情心，也愿意尝试各种活动，并从这些经历中学到了很多。他的表征技巧得到了发展，能够画自己，还制作了立体的房子。这些都是在如此短的时间内实际取得的重大发展。但是如果不把教师在幼儿园里所做的这一切记录下来的话，很多开展的工作都会被遗忘。

一名 4 岁半的男孩，在幼儿园的第 2 个学期

7.5 在户外的"医院"里经常和 A 一起玩耍。他和 A 是主角，其他儿童是追随者。需要提醒其他儿童注意，不要来回跑动。花费了很多时间与 I 一起在画桌前，两个人都在看

图 7.3（续）

《金发姑娘》(*Goldilocks*)。他画了一些画,但是与这本书无关。

10.5 非常愿意来帮忙盖砖房。在屋顶上开展工作,把瓦片重叠起来,都是他一个人完成的。在需要烟囱罐的地方做上标记,当被问到是哪儿时,能够指出正确的位置,然后从后面把它粘上。对结果感到非常满意。用好的、得体的语言来精确描述自己的作品如"我需要另一层"。

11.5 花了很长的时间在户外泼墨绘画。似乎真的很喜欢艺术活动。很专注地在户外玩大砖块。是唯一一个能真实理解"站着的"以及重叠的砖块的儿童。非常仔细地工作,然后进入到想象游戏:"这是矮胖子(Humpty Dumpty)的墙。"紧张的情绪:有精细动作问题。需要夹子的帮助。坚持下来了,也理解了原理。

11.6 紧张的情绪:进一步深入调查,又一次需要帮助,因为存在精细动作发展方面问题。切割:不能正确地握住剪刀,切割颠倒了,需要帮助和大量实践练习。

15.6 在黏土桌处待了很久,把黏土卷起来、展开铺平、压印、制模。对黏土"冷"的感觉进行评论。

17.6 确实很清楚地记得我们提到过的因纽特人与冰屋。能够在地球仪上指出英格兰和北极的位置。知道水在寒冷的情况下会结冰。

同样,这个持续记录表很好地说明了这个儿童及其学习状况。虽然他在同一时期的总体发展状况不如前一个例子那么明显,但确实也反映了他的个性以及需要帮助的地方。例如,他很好地掌握了被动式与主动式词汇,很容易就记住了信息。让这个儿童顺其自然发展是很容易的,但他有精细动作发展方面的困难,需要引起重视并解决。他在艺术上的兴趣需要给予鼓励。

图 7.3 (续)

当对儿童进行观察时,重要的是认识到非语言指标的意义。回顾怀特布莱德在第六章讨论有关自我调节的部分,这种自我调节能力的标志之一就是通过行为和手势表现出来,而不是通过对话。这涉及对自我的计划、监督、控制和评价,但是我们不能评估儿童是否能做到这些,除非我们分析他们的行为。计划中显示出的行为包括"对一项任务做出决定,寻找和收集必要的资源"。对行为的监控包括注意到错误,并通过注视、暂停或手势来调控行为。对行为进行调控是常见的,包括利用手势作为一种策略来支持认知性活动,重复一种策略以检查准确性,在任务中从一种策略切换到另一种策略。"对行为的评价包括仔细观察儿童自身的表现状况,检验一种策略在实现目标过程中的有效性。"（Whitebread et al. 2007:84）所有这些行动都可以被观察到，从而更便于清楚地了解儿童的能力。

《幼儿学习环境评量表》（ECERS-E）是一个深入分析实践的有效工具。该评量表被用作分析"有效学前教育项目"（Effective Pre-School Education Project）的实践状况，对什么是好的实践进行纵向研究。在瑟尔瓦等人（Sylva et al. 2006）编订的小册子里有关于该评量表及如何使用该评量表的详细叙述。该评量表可以用于观察户外以及室内的实践状况、详细说明语言、数学和科学的理解，同时也包含性别和种族的多样化。但是就像其建议的那样，要做到这一点不可能一蹴而就，而需要大量的初步研究和讨论。

"微调"

计划不可能是静态的，正如麦克莱恩（1991）通过对一名教师的描述来证明的，必须不断地对环境进行"微调"，以适应儿童游戏的需要。"微调"看起来是一个针对空间进行逐分钟管理的特别有用的手段；也依赖于教师监控该区域的能力，并不断观察儿童参与的进展。微调涉及与儿童进行互动，促进游戏的场景，鼓励儿童思考。一些儿童需要大量的时间来学习如何真正地游戏，他们需要成人的支持。教师需要花费时间与儿童在一起，以确保游戏得以顺利开展。

微调是指增加儿童可能需要的资源，或者简单地向儿童指出其所需资源的方向。微调是关于确保一组儿童的游戏不侵犯另一组儿童的游戏，一些儿童不能占据主导地位，以及支持那些内向的儿童。微调也是确保所有儿童都有足够的选择。所以，当两名儿童担任画家的角色，另外六个儿童也想要加入时，教师要么为他们找到更多的设备，要么让一些儿童担任其他角色。微调是在问题发生之前进行先预防，包括鼓励儿童尝试新的技能和想法，例如爬得更高的技能或更有效的协商技巧。儿童需要学会思考，学会自信地解决问题，领会分享、合作和协商的效果。所有这些能力都需要实践练习。

微调还必须涉及整理。古拉（1992）的研究发现，积木游戏通常在早上10点结束，因为该区域已经被使用过，处于混乱的状态而无法再被使用。教师需要讨论与确认材料是否需要整理。这必须依靠教师当时的观察以及儿童的反应，这能探明游戏是否偏离轨道，是否需要整理材料。教师需要检查搭建是否已经完成，如果没有的话应该留在原地，如果不可能完成的话则应移到安全的地方。有时候儿童希望将他们搭建的积木展示给每个人看。关于成人的角色见图2.5。

因此，微调是我们与儿童进行互动的一个关键组成部分。持续性的评估确保了我们根据儿童当前的兴趣、困难和需求及时做出反应，然后在适当的时候教育儿童或者帮助他们学习。

知道要寻找什么

纵观贝埃（Bee）和博伊德（Boyd，2006）、古拉休（1989）、古拉休和奥兹蒙（2005），以及谢里丹（Sheridan 2008）的研究，所有人都认为，尽管在某种程度上一些发展是自然出现的，但身体发育不能完全顺其自然。我们成人能够从根本上影响儿童的发展，产生有害或有益的作用。仔细观察动作发展状况，涉及个体执行任何体育活动的能力，这些活动与空间（户外可供使用的空间）有关。古拉休和奥兹蒙（2005）的研究表明，儿童动作发展经历了特定阶段——反射性、初步的、基本的以及专业化的阶段。

反射性阶段是从4个月到1岁，以及子宫内约4个月。此阶段儿童学习抓、拉、爬、游、走以及吮吸反射的技巧。这些动作大多是关于营养、保护和信息收集，是儿童对各种形式的外部刺激所做出的不自觉反应。

初步动作阶段是从出生到2岁，有反射抑制与预控制阶段。儿童学习自主运动，这个动作阶段关于稳定性（如获得对头部、颈部以及躯干肌肉的控制）、操作性（如伸手、抓握以及松手）和移动性（如爬行、匍匐以及行走）。这一阶段儿童非常依赖于他人以确保环境的安全，需要成人支持和满足其生理需求（如饮食）等。

基本动作阶段是从2岁到7岁，分成三个不同阶段：儿童通过每个阶段时，他们对自己动作的控制能力会逐步增强。

- 最初阶段是从2岁到3岁，在这一时期里，儿童第一次尝试使用动作模式；
- 低级阶段是从4岁到5岁，在这一时期里，儿童的动作技能得到显著提升；
- 成熟阶段是从6岁到7岁，在这一时期里，儿童的动作技能得到了很好地协调，目标比较明确，在动作控制与熟练程度上与成人比较相似。

专业化动作阶段包括过渡阶段（7岁到10岁）、应用阶段（11岁到13岁）以及终身使用阶段（14岁及以上）。这个跨度包括从跳绳和跳舞，到在绳索桥上行走和踢球，再到选择专门从事的活动，如参加团队或者田径比赛，以发展技能与应用策略。这些可以在终身的日常生活、娱乐中使用，以及可能的竞赛中使用。

我们工作的重要性在于，反射性阶段和初步动作阶段几乎是自然而然地发生的，儿童倾向于坐着、站着、走着和跑着，儿童需要我们在那里安排好环境并确保其安全性。对于基本动作阶段，我们承担的角色非常重要，我们需要教授、鼓励、帮助与支持，让儿童的能力与技能得到有效提升。"大多数儿童必须在生态健全的环境里，有一

动作发展的阶段	动作发展各阶段的预期功能		
	稳定性 （强调身体在静态与动态运动情形中的平衡性）	移动性 （强调身体从点到点的移动性）	操作性 （强调从一个物体传递力量或接收力量）
反射性动作阶段： 在子宫内及婴儿早期的大脑皮层下的无意识控制动作能力	迷路性立直反射 颈立直反射 躯干立直反射	爬行反射 初步踏步反射 游泳反射	手掌握持反射 足底握持反射 拉起反射
初步动作阶段： 成熟程度影响婴儿的运动能力	头部和颈部的控制 躯干的控制 无支持下能坐着 站立	爬行 匍匐 直立行走	伸手 抓握 松手
基本动作阶段： 儿童基本运动技能	单脚维持平衡 在低横梁上行走 轴向运动	行走 奔跑 跳跃 蹦跳	扔出 接住 脚踢 击打
专业化动作阶段： 童年后期及以后的复杂技能	体操中的平衡木动作表演 足球运动中的守门得分	在跑道上100米短跑或跨栏比赛 在拥挤的街道上行走	在足球运动中表演射门 投球与击球

图7.4　古拉休的二维动作分类模型
资料来源：David Gallahue & John Ozmun（2005）.*Understanding Motor Development: Infants, Children, Adolescents, Adults*（6th edn）. The McGraw-Hill Companies Inc. Reproduced with permission of McGraw-Hill Companies Inc.

些实践、鼓励以及指导的机会。"（Gallahue and Ozmum 2005:56）儿童在这个阶段所获得的技能是多种多样的——碰触到一个移动的球与碰触到一个静止的球之间有很多的不同之处——我们必须帮助儿童变得熟练，不能顺其自然，或者假定它会自动发生，因为通常这并不会。因此，我们不能让户外游戏周期性地发生，或者在我们喝咖啡的时候发生。图 7.4 呈现动作发展的不同阶段，以及这些阶段是如何与动作功能产生联系的，无论是稳定性（平衡）、移动性（运输）或者操作性（力量）。

我们有必要了解儿童的技能，以及儿童需要的技能范围。图 7.5 展示了儿童必须掌握的动作技能。我们需要确保儿童能够做到图中列出的所有技能，无论是大肌肉动作的发展，如跑步或者关于平衡非移动运动，还是精细动作技能，如握住铅笔来画画。我们需要意识到保持稳定的能力是动作学习中最重要的方面（Gallahue & Ozmun 2005:194）。每项技能都有一个范围，例如跳跃有很多种不同的类型：从一边跳到另一边、向后跳、向前跳、立定跳、跳下来、跳上一些东西、跳过去、双脚跳或者单脚跳、跳过一些东西、深蹲跳、跳入或者跳出移动的物体。在盲目地认为儿童在身体上可行之前，我们必须知道儿童能够掌握所有这些技能。我们没有权利阻碍儿童的发展，因为我们不想让自身有过多内部或外部的身体活动。古拉休和奥兹蒙认为，"在适当的情况下，儿童在 6 岁时具备大多数基本运动模式，能够在成熟阶段表现出来"（2005:59）。古拉休还认为，到儿童 7 岁时，所有的基本动作都应该发展到位了，如果没有获得这些动作技能，那么

动作技能
• 移动性发展或者大肌肉动作是关于在环境中的运动，涉及大型的运动模式，例如：行走、跑步、跳跃、蹦跳、跳动、滑动、弹跳、攀爬、爬行、站立以及坐着
• 非移动性发展，或者保持平衡，是关于平衡，例如：弯曲、拉伸、扭转、旋转、摆动、翻滚、着陆、停止、闪避、平衡、倒立支持（上下颠倒）
• 操作或者精细动作技能，手眼以及脚眼协调技能，是关于将力量传递给物体，例如：投掷、抓住、踢、击打、往返拍击、蹦、翻滚、拉伸、推动、抓握、够着、抓住、保持（包括缝纫、切割、打字、写作、制图以及绘画）

图 7.5　动作技能

资料来源：Gallahue D. L. and Donnelly F. C.（2003）. *Developmental physical Education for all Children*. Champaign IL: HumanKinestics，54 Figure 3.1 Reproduced with permission from Human Kinetics.

也许就再也不会了。很明显的是，儿童的动作是"得到很好协调的，具有目的性，在控制和熟练程度方面类似于成人"（1993:111）。

仅仅对动作的构成内容有一种"感觉"是不够的，有必要确切地知道动作是什么及其具体构成部分（Davies 1995）。戴维斯对动作进行了分类，具体包括关于身体的（行动、关节、设计、流畅性以及形态），关于动力的[重量、空间（定性）、时间以及流动]，关于空间（大小、延伸、区域、水平以及方向），关于关系（身体各个部位之间、与物体之间以及与人之间）（1995:1-2）。就像成人有一整套自身的想法，例如帮助儿童学习阅读，我们也需要一整套想法来教儿童动作技能。戴维斯详细描述了发展的不同阶段，如投掷技术自儿童18个月以来的变化（1995:25）。拥有这种类型的知识之后，教师确实能够帮助儿童掌握技能。

莫德（2008）帮助我们领会年幼儿童动作发展的重要性，以及这些动作是如何与舞蹈、游戏以及体操这三个体育领域产生联系的。她也描述了年幼儿童的幻想游戏是如何最终变成舞蹈的。儿童可以在他们的幻想游戏中旋转、跳跃和暂停，这些都是跳舞课程所必需的技能。追逐游戏、捉迷藏游戏、踢球游戏涉及拍或踢，促成有组织动作的游戏课程。年幼儿童翻滚、跳跃、摇摆以及爬行，这些与体操课程有关。如果我们想让儿童获得成功，我们需要确保他们是技能熟练的且富有自信的。

谢里丹（2008）提出了0—5岁儿童的发展里程碑，但对7岁这一年龄涉及较少。当与年幼儿童一起工作时，她的这本书是一个非常有用的参考，能支持对个体儿童的分析和建议。例如，她在书中提出在5岁的时候，大多数儿童能够"轻易地在狭窄的路线上行走"；灵活地、熟练地进行攀爬、滑行、挖掘以及做各种"特级动作"；进行双脚交替跳跃（2008:47）。我们需要了解各个阶段，不要阻碍发展，而是要知道我们什么时候需要加以关注。她还标明了"指示异常的标记"（2008:60）。所有这些与动作协调有关，而且也证明我们对儿童发展中心地位的理解。当儿童在户外的时候，所有这些都能得到注意。对于教师和父母而言，谢里丹的书也是一本值得阅读的专业书籍。

成人的行为与性别

大部分幼儿园教师都是女性，对她们来说，户外并不是一个自然的环境。她们通常更热衷于进行久坐不动的活动，而且经常是在室内的。一般来说，男性倾向于从事繁重、活跃的体力劳动，如玩踢足球之类的游戏，所有这类活动都发生在户外。这种刻板印象在基础阶段就有体现——许多女孩更喜欢在室内从事创造性活动，而不愿意冒险进入到户外游戏区域。蒂泽德等人（1977）发现教师在室内与户外的工作方式存在着显著性差异。在9个中心，有观察显示，教师户外行为中存在着更低认知内容的趋势。在7个案例中，教师在花园中与儿童交流很少，更多地使用消极控制（"不要那样做"）。在8个个案中，户外最小的监督量与室内相比仍然更多。在户外区域有更多的DIY（自主动手制作）类型的工作，但很多女性对其缺乏自信（Gilkes 1987）。佩利（1984）承认，她更喜欢女孩的游戏，这些游戏往往更安静，更以工作为导向，更像是"围着妈妈在厨房里坐着"的活动。她也承认，当男孩不玩男孩的游戏或者幻想游戏，而是像女孩一样游戏时，她会更加欣赏和喜欢他们。但是，正如佩利进一步指出的那样，教师赞赏和理解男孩的游戏是很重要的，因为男性约占总人口的一半。

男孩经常从事的活动没有一个经典的最终成果，如绘画或素描。如果教师不对这类经验进行评价或者在这些空间里与儿童一起合作，那么他们就会忘记学习。所搭建的建筑通常在这个活动结束时就会被拆掉，这是一种可笑的浪费。搭建讲述的是一个故事，这个故事可能无法被搭建者记录下来，却存在于他们的脑袋中。这些都可以由成人来讲述和记录。我们低估了这些建筑的相关性，无论是由乐高或者盒子，还是户外的积木所搭建的。当儿童在搭建时，他们是以逻辑的方式来进行思考与创作的。儿童需要有机会来描述他们所做的，他们是如何完成的，以及下一次如何完善。通过这种方式，我们能够支持儿童学习语言技能——清晰、简洁、有逻辑。把他们所说的话记录下来（抄写），我们可以向他们证明他们是多么优秀的叙述者。这些能发展他们的自信心以及前进的动力，让他们自信地正式写作。简单地说，建构活动也有助于儿童读写能力的发展（Pahl 1999 & Smith 1982 as cited in Holland，2003）。

"教师的存在与示范是儿童游戏的非常强有力的决定性因素。"（Whyte 1983:52）因此，教师不仅要有效地利用户外活动，而且要与儿童一起工作，不论其性别与经验如何。教师要区别对待男孩和女孩。斯科尔顿和弗朗西斯谈到了女孩面临的"双重困境"（2003:49）：女孩通常被期望及要求做得很好，但同时也被要求擅长数学。但是在研究中发现，与男孩相比，擅长数学的女孩会被更加不公正地对待。这些擅长数学的女孩会被描述为"勤奋工作的、闷头苦干的、有才干的、端正的、认真的以及乐于助人的"

（Skelton & Francis，2003:49 decsribing the research of Walden and Walkerdine 1986）。然而，这些形容词描绘的不是数学天赋，而是方法与方式。另一些研究（Walkerdine & Lucey 1989）发现，那些数学能力不如女孩，在班级中引发行为问题的男孩，通常被描述为"聪明的"以及有"天赋的"，尽管这方面的证据并不明显。这完全是不正确的或者不公平的，也没有为男孩和女孩提供平等的机会。我们必须加以警惕。

赫兰德从战争、武器以及超级英雄游戏中发现，教师的大部分时间都花费在与男孩的"相处"以及他们的游戏上。但是这些教师可能会忽略那些久坐不动的、不讨人喜欢的女孩。我们是否平等地关注到那些占据了女生很多时间的安静、被动以及内在导向的游戏？我们是否担心过久坐活动会影响到他们的身体发育？（2003:21）从她的研究中可以明显看出，需要做更多的工作来支持女孩，教师需要确保自己与那些需要得到关注的儿童之间进行互动，而且还要与那些不需要关注的儿童进行互动。针对超级英雄和枪类游戏的零容忍方法不利于男孩和女孩一起玩耍。通过超级英雄和枪类游戏，儿童会很自然地跨性别融合在一起。女孩能够看到，男孩和女孩都是可以喧闹和活泼的（Holland 2003）。

索恩（Thorne 2002）认为，在广泛地观察儿童在学校的生活之后，教师可以做很多事情来帮助男孩和女孩把自己看成是个体，而不是独立的群体。[我对她的研究唯一疑虑的是她用来称呼儿童的术语"孩子"（Kids，有小山羊的意思）]图7.6是她提出的一系列改善性别关系以及性别态度的建议。

教师应该：
- 避免按照性别把儿童划分成小组或班级
- 避免谈论男孩和女孩，而是使用"班级"这个词
- 对女孩与男孩的互动交流给予表扬
- 让儿童自己进行分组，不能强制儿童分组
- 注意是否有同一性别的儿童控制或者掌握了资源与设施的获得权
- 教授新的不分性别的游戏
- 有时候公开处理社会分化，这意味着与儿童谈论正在发生的事情，例如，一个女孩感觉到被排挤出户外游戏，或者一个男孩被排挤出室内的"娃娃家"
- 讨论诸如女孩不能成为医生或者男孩不能成为护士之类的想法，并指出这些都是"过时的"

图7.6 支持男孩与女孩
资料来源：Thorne 2002

同样，本杰明（2003）对 SEN 和性别进行了研究（见第六章），认为可以做出一些改进使所有儿童都能成功。她的研究提出了这样一种观点，SEN 不是一个简单的男孩成绩不佳的案例，而是更敏锐地观察了教室里正在发生的事情。她讨论了儿童怎样让自己处于他们所认为的男性或女性的位置。她举出了两个学校的案例，这两所学校的 SEN 儿童比例很高，而且两所学校被认为在全国性考试中取得了很好的成绩。学校的成功之处在于他们有能力确保儿童看到学校是：

- 作为一个集体，每个人都能帮助对方；
- 在这个地方，给予和接受帮助都是常态；
- 在这个地方，帮助和被帮助没有性别标签；
- 在这个地方，获得帮助并不意味着一个人必须成为一个过于脆弱的女性，或者给予帮助并不被视为男子汉气概。

有趣的是，这符合怀特布莱德的自我调节理论，儿童能够变得更加独立，因此变得更有能力。

就像我们在前面章节所看到的，杰戈发现女孩在户外场所中比男孩的活跃度更低，并认为我们需要确保我们能均衡户外的活动与游戏，使女孩和男孩都能参与，而不仅只针对男孩。他认为需要有足够的来自户外场所的刺激、空间以及可行的时间，需要向儿童传播知识，需要教师和家长都参与讨论活动的原因和方式，以及需要提供"性别敏感"游戏的可行性，确保所有儿童都能从中受益。

教师在场会提升活动的地位。教师在场时，儿童就知道哪些是"身份活动"（Anning 1994）。儿童需要看到女性教师踢足球，帮助拉一辆满载儿童的卡车，或者玩汽车玩具。蒂泽德等（1976a）发现，早教中心具有明显的女性导向，不仅是因为大部分教师的性别，而且是因为其所拥有的设备都是女孩所喜欢的。作者认为，男孩的兴趣和教师的不匹配很早就开始了，如果教师想要接触并了解男孩，她们就需要更多地与男孩就他们感兴趣的事物如汽车、车库、足球以及大型建筑，进行互动交流。同样，所有儿童都需要看到女性教师在户外区域挖掘，使用木工的工具，扮演超级英雄的角色。

在阅读方面，儿童倾向于遵循性别界限的行为，女孩对他们母亲的阅读材料有兴趣，而男孩对他们父亲的阅读材料有兴趣，后者往往更倾向于与运动有关（Millard 1997）。男性阅读工具书、杂志和连环漫画的频率更高。针对男性的杂志数量也有所增加，比如 GQ。因此，在大多数教师都是女性的学校，教师需要共同努力为男孩提供更合适的读物。教师需要对所有阅读材料表现出兴趣，而不仅仅是自己所喜欢的。阅读非小说类书籍所需要的技能必须得到重视，就像从头到尾阅读一本书一样。在户外区域内，有很多经验将支持非小说阅读，如园艺或者小动物观察。同样，儿童需要看到男教师坐在那里阅读故事，或者帮助完成一幅拼贴画作品。这种行为意味着，儿童，不管其性别如何，都将获得接受与支持，儿童现在或者未来决定参与的任何活动都将得到支持。个体之间的差异必须得到承认；男性和女性是不同的，他们扮演着不同的角色，但是没有人因为性别而比别人表现更好。

参加儿童游戏

参加儿童游戏可能是我们要做的最困难的工作，因为要把这件事做好需要付出很多努力。参与其中的成人必须一直思考如何帮助儿童游戏和学习。但是这很有必要成为儿童游戏的构成部分，否则：

独自游戏的儿童不会发展出想象力；过了一段时间后，他们的大部分游戏变得重复，缺乏有效进展……如果没有教师的帮助，如创设环境和提供建议，那么儿童就会陷入僵局，他们的游戏会变得漫无目的。（Manning & Sharp 1977:15）

32 年前情况如此，现在依然如此。我想补充的是，不一定必须要成人，只要是年龄大一点的儿童也能确保游戏不会陷入僵局。赫兰德（2003）很美好地描述了我们怎样才能参与到儿童的游戏中，暗示成人应成为一个雕刻家，要跟随木头的纹理，而不是逆着木纹前进。她进一步指出，儿童的行为并不是一成不变的，可以由敏感的成人来进行变化、转换以及调整。斯蒂芬森在研究中指出，相比室内，教师觉得他们在户外更加能够参与或者退出儿童的游戏。教师认为，儿童全神贯注于他们所做的事情，所以不会被教师参与或者离开游戏所打扰。户外的游戏能够让儿童变得非常专注，更加能够"扩展自身，为自己设定挑战"（2002:36）。当教师参与儿童的室内游戏时，似乎有更多的机会被期望成为领导者，但这就会扰乱儿童的游戏进程。

卡伦（1993）的研究发现，户外沙坑区域的游戏质量，在涉及身体动作、创造性、社会性，以及认知发展等领域时，体现出比较低的水平。她认为，成人需要通过提问、增加资源以及参与游戏中来进行干预。赫特等人（1989）的研究发现，在拼贴桌区域，成人几乎是永久的参与者，这种游戏是高质量的，包括了广泛的对话交流；但是在沙地和水池区域，就没有成人在场，游戏就呈现出低质量以及重复性。科斯特尔尼克等人（Kostelnik et al. 1986）认为，高质量的合作游戏可以在一位善于观察的教师的干预下发生。他们还提出，成人如何将超级英雄游戏提升到复杂的社会戏剧类游戏情节，同时仍然涉及身体动作活动。因此，积极的干预有时候可以阻止毫无意义的超级英雄游戏。布拉奇福德关于小学玩耍时间里的儿童的研究同样也发现，成人对游戏的参与可以相当显著地改善游戏。

当教师没有参与游戏时，其对行为的影响在男孩参与时更为明显。戴维斯（1991）、戴维斯和布仁波（Brember 1994）研究了儿童对幼儿园的适应，发现男孩对幼儿园的适应不如女孩成功。他们认为，教师不去探视男孩经常做游戏的那些区域，所以没有太多机会培养他们积极的学习态度。如果教师花费更多时间在室内，从事创造性或者安静的活动，那么女孩会更多地受益于交流互动，但男孩则不会。必须确保室内以及户外空间的所有区域都能得到教师平等的投入。戴维斯建议，教师应当反思计划的时间与花费在各类活动的实际时间是否相匹配，以确保成人平等地参与以及干预所有区域。

有时候，教师参与儿童的游戏是比较适宜的，这将有助于化解儿童自己无法应付的情况。没有这些支持，游戏可能会瓦解，或者以无法解决的对峙来结束。在角色扮演中，儿童要么被引导进入到游戏的另一面，要么就进入到一个新的游戏情景中，如果停留在当前的情景中，可能会引发关于游戏方向、资源使用或者谁来扮演哪个角色的争论。在麦克莱恩的研究中，一位教师观察到，南（Nan）非常热衷于为儿童创造一个良好的游戏环境。她确保他们拥有很多的空间与资源来开展合作，但她也引导"特定的儿童到具体区域，帮助形成期望的同伴群体，延伸儿童的游戏，避免潜在的同伴冲突"（1991:101）。她的大部分策略都很微妙，所以儿童并没有意识到她的角色。

一些教师对加入儿童的游戏表示中立，他们担心儿童会被打扰，因为儿童的游戏具有隐私性。这是一个有效的观点，无论儿童在做什么，他们都应该享有一定程度的隐私。佩利在谈到加入儿童的游戏时提到："我经常在他们认知的边缘徘徊，却找不到落脚的地方。"（1986:131）然而，这种担忧在某种程度上与儿童的行为方式相矛盾。年幼儿童的一个奇妙而又相当困难的特点在于，他们有能力告诉你什么时候离开。当他们受够了你的时候，他们会离开，他们将在你说话的过程中说"再见"；当你向他们提供你认为最刺激的活动时，他们会说"不用，谢谢"。所以儿童在合适的环境中会说，不管他们想不想要你。有时候比较合适的就是说"我能加入你的游戏吗"，在另一些时候，可能比较合适的就是以你的方式进入到某个角色中。重要的是谈论你为什么要加入其中，以及这将如何帮助参与活动的儿童。

教师也需要参与儿童的游戏以便提供支持。这是儿童游戏的一个重要组成部分，是确保高质量游戏继续下去的一个因素。邓恩（Dunn）和摩根（Morgan，1987）对幼儿园和托儿所的游戏模式进行了研究，他们发现儿童在学校的游戏实际上有助于强化刻板的角色以及行为。哈利迪等人（Halliday et al 1985）的研究显示，当教师参与到儿童的游戏时，刻板的游戏选择会相应减少。实际上作为儿童游戏的构成部分，在偏见出现时进行挑战，必须成为从基础阶段消除偏见的整体方案的一部分，从而改变儿童的态度。但是同样地，儿童需要通过他们的游戏来克服一些老套的观念（Bruce 2005），在赫兰德（2003）的研究中也有类似的观点，她发现取缔超级英雄以及枪支游戏，儿童的想法就被禁锢了，这些想法需要被表达出来并进行温和的反驳，如性别歧视与种族歧视。这种偏见如何得到挑战必须进行考虑。笨手笨脚的成人可能没有什么效果，但作为想象游戏的组成部分时，对偏见进行挑战可能会产生更大的影响。有时候，课堂上会用戏剧来展示什么样的行为是可以接受的，什么样的行为是不可接受的，这对儿童会产生持久性的影响。

摩根和邓恩（1990）发现，一些资源具有"较高的地位"，这会导致霸占资源、不愿意分享资源的争端，而且几乎在所有的案例中，争执的赢家往往都是男孩。自行车就是其中一个典型案例。自行车似乎象征着地位和水平。没有人说"自行车是最好的"，也没有人说"红色自行车是最好的"，但事实就这样发生了。随之而来的就是一些儿童，大多数是男孩，将会竞争得到自行车，而且要得到"最好的"自行车。这些儿童会做任何事情来达到自身的目的，可能包括伤害其他儿童以及损坏设备。然后他们会做任何事情，以尽可能长时间地待在自行车上。这种行为背后的原因在于，一个被感知到的高地位玩具给拥有者带来高地位，因此儿童的自尊会提升。当儿童必须放弃自行车时，他们的自尊就会下降，他们感觉到自己不重要了，失去了他们唯一的方向，接着会再次寻找高地位的玩具。在班级里，当教师计划以及参与到儿童的游戏中，这样的情景就不会发生，儿童对骑自行车作为提升自尊的一种方式表现出更少的兴趣。摩根和邓恩（1990）发现，班级中不太受关注的大多为女孩，而最需要教师注意的则是男孩。他们再次强调,除非教师与儿童进行互动交流,并在他们工作时进行观察,否则他们不太可能找出那些"退居幕后"的儿童,以及那些占据主导地位的儿童。

对儿童来说,他们可能需要支持,因为他们不确定户外游戏或者某个特定"学习港湾"的具体情境。有了成人在那儿,儿童可以进入游戏情境而不会感到威胁,在成人的帮助下,能够发现活动的潜能。赫兰德(2003)发现,成人的在场鼓励了女孩加入到"战争、武器与超级英雄的游戏"。这种常规的成人在场最终会让女孩能够参与这种没有成人出现的游戏。一个游戏场景的案例可以有助于说明成人在场的重要性(见图7.7)。教师在这种场景中的作用看起来至关重要,使得"微调"的工作也非常突出。她让自己为儿童所能接受,成为与他们一起游戏的人。她与艾米丽(Emily)一起游戏,保护她避开那些希望掌控场面的儿童。她引导其他儿童离开并进入到一个新的场景,然后引导艾米丽搭建一个新的建筑,这样可以确保男孩的游戏不会受到干扰。当蒂莫西(Timothy)做了一扇"门",艾米丽虽不同意这个方案但也做了妥协时,她一直保持安静。考虑到时间以及成人的投入,教师认为艾米丽应当能够发现新资源的乐趣,与男孩一起游戏,并通过承担责任来获得自信心。然而,(成人停留的时间长短)对一个沉默寡言的儿童开展活动会有所影响。哈利迪等人(1985)通过教师参与影响儿童在园活动选择的研究发现,当成人在场的时候,女孩会待在积木游戏区,一旦成

> 两个男孩在户外工作时往往充满信心,他们利用板条箱、木板和箱子,在教师的帮助下搭建了一所房子。艾米丽进入到场景中,说她想建一座房子。教师不想因为拿走一些板条箱而影响了男孩的游戏,所以建议艾米丽与自己用桶、梯子和大的塑料立方体来搭建房子。她就这样做了。艾米丽继续看着那些男孩。另外两个女孩也加入了艾米丽的游戏。第二天,艾米丽询问教师,她们是否可以用板条箱来搭建房子。教师和艾米丽装了一卡车的板条箱,出发去搭建房子了。门米特(Manmit)、顾吉特(Gurjit)(前一天搭建房子的男孩)和蒂莫西(Timothy)走过来,也想搭建房子,他们立刻控制了局面。教师说这样不行,建议他们另设一个游戏场景。艾米丽描述了她正在做的事情——"建造了一个后门,一个前门,还有两个座位"。正在这时,蒂莫西已经回来了,在艾米丽的房子旁边放置了两个桶。他说:"这就是后门。"艾米丽并不同意这种说法,但是她说:"好吧,我们有两扇门。"另外两个女孩也进入了游戏场景,帮助了艾米丽。当他们完成后,三个人都坐了下来,艾米丽非常高兴地说:"看看我们建造的这座大楼。"蒂莫西继续站在边线上。教师被叫走了,但是艾米丽的游戏还在继续,而蒂莫西留在了外围。

图7.7　女孩搭建积木案例

人离开后,女孩也离开了。作者认为,教师通过自身在场和参与来影响儿童的游戏选择,但是他们需要待很长的时间,直到儿童发现或者接触到游戏中足够吸引人之处,他们才会希望与朋友或者独自回到游戏中。

技能的教授

参与户外活动需要教授儿童具体的技能,正如儿童需要被教授诸如语言、阅读方面的具体技能。技能通常都在体育课或运动课被教授,但通常当教师移动到户外时,他们并不把教授动作技能视为自身的责任。练习、鼓励与指导对发展成熟的运动模式来说至关重要(Gallahue 1989)。在斯蒂芬森(2002)的研究中,当教师视自己在户外的角色为教师时,她们使用更为直接的策略,如教授具体的"运动"技能;相比在室内,他们教授得更多。在户外空间,教师会很乐意演示一个动作,如运球,但是不会很乐意在室内向儿童展示如何画一个圆圈。因此,技能教学被视为成人在户外角色的重要组成部分。

米勒(Miller 1978)的研究发现,3—5 岁的儿童在接受有组织的运动训练项目时,他们的基本运动模式得到了改善,超过了那些没有接受训练的儿童。埃韦顿(Wetton, 1983)关注的是为什么 4 岁的儿童相比 3 岁的儿童更少使用攀爬梯。她的结论是,4 岁的儿童在发展自己新的技能时没有得到任何帮助或挑战:成人没有帮助儿童获得新的技能。

卡伦(1993)认为学前儿童如果只有一个自由游戏的项目,他们将无法实现身体上的发展目标或者获得技能。但她也对计划中受监督的障碍课程提出了警告,尽管这类课程强调技能提高的需求,但由于儿童花费了大量时间等待,因此也产生了问题。埃韦顿(1998)强调了在一个结构化的游戏环境中进行观察与评估的重要性。她认为有时候即使在一个良好的环境中,儿童可能变为"流浪者"。这些儿童不能进入到这种自由选择的环境类型中。还有一些儿童没有合适的衣服或者鞋子,缺乏必要的交流技能,或者动作技能发展不够成熟,他们也将会被排除在很多活动之外。这也证明有必要进行实际的观察、评估以及教授儿童必要的技能,为他们提供支持,并确保诸如服装等实际事宜不会妨碍他们获得公平的机会。因此,需要在自由选择与干预之间实现平衡(Boorman 1988)。直接讲授是最好的教学方法,是调动、提升以及综合运用技能的最好方式，而间接讲授鼓励探索、发现，以及动作的组合（Gallahue 1989）。

卡伦（1993）指出，教师往往对动作发展的表述很模糊，倾向于泛泛而谈，而不是使用具体的术语。教师需要熟练地对动作技能进行系统评价，以促进儿童的发展。技能与活动应该成为计划的组成部分，教师也需要记下来他们希望每个儿童应该在下一阶段学习和掌握什么样的技能。例如，一些儿童可能不知道当他们接住一个球时需要将他们的手缩进身体里，一些儿童可能准备好扔得高且准确，还有扔给另外一些人；大多数儿童需要被告知，如果从跑动中踢出球，而不是站着不动，那么球会飞得更远。同样，在器械上的运动，儿童需要一些关于如何移动的知识，例如爬上梯子，在没有抓住或者悬挂的情况下保持平衡，以及在单杠下进行移动。埃韦顿（1988）提供了有关游戏的有用资源，可以与教师以及年幼儿童一起做游戏。

同样地，儿童需要学习与他人相处的技能，能够与他人进行交流沟通，这样双方都会觉得他们是成功的。通过想象游戏与搭建，儿童为了一个共同目标而努力，儿童需要完善他们的合作技能。教师需要向儿童指出他们行动的结果，如果他们继续争吵的话，那么塔、隧道或者其他东西将无法修建起来。教师可以给予儿童一些关于合作的建议，如谈论他们所有人预期的最终作品，或者停止一个想象场景，将儿童从特定的角色中移出来，然后讨论在游戏中目前所发生的情况，以及下一步发展方向。儿童可以回归到游戏场景中，希望能够继续取得更多的成功。有时候他们需要留下来自己解决问题，从而巩固学习和发展自身的理解力。

科斯特洛（Costello 2000）认为，思考与行为之间存在着直接的关系，想得好也就做得好。受过教育的成人在一些领域拥有知识与技能，而且对信仰、态度和价值观进行批判性和谨慎的思考，并以合乎道德的适当方式来行事（2000:102）。我们的部分职责是帮助儿童进行思考。随着学校引入公民教育，关于思考能力的争论再次被提出。但是要理解公民身份，个体首先必须能够为自己考虑。帮助儿童进行批判性思考并不意味着教授一套知识体系，而是提供一个环境，让儿童能够辩论问题、评估论点、质疑证据，并形成理论。故事和视频能够成为开启辩论的一种方式，但是同样地，当我们和儿童一起工作和游戏时，我们对事情如何发生、为什么会发生以及为什么以这种特定的方式完成的疑问，将会激发儿童提出疑问的欲望。玛吉·威尔利（Margy Whally）描述了一位教师如何称呼幼儿园的儿童患有"Pen Green 综合征"（1997:171）——让我吃惊的是，这些儿童已经被简单地教会了思考。

与儿童交谈并倾听儿童

回想一下怀特布莱德和凯茨在前一章节的论述,我们需要考虑这些发现对于教育情境中的成人如何与儿童交谈意味着什么。怀特布莱德和凯茨讨论了教师要确保儿童具备良好的学习品质,如坚持、专注力、自信的方法。怀特布莱德还主张建立鼓励儿童保持独立性的教室,使儿童有信心去接受挑战、进行尝试,理解他们拥有选择的机会。这就意味着成人:

- 有时候需要儿童的引导;
- 要肯定儿童的努力,而不是大量给予他们赞扬、奖励和贴纸;
- 鼓励儿童积极主动地学习,而非不断地告诉他们该做什么;
- 需要成为一个好的榜样,表现出对学习的兴趣;
- 应该给予具有帮助性的有用反馈,这样儿童能够考虑他们在做什么,如何进行改进;
- 提出发人深思的问题(见图6.3);
- 鼓励儿童提出问题(见图6.4);
- 确保儿童有时间投入到自己的兴趣、项目和探讨中。

这些方法大多数需要与儿童进行交谈与倾听,我们需要非常谨慎地使用它们。我们一张嘴就可能造成更大的伤害,有时候保持沉默反而会更好。需要记住的是,虽然我们是教师,但并不是所有的话都是"智慧之言"。在利弗休姆项目(Leverhulme Project)中,特德·雷格(Wragg & Brown 2001a,2001b)发现,当教师在讲解过程中提出问题时,儿童会产生最大的困惑。研究发现,一个问题的平均等待时间是3秒。当等待时间增加到10秒时,更多的儿童会做出反应,而且更多的反应是高水平的。这是有道理的——我们中不是所有人都能够进行独立思考,这并不会让我们变得愚蠢,这只是意味着我们需要更多的时间来思考这些想法。研究发现,教师提出的很多问题都是封闭式的,就像凯茨和查德(1989:29)所描述的那样,是"询问的",如"草是什么颜色的""有多少个纽扣""你在做什么"。这种类型询问存在的问题在于,这些都不是我们在户外适合进行交谈的方式。正常的交谈应像一场网球游戏,来来回回地问一些我们不一定知道答案的问题。询问式风格的交流方式可能会让儿童感到害怕与疑惑。如果你知道草是绿色的,然后有人问你,就会存在一种倾向,即认为草可能不是绿色的，否则为什么专家（指教师）会问这样一个愚蠢的问题。所以儿童保持沉默。相反，教师需要采用开放式的对话。随着有效学前教育项目（EPPE）的研究发现以及"持续共享思考"（sustained shared thinking；Sylva et al. 2004）理念的发展，该方式已经被反复提及。这种方法得到以下行为的支持（Siraj-Blatchford 2007）：

- 调整；
- 分享真正的兴趣；
- 尊重儿童自己的决定与选择；
- 邀请儿童进行解释；
- 复述；
- 提供个体的经验；
- 明确想法；
- 等待回复；
- 不要催促儿童。

凯茨和查德（1989）的研究表明，首先，我们对儿童的反应会影响他们的兴趣水平。如果儿童因为做了他们本质上感兴趣的事情而得到奖励，那么这种奖励会降低他们的兴趣。内在兴趣本身就是一种奖励，而获得奖励意味着你得到了某种东西，鼓励你去做自己不一定喜欢的事情。所以我们提供奖励时必须非常谨慎，无论是物质的还是口头的。当儿童正在做自己喜欢的事情时，告诉儿童"做得好"时可能会降低其兴趣度。其次，凯茨和查德提到了一项研究，该研究表明当儿童得到奖励时，他们可以假定奖励不是来自于他们自身，而是来自于他们之外。再次，凯茨和查德发现，在完成了一些事情之后再给予奖励，可能会让他们觉得这是自己不得不做的事情而变得没有那么有吸引力。因此，如果你提供游戏/黄金时间/自由选择等作为教师要求你所做的事情的奖励，例如完成作业或者说出阅读的图书，这可能会在不知不觉中降低了所要求工作的价值。这与教师所要求的完全相反。所以户外游戏永远都不应该被作为完成更重要事情的奖励。

然后我们需要分析反馈的深度。凯茨和查德再次提到了一项研究，该研究表明，当我们提供积极而笼统的反馈时，效率会得到提升，但兴趣度会降低。当这种反馈被撤回时，动机就会下降。这种反馈的深度是一种外因。因此，我们需要对所提供的反馈更加具体化，以激发儿童的内驱力（1989：34）。当我们开口说话的时候，需要深思熟虑；当我们在做事情时，需要考虑我们想要达到的目标是什么。如果我们想让儿童的兴趣延续，那么讨论儿童正在做的事情的某个方面会增加兴趣；或者当提出"我不知道"这类的问题时可能你什么也没有说，但第二天你带了一本关于儿童谈论的事情的书，即使没有任何谈话交流，也已透露出"你真的对这个很感兴趣，我也是这样，这里有一些东西可能会加深你的兴趣"。最后，凯茨和查德讨论了让儿童在几天以及几周时间里，投入"持续性努力和参与"项目（1989:35）的必要性。EPPE项目发展的二十年里，一直在讨论"持续的共享思维"在促进儿童发展的成功之处。

因此，户外游戏不能只是每天20分钟任由孩子来回跑动。成人需要与儿童就共同的兴趣进行充足的对话交流，而不是询问他们。

教师的部署

当室内与户外同时可用时，最好安排一位教师在室内，一位教师在户外。更多的成人会被分派到教师小组所商定的区域。轮班制是灵活的，这样教师能够对儿童的需要做出反应，尽管最初教师被分配到一个特定的区域，但随着需要的变化教师可以在室内与户外的游戏场景之间进行穿行。在一些情况下，游戏错综复杂，若孩子们想要和一位教师进行交流时，就要让这位教师进入室内。如果只有两位教师时，一个在室内，一个在户外，这种交换是可能会发生的。因为儿童经常会在室内与户外进行大量移动，例如，当使用写作设施来制作标志，或者利用可回收的材料来搭建东西，以用在户外的游戏情景中，这样他们就能够在两个区域之间自己来回活动。在一些情况下，教师可以进行简短的谈话，传递关于游戏以及成人如何参与的任何相关信息。

如果这两个区域只有一名教师，比如在学前班，则与主班教师进行讨论，寻求额外的帮助显得非常必要。怀特赫斯特研究了自己对接待儿童的实际做法，得出的结论是，教室外面的内庭院可以让儿童使用，而且不需要成人一直在场。实际上，这将有助于进一步发展儿童的独立性（2001:62）。我们需要学会信任儿童，不要以为每次他们不在我们的视线之内，他们就会受到伤害。问题总是能有解决的方法。克里夫和布朗（Cleave & Brown，1991）的研究强调，一所学校在下午将三个班级的儿童聚集在一起，然后使用其中一个教室以及邻近的户外区域，让儿童同时使用室内与户外区域。两位教师待在户外,一位教师待在室内,当有其他教师帮助时,儿童就能够在学校的操场上使用轮式玩具。

设置与整理

教室就像家庭,需要有安全感。同样,一个家庭要有可用的资源,如剪刀、笔和纸,以及放东西的地方。这是一个班级和户外区域所需要的一切。有时候在家里,我们也为儿童创设游戏和活动,给他们新的体验,并会在班级中也期待这样。但是儿童不需要一个教师设置好的现成环境,否则儿童就没有机会自己思考或者创造。这是贯穿全书的主线,也是重要的指导原则之一。因此,日常环境布置是需要的,但更重要的是创造一个工作室环境,让儿童可以收集与整合资源,并了解到教师实际上也是其中的一种资源。

设置的目的是给儿童想法、提出问题、教授一种特定的技能,通过在资源旁边摆设书籍来提供想法。在幼儿园中拍摄的想象游戏情景中的儿童照片,能够作为儿童的创意库。只要资源旁边有成人在场,可能就会开始一个场景。有时候,儿童将使用这些想法,或者他们会忽视这些想法,而从自己的想法开始。只要当儿童确保能够完全控制环境,那么高质量的学习将会发生。

帮助儿童进入游戏场景或者发展他们游戏的一种方法是讲述故事,这是一种成人可以参与儿童游戏的方式。儿童会使用来自电视上的故事,部分原因在于这些故事是他们熟悉的。教师可以通过事先讲故事以及收集必要的资源来增加儿童的技能。无论是什么故事,资源必须是充足且可用的。我看到一个环境设置的是三个碗、三张凳子和三张床,其余什么都没有了。如果儿童不想玩这个故事,那会发生什么呢?如果我想改编这个故事,加入对月球的探访,会发生什么呢?许多故事都可以利用,例如,在一所学校里,一名教师让整个课程围绕着《兔子共和国》(*Watership Down*)的故事来展开,幼儿园的活动也融入了故事的主题(Meadows and Cashdan 1988),还可以使用诸如《巨大的鳄鱼》(*The Enormous Crocodile*)、《城市老鼠和乡村老鼠》(*The Town Mouse and the Country Mouse*)、《动物远征队》(*The Animals of Farthing Wood*)、《巨大的萝卜》(*The Enormous Turnip*)等故事。一些故事显然需要一段时间才能讲完。苏珊·格雷茨(Suzanne Gretz)的故事很详细,也很复杂,但故事实际上都很短。这些故事或许能表现出各式各样的主题。小说也是高度相关的，许多儿童可能更喜欢听关于河流或建筑的故事，然后成为船长或者设计师。一些儿童会喜欢这种刺激，而另一些儿童则不想遵循这种主题。有些儿童几乎没有游戏的经验，需要有人帮助他们进行游戏，他们会发现这种刺激非常有用。教师的参与应基于儿童的需求。这种方式也可能有利于一些不习惯叙述形式与意义的儿童；故事之外的表演意味着他们可以使用熟悉的对话来解释故事。这将反映出东贝（Dombey 1993）在研究中提到的教师使用的策略——能够在故事时间里使用熟悉的对话方式向儿童介绍故事。

这个空间每天都需要进行整理。有时候随着游戏的进行，这些区域需要清理，否则没有人能够玩这些材料，在学期结束的时候，也需要对其进行彻底清理。但这不是教师的工作，而是一个共同的责任（第二章详细论述了其合理性）。首先，需要有一种关怀和分享的精神，每个人都能够各尽其职。其次，儿童需要知道如何收拾。儿童应被教授如何做才能搬运木板，堆放板条箱、积木和砖块，在贴有标签的手推车里摆放材料，折叠材料等。他们还需要被给予时间变得更加熟练。一旦这个系统建立起来，年龄大一点的儿童会支持和帮助年龄小一点的儿童。有人认为，这是浪费教师和儿童的时间，这是完全错误的。我们并不是儿童的奴隶。通过整理，儿童学会尊重对方，在学校环境里进行合作，承担责任（"现在这里需要整理"），对形状与大小进行匹配，去解决问题，阅读标识与标签，提前思考（"如果我做这些，这将会发生，所以我最好停止"）。最初，要确保整理工作顺利进行需要教师付出更多的努力，但是一旦到位，就会比为儿童做这件事更加容易，也更加有用。这就是第二章所描述的儿童日的工作内容。

儿童也可以参与日常的以及季节性的清理工作。例如，儿童喜欢清扫落叶并从中学习。实际上，挥动扫帚是很困难的——个体必须学会同时注意扫帚的末端以及杆子的末端，这样做就不会撞到任何人。打扫的动作能让手臂肌肉得到锻炼。儿童需要一起工作，通过合作把树叶聚拢成堆，装进袋子里，放到堆肥堆上。儿童会为自己所取得的成就而感到自豪。最近，我很惊奇地看到一位家长在幼儿园的花园里扫地和除草——这对儿童来说是多么好的锻炼机会啊！清理、清洁、打扫、除草、分拣和丢弃，能促进儿童的社会性和情感发展。通过这种方式，儿童获得一种归属感和自豪感，然后他们就会热衷于保护环境。

父母

　　父母需要了解在儿童早期时所做事情的目的与益处。这与户外游戏非常相关，但对很多人来说是相当陌生的。教师需要家长支持他们所做的事情，因此他们有责任揭示其相关性。玛格丽特·麦克米伦认为，如果家长能够在旁边看着自己的孩子游戏，教师可以对游戏进行解释，那么家长就能了解其中的原委。与父母谈论工作计划与安排，举行常规的家长见面会，关注工作的多个方面，鼓励父母参与进来，或者更好的是，在某个地方父母可以参观并且不会被看到，所有这些都有助于让父母了解早期教育的重要性。哈特尔普尔的一所学校邀请了一群家长作为项目的主要参与者，为幼儿园制作视频。家长课程等活动的困难之处在于，不确定家长是否情愿参与。但是这个项目通过邀请家长实际从事制作视频的工作，并没有凌驾于任何人之上，家长的自尊以及对于学前课程的理解得到了提升。他们觉得应更多地参与到自己孩子的教育中。通过参与这个项目，家长清楚地感受到他们对自己孩子的教育拥有了所有权（Robson & Hunt 1999）。

　　教师必须确保他们与所有家长建立了关系，即使是那些似乎不想要这种关系的父母。这种伙伴关系的一部分是建立在常规的基础上，教师向每位家长传达他们孩子的成就。巴塞洛缪（Bartholomew）谈论到父母是"观察中的合作者"，父母与教师之间的分享在支持儿童的学习方面发挥着核心作用（1996:54）。与父母一起谈论儿童已经做过的事情，他们喜欢并从中学习，这不仅有助于提升父母与儿童的自尊，而且能更生动地传达幼儿园的工作，以及以某种特定方式工作的原因。这些都必须系统地完成，以确保能在一到两周的时间内与每位家长进行交谈。如果你只与那些亲近你的父母进行交谈，那么你就不会与所有的父母建立关系。教师发现有些父母相比其他人更容易交谈，有些父母更容易相处，也比其他人更加自信。就像有些儿童占据了教师更多的时间，而有些儿童逐渐"消失"在人群中一样，其实父母也是这样的。但所有人都有权利为自己的孩子庆祝。教师可以这样评论以便与父母进行交流："达伦（Darren）今天画了一幅很棒的画，你看到了吗？"你可以评论一下这幅画为什么很好，然后讨论一下儿童注意力的集中程度，图画的一些细节，对色彩混合和搭配的考虑。紧接着可以是关于儿童在户外游戏的评论："伊琳（Erin）在扮演一个邮政员，她今天在户外工作真的很努力。"这里可能涉及两个儿童之间的讨论，他们是如何合作的，他们是如何一起解决问题的，他们在一起玩了多长时间。通过这种方式，家长会发现孩子们通过游戏学会了合作与协商，明白了户外游戏的目的是学习与理解。这并不一定要用"教育语言"来形容，但是必须是积极的。对儿童的工作和游戏进行评论，可以鼓励儿童及其学习方式。然后，父母就会满怀信心地谈论自己的孩子，讨论他们的需求与关注点。拥有一个稳定的关系意味着父母将会愿意分享关于孩子的信息，分享他们自己以及家庭的信息。这些都可以帮助教师清楚地了解儿童的所有情况。

儿童工作和游戏的照片可以支持教师与父母进行讨论，也可以成为讨论的焦点。这些照片可以作为书面信息以及儿童说了什么的抄写本一起展示，供父母与教师在闲暇时查看。这种方法被位于意大利的艾米里亚瑞吉欧（Emilio Reggio）学校采用。位于伯克郡的一所学校不间断地拍摄儿童与教师工作时的照片，供父母观看，同时也会上传到学校网站上。儿童可以获取这些照片，在工作中使用这些照片，关注自己将会做些什么，以及他们已经做了什么等。就像他们所述，一幅图可以描述千言万语。图书可以支持口头讨论，并提供图片记录。一个放有图书与杂志的书架，供教师借阅，对任何早期课程都是有益的补充。对游戏来说也是如此，就像克里斯汀·麦金太尔（Christine Macintyre）的《通过游戏提高学习》（*Enhancing Learning through Play,* 2001）书中所说的一样。

支持性的学习环境，并非只是健康与安全

有关健康与安全的讨论，更多细节请见第一章，尤其是图1.4。

无论是在室内还是户外，教师必须考虑安全的问题。户外活动必须更加仔细考虑，因为儿童更活跃，也会移动设备。最近，户外区域的安全主要集中在拥有安全表面的需求上。但学校的安全远不止如此。这是指确保设备与资源不是危险的，教师与儿童不会有危险的行为。成人在设计、安装、维护以及监督方面负有责任。儿童需要在成人身上看到好的榜样，并与他们一起学习关于安全的知识。我们需要做的不是组织儿童做事情，而是观察我们如何支持他们。第一章讨论了通过运动进行学习：儿童需要为自己做事情。例如，一些教师会认为楼梯很危险，如果把一个年幼儿童单独留在那里，这些楼梯是危险的。但是儿童需要学习使用楼梯，练习上下楼梯。让一位18个月大的儿童练习和成人一起上下楼梯，总比不让他们靠近好得多。有时候户外有楼梯，教师会变得很焦虑，然后花费所有时间告诉儿童赶快从楼梯上下来。最好让儿童

与一个成人一起站在台阶上，这样他们就会习惯。成人可能会牵着儿童的手，让他们上下走动，坐在台阶上，保持亲密与警惕。这是一项持续的日常责任。许多安全问题都与常识有关。然而，关于引起事故的原因是值得研究的。艾弗里（Avery）和杰克逊（1993）发现，大多数事故会发生在不同年龄段的儿童在一起时，或当儿童尝试做一些超出能力范围的事情时，还有当设备维护出现故障时。最常见的事故发生在秋千、滑梯以及攀爬架上。缇娜·布鲁斯（1987 & 2005）认为，不经常使用的设备可能会导致事故。举个例子，如果攀爬架每周只使用一次的话，儿童可能会不顾一切地使用它，他们也可能做一些平常不怎么会做的事情，如推搡别人、爬得太快，在移动之前没有考虑好，然后事故就会发生。

教师需要每天检查，确保设备是安全的，没有碎片、没有损坏。金属类设备需要在下雨后擦拭，因为设备在湿的时候会很滑。设备也可能会变得很热，所以需要遮盖起来，若有儿童使用再打开。在安置设备时，教师需要检查设备已经被正确地安装，确保设备是安全的。当在对设备的安全性进行评估时，重要的是调整到儿童的高度，观察在他们的高度时是否安全，确保没有危险的部位，尤其是儿童头部高度的位置。当教师与儿童一起工作与游戏时，最重要的是注意安全性，检查儿童的行为是否安全。通过这种方式，教师可以预见问题并避免其发生。教师需要留意一些儿童，这些儿童或许还理解不了所处环境的潜在危险，不熟悉设备或不适应幼儿园阶段的活动自由。

教授儿童安全使用设备将大大有助于减少事故发生（Avery & Jackson 1993），这是确保安全的另一个常识性策略。儿童需要具备安全意识，他们可以在课堂上被问及与安全有关的问题，并进行讨论。当他们在使用设备时，儿童需要知道他们应该只做自己觉得安全的事情。当儿童感觉到不确定的时候，他们将会摇晃、跌倒并伤到自己。因此，教师会给自己设置挑战，儿童也会给自己设置挑战，但他们需要被告知只有在自己感到安全的情况下，才能去实施。儿童将能够知道他们在什么时候达到那个点。

关于事故的研究发现，当不同年龄的儿童在一起，事故就更可能会发生。因此，儿童需要知道一些人能够做到一些事情，并不意味着自己必须要进行尝试。更自信的儿童必须意识到周围有那些不够自信的儿童，所以教师必须向所有儿童讲清楚原则，不要在任何器械上（尤其是在攀爬器械上）推拉。他们还需要被告知，车辆不能放在攀爬架下；在攀爬时，不能穿有跟的鞋或者松垮的鞋，也不能穿长衣服。如果花园里的一些拐弯处是看不见的，那么儿童需要知道将其拓宽，或者教师可能需要放置一个障碍物，这样儿童就会绕着走。

必须使用一些适合儿童的设备。橡胶轮胎很沉，滚动起来时很容易将一个两岁大的儿童撞倒。因此，如果他们需要去滚动轮胎，那么只有年龄大一点的儿童才能使用。教师可以用一个铁环来替代，达到滚动的目的。牛奶箱在用作卡车时非常有用，其也可以用作建造房屋与建筑物，或者用来堵塞一个区域。这些箱子爬上去并不安全，但是如果把一块木头附着在朝下的表面，然后再翻过来，可以变成水平垫脚石。父母也需要参与进来，确保儿童穿的鞋子与衣服能够让他们活动自如。教师能够证明自身工作的有用之处，父母也更能够看到要求的合理性，如让儿童穿上能够攀爬、跳跃以及跑步的鞋子。如果儿童没有安全的鞋子，拿出一双备用鞋总是很方便的。

学校确实需要对其室内以及户外设施的安全性进行评估。这称为风险性评估，主要关注材料的安全性。这不仅包括设备是否安全，而且还包括位置摆放是否安全。把设备放在靠近门口的地方会造成真正的安全隐患，同样杂乱的空间摆放也会带来安全问题。因此，在进行风险评估的时候，必须考察一切因素：资源、设备、空间容量、设备位置与使用。教师编写的安全文件向其他来访的教师与父母说清楚安全问题，其应定期重新评估与更新。

艾斯本森（1987）认为，当购买室内设备时，教师应该掌握良好的儿童发展知识与人体测量数据，只购买适合于该年龄段和身高的设备。销售设备的公司需要被告知具体的需求是什么，而不是依据他们的要求进行购买。教师必须为他们所购买的设备负责，确保是适合特定年龄段儿童的。如果我们购买了不适合儿童年龄的设备，那么也不能推责给制造商。如果一家公司不能定制设备，那就去另一家可以定制设备的公司。设备必须坚固耐用，足以承受许多儿童的使用以及天气的影响。木材是首选的材料，其次是木材与金属组合，最后是金属。大多数木制材料很昂贵，如由社区玩具公司（Community Playthings）所制造的那种经久耐用的设备。因此从长远来看，购买更昂贵、制作精良的产品，其性价比会更高。

最严重的伤害是从高处掉下来，撞到头。教师可以铺设防震表面，以确保如果儿童掉落后不会受到永久性的伤害。需要明确的是，安全表面并不能保证任何人完全的安全，儿童仍然可能会弄折自己的胳膊。安全表面会相对更加安全，但仅此而已。有证据表明，安全表面可能会给儿童与成人带来一种虚假的安全感。人们的行为表现会更加鲁莽，因为觉得自己是安全的；这就是所谓的风险补偿。所以令人担忧的是，提高了安全性实际上会导致事故的出现（Ball 2004）。吉尔（2007）描绘了德国城市弗莱堡利用可移动的设备，诸如原木、卵石、植物、沙子以及自然土地特征，用以布置公共的操场。幼儿园的副园长评论道，在更加自然的游戏空间里，儿童一般会很小心，事故的数量也不会增加。

重要的是考虑所谓的临界坠落高度。最大的安全表面将采用2.5米高的临界坠落高度，换句话说，如果儿童从这个高度掉落到最大安全表面，他们将不会承受永久性的头部损伤。欧洲标准规定需要在攀爬装置上配有安全表面，而且只适用于固定设备。可移动设备如A型架、木板、梯子、板条箱等，不需要有安全表面。这种类型的设备可以被放置于任何地方。沃尔什（1991）建议，固定结构的高度不应超过1.5米，平台的高度不应超过1.3米。

教师需要考虑空间的安全问题（见第八章）。图8.1详细列出了澳大利亚昆士兰户外游戏空间的最佳规模。英格兰还没有这样的指导标准，但是亟须建立。"大量儿童不仅需要更大的面积，而且他们似乎还需要很大比例的开放空间。"（Kritchensky et al. 1977）因此，每个环境都需要决定适合这个空间的最佳儿童数量，并且不能在空间里放置太多的器材。

虽然安全在很大程度上是常识性问题，教师团队必须意识到责任，需要进行彻底的风险评估，以便他们能够明确地指出安全问题得到了解决。最重要的是教师的态度。在一些幼儿园中，可以看到儿童的躁狂与放松行为，这是由于他们没有足够的事情可以做、感到无聊，教师没有将他们的游戏纳入进来或者把想法付诸实施。在这种氛围里会发生很多事故。在一个资源充足、管理良好、儿童受到良好照顾的环境里，儿童与教师一起工作，很少会发生事故。随着时间的推移，教师确实需要保持一双警惕的眼睛，观察、监督和预测问题，知道谁可能需要帮助，但同时给予儿童一定程度的隐私。

对实践的分析

有时候，系统地反思你的实践是有帮助的，以检查你认为正在发生的事情是否是真实的情况。戴维斯（1991）认为，"计划的时间"并不总是与"实际的时间"相匹配。在一周的时间里，对每位教师来说，拿起笔记本记下他们在哪些领域工作，工作多长时间是相对容易的。通过这种方式，很明显地知道一些教室区域和户外空间是否受到了成人过多的干预，其他区域是否得到了较少的干预。这种情形很容易纠正，邓恩和班尼特（1990）在研究中制作的观察时间表，阐明了教师的需求，还有需求的数量状况。这类时间表可以在户外环境中应用，以审视教师的时间是否得到了最好利用。图 7.8 可以用来分析谁在哪里工作、工作多长时间，以及哪些成人在工作。教师可以把所有的经验列在左边的一栏里，然后每隔 5 分钟进行观察，看看谁在哪里工作；把儿童的首字母写在与经验有关的格子里。教师也可以完成这些工作。在几周内完成观察越多，那么发现的结果就越好。通过这种方式，你可以发现：

- 谁走动了很多；
- 谁维持某种活动很长一段时间；
- 谁与教师一起工作；
- 哪些经验没有涉及过。

活动	5 分钟	5 分钟	5 分钟	5 分钟	5 分钟	5 分钟

图 7.8　关于参与度的分析

一旦收集到这些信息，就需要对其进行分析。如果两岁的儿童不停地移动，我会很高兴，但是如果是五岁的儿童，我就会很担忧。如果儿童在某项活动上停留了太长的时间，我就想要检查他们学习和取得了多少成就，确认他们是否错过了课程的某些方面。如果是这种情况，而且他们学习得很少，我将帮助他们把注意力和精力转移到其他的经验上，或者将这些经验带到他们的舒适区。如果没有儿童投入某个经验/活动，我想要知道为什么。如果教师不再体验某种特定的经验，我会对此提出质疑，因为儿童不可能拥有一种教师从来没有体验过的经验。这种案例通常出现在玩沙、玩水时和图书角。因此，通过这种简单的方式，个体可以了解到很多关于环境中正在发生的事，然后采取行动来改善。

我们可以设计一个类似的表格来分析户外游戏，观察儿童与同伴、教师与儿童之间的互动。互动的兴趣点可能包括教师参与游戏的需求，解决资源争抢的需求，发现资源的需求或者常规性的需求如上厕所或者穿外套（见图7.9）。这些需求可以在20分钟内被记录下来。例如，很多需求可能与自行车纠纷有关，而这些争端会占用教师大量的时间。教师必须分析发生这种现象的原因。教师需要研究第二章中所提出的组织与管理问题，考虑资源的数量，是否存在着一种高地位与低地位玩具的班级文化，或者儿童是否不能进行商讨。一旦有了一些解释后，就能发现解决方法。教师可能需要进一步分析谁提出了特别的需求，或许这些需求都是关于儿童想要教师和他们一起游戏。也许很有必要审核一下，看看是否只有某些儿童要求这么做，而其他儿童没有这种需求。这可能是组织上的问题，或者可能是一些更微妙的问题，涉及班级内的期望，儿童不被期望是自主的和思考自己的想法。他们只是简单地获得设备，不需要教师的过多投入。通过改变户外区域所提供的设备，与儿童开展更密切的合作，可以减少这些需求，这样教师可以更好地利用宝贵的时间。

需求的类型	20分钟内的需求数量
游戏	
分歧	
寻找资源	
解决问题	
常规——如上厕所	
交谈	

图7.9　需求计划表

另一种可用的记录方式是有效早期学习（Effective Early Learning，简称EEL）提出的"投入"的三大类型，这是用来分析教师与儿童互动的实践，具体包括：

- 对儿童的敏感性；
- 提供给儿童的刺激；
- 给儿童一些自主学习的权利。

上述维度是成人可能与儿童进行的三种交流方式（Pascal et al. 1997）。他们发现，教师能够对儿童做出敏感的反应，但在其他两类的参与中呈现出不足。教师在参与 EEL 项目后，表现出更大的敏感性，并能提供刺激以及自主性。研究人员对儿童的"参与度"水平，包括儿童的创造力、毅力、精力、精确性以及注意力进行测量，从低水平到高水平的参与共分为五个水平层次，用这些维度来观察个体的实践，看看教师如何回应儿童。观察成人与儿童的方法都是基于比利时鲁汶大学费雷·拉维斯（Ferre Laevers）教授的研究成果。

讨论

成人的行为方式会影响儿童及其学习。教师需要加入儿童的游戏以及其他活动中。有时候成人可能需要支持游戏中沉默的儿童，有时候他们可能需要帮助儿童使用协商的方式来解决问题，有时候他们可能需要挑战陈规性游戏。成人仅仅出现在活动中，就足以提升其地位，提升参与活动的儿童的自尊。教师需要对所有的儿童都保持敏感关注，而不仅仅是回应那些提出要求的儿童。教师需要意识到他们的环境中有男孩和女孩，以及他们各自的需求分别是什么。对教师工作的分析有助于确保整个环境以对所有儿童最好的方式来发挥作用。儿童需要在一个安全的，但不是没有危险的环境中。成人需要认识到，一个人永远不可能拥有一个完全安全的空间，就像个体"永远不能过一个完全安全的生活"（Walsh 1991:34）。

问题

1. 你是否同样关注安静的、被动的、以家庭为主题的游戏呢？这些游戏会占据许多年幼女孩的大量时间。你是否担心过度的久坐不动活动会影响儿童的身体发育呢？（Holland 2003）

2. 以图 7.8 和图 7.9 为例，利用这些表格在环境中做详细的观察，你从中发现了什么？什么方面可以得到改进？如何改进？

3. 在清单中列出环境中所有的整理活动，使用对儿童友好的词汇与图片，并决定哪些儿童最适合做哪些工作，让年龄大点的儿童做更复杂的工作。在一周或两周的课程内,确保所有的儿童能理解如何搬运、整理、清洗各种设备。和儿童谈谈你希望每个人能帮忙收拾房间,并讨论所有人参与帮忙的公平性,然后开始行动。一开始就做好应对混乱的准备。如果整个班级的儿童都很年幼,仍然可以开始教授"帮忙"的观点,即使是让他们将一块砖搬入盒子里。

4. 回顾第二章的内容,莫伊尔斯认为有些东西需要被明确地教授,有些东西可以让儿童试验。教师一起合作列出需要教授的技能。这些技能可能包括切割、粘贴、木工活、打球与击球技能。即使是非常具体的事情都需要被教授,例如,如果儿童是左撇子,那么得把纸向左偏斜。

5. 什么能被定义为是安全的呢?这种安全对儿童以及他们的游戏产生了什么影响?(Walsh 1991:34)

第三部分

做出改变

一个成功的户外操场可能看似很简单、自然，实际上充满各种微妙的学习机会和感官体验。它会建议但不规定固定用法，而是允许儿童灵活地以自己的节奏和方式来试验各种各样的事物和想法。

（Walsh 1991:9）

第八章 打造户外空间的供给

概要

教育从来不是一成不变的。我们每时每刻都在回顾和反思，都在尝试改进我们所做的事情。因此，本章主要是谈一谈如何打造户外空间的供给，不论你处于刚刚开始构想新的幼儿园这个阶段，还是想对已有的户外场地进行升级，都可以参考本章相关内容。

场地大小与布局

教室与花园无论大小，都会有各自的利弊。在一个较小的户外空间，儿童很容易干扰到彼此，球类活动无法开展，而跑跳活动则很难维持秩序。空间的匮乏同样会影响儿童的行为。贝茨（1996）的研究系统性地对一组儿童进行了为期三个月的观察，发现儿童的行为的确会随着操场里儿童人数的增加或空间的减少而发生改变。拥挤的场地引发了更多的威胁性行为。赫特（1972）在30年前通过一项对3到8岁儿童在不同人数的小组中游戏的研究也得出了同样的结论。人数越多，对于他人或器具的威胁性行为就越严重。因此，我们不仅要建造一个可用的游戏空间，也要保证该空间足够宽阔。而在一个过大的花园中，儿童会感到迷失，教师会花很多时间来寻找每一个人，而不是参与到游戏中来。最理想的情况是，所有的户外空间的大小都是合适的，儿童能在其中自由活动，不必担心撞到他人，并且户外空间足够容纳一系列的活动，但也不是太过于分散。沃尔什分析了澳大利亚的相关规定，这些规定对幼儿园户外活动空间的大小进行了具体的描述（见图8.1）。遗憾的是，我们的政府并没有足够重视。在基础阶段（Foundation Stage）的介绍中，新的户外场地正在被建造起来，而许多学校在规划中投入了不少的时间和努力。当学校在建筑师和施工方面前没有话语权时，这

> 容纳 75 名儿童的幼儿园：每位儿童约有 15 平方米
> 容纳 40 名儿童的幼儿园：每位儿童约有 20 平方米
> 容纳 25 名儿童的幼儿园：每位儿童约有 25 平方米
>
> 每位儿童最少有 9.3 平方米
> 走廊或过渡区域：宽度最少为 4 米，每位儿童有 2.5 平方米，或占总面积的 10% 左右

图 8.1　户外空间和走廊的大小
资料来源：ECA[①] 2004

就会给教师和儿童带来许多不必要的麻烦。

户外区域的布局需要紧凑，有时仅仅是作为墙体的延伸就足够了；并应像澳大利亚政策中提到的一样（ECA 2004），不是长而狭窄的。如果花园是围绕着教学楼而修建的，教师就会感到必须时时看管着儿童而不是参与到游戏中去。如果户外场地是分散的，或是围绕着教学楼的，教师需要信任儿童并允许他们偶尔离开自己的视线。

小型空间

室外游戏区域可能非常小，但是当与室内区域结合起来看时，也可以变成合理大小的空间。在比尔顿（1993）的研究中，26 名儿童一起游戏的困难可以通过第四章所提到的关于户外游戏原则来克服，那就是将室内和户外看作一个整体的环境并且两者都应向儿童开放。这样，如果将室内外空间结合起来，就可以使户外空间更加实用并易于管理。所有儿童想要同时到户外活动的概率并不是很大，但当需要时他们可以从一个活动转移到另一个活动，从室内转移到户外。在一个户外空间较小的幼儿园，当教师将户外和室内结合考虑时，其中一个区域挤满了儿童的情况将很罕见。如果户外空间确实达到饱和，儿童则需要被要求等会儿再过来玩。当被告知最多可以容纳 4 名儿童同时玩水盘时，儿童通常都会接受，所以他们也可以接受"花园里只容纳 × 个儿童"的要求。当然，这显然不是一个最理想的情况。

---

① 译者注：ECA, Early Childhood Australia, 澳大利亚幼儿教育协会。

那么，对那些空间狭小到不可能同时平衡各种活动的户外空间来说怎么办呢？从因空间有限教师无法同时提供所有活动的前提出发，这就意味着空间限制了课程。从儿童的需求开始，然后确定如何最好地为他们提供服务将确保是教师而不是空间在主导课程内容。如果你想提供一个全面的课程，那么即使有限制，你也应提供相应的活动。许多幼儿园没有礼堂，然而，这并不意味着音乐和体育活动会被舍弃掉；相反，这样的情况下也可以提供此类活动的办法，即分配不同时间或空间来开展相关活动，或者把一些家具和设施在活动时移开，并在结束时放回来。

年幼儿童身体活跃，尽管教室和户外区域较小，儿童仍有需要进行锻炼。为了最大化利用空间，室内和户外多余的家具可能需要移除。当年龄较大儿童不再需要锻炼精细动作时，可以把小学操场利用起来。所有的儿童可能必须进入该区域并一起练习，这也许不是最好的方法，但它可能是唯一可行的选择。

如果想象游戏被认为是必不可少的，那么可以将户外区域专门用作想象游戏，而其他活动（如锻炼粗大动作的活动）则可以规划在每天的室内活动中，形成类似于分时段的体育课程。或者说，小学操场可以被用作进行一些激烈的活动，一位教师在室内，一位教师与儿童在户外，一位教师在小学操场。脚踏车放在小型户外游戏区可能会造成问题，因此最好放弃它们。一定程度上，脚踏车骑行所涉及的技能可以通过跑动和攀爬游戏来满足，也可以通过在花园里放一辆儿童可以一起使用的卡车来鼓励团体游戏而不是单人游戏。如果自行车被视为一项必不可少的经验，教师可以在单独的时间里或在小学操场上提供。园艺工作可能需要轮流组织，让儿童分组工作。如果没有花园，花坛、花盆或箱子都可以用来播种与种植。

大型空间

当户外空间很大时，就需要仔细考虑儿童和教师将如何在其中活动，例如瑟尔瓦等人（1980）以及史密斯和康诺利（1981）的研究发现，儿童比较难适应大型开放空间和较大的群体。尼尔（1982）发现，在大型开放空间中，成人比较倾向于对所有活动进行监督，而不是参与到不同的活动中与儿童互动。班尼特等人（1997）研究中的教师都强调了这一点，太大的场地很难管理。

幼儿园一般都有较大的户外空间，这个场地会被多个班级共同使用。这种情况下，将区域划分开是十分有必要的，以便每个班级都有一个指定的空间来作为其教室的延伸，而其余的空间则对所有的儿童开放。这种布局通常见于第二次世界大战之前或期间建立的幼儿园中。它们都有与教室紧紧相连的户外空间，不仅有走廊，班级之间还有隔墙。通过这种方式，儿童可以在他们的特定班级和户外空间进出，然后使用整个空间。这样，儿童可以在他们的本班教室区域获得安全感，但也有机会走出去与更多人互动。

完全开放的大型场地的一个问题是，这会使户外游戏空间变得类似于婴儿/儿童的游乐场（infant/junior playground）。儿童会在如此大的空间里感到迷茫，而他们的游戏可能会变得有点疯狂和不够高级。从教师的角度来看，不仅评价儿童的工作会很吃力，与儿童进行游戏、对他们开展教育也变得很困难。一间有 60 或 80 名儿童的教室非常罕见，因为儿童在较小的群组中才能感到安全。即使在一个开放的适用于大组活动的场地，儿童通常有一个他们自己的"大本营"，一个较小的、熟悉的、并只属于他们自己的区域。

户外环境也是一样。将大型空间分割为小块区域并为儿童设立一些"大本营"也许更为理想。最好是将整个户外按班级划分，并在每个班级的区域配备活动与器材。当然这可能受到成本的限制。如果学校已有一个大型的、可供所有班级的儿童使用的户外空间，教师就需要非常细心地观察儿童，并与同事紧密合作与交流。

固定的设施

越来越多的幼儿园购买了类似于公园游乐场里的大型游乐设施。在某种程度上，许多对户外游戏不熟悉的教师会认为这样可以使户外活动更丰富。它通常被认为是一种很好的发动家长筹款的方案。而在教室里则很难找到这样的大型设施。这些设施在公园中非常受欢迎，但是其对年幼儿童的发展是否有很大作用是值得商榷的。布朗和伯格（Brown & Burger 1984）的研究发现，那些拥有最多固定设施并看起来赏心悦目的操场实际上所激发的儿童游戏行为是最少的。固定设施的缺点在于儿童在其中只能进行有限的活动并且他们不能自由改变游戏的方式，而最能激发儿童游戏的操场是那些配有可使儿童自由操纵的设施的操场。高质量的操场一般都拥有灵活并有关联的设施，可以改动、操纵或组合，以激发不同的体验（Johnson et al. 1987）。

布拉奇福德（1989）在研究小学的操场后认为"现代"的户外设施对于促进儿童的发展几乎无能为力，甚至可能比"传统"设备做得更少。沃尔什（1993）的一项调查关注澳大利亚的户外活动，并与美国的相关研究进行比对，该研究发现，固定的操场设备对年幼儿童来说几乎没有用处。她指出，研究表明儿童更喜欢创造性的户外操场，比起固定设施，他们更倾向于以行动为导向的设施，这些灵活的设施可以适应儿童多种多样的游戏模式。该研究指出，固定设施的使用时间较短，而且复杂程度较低。弗罗斯特和坎贝尔（1985）发现，低龄儿童更喜欢可移动的、复杂的、能提供许多选择和使用方式的设施。这是因为儿童可以自主改变而不是去适应这些固定设施。设计精美、价格昂贵的攀爬设施延伸了设计师的想象力，但对于延伸儿童的能力几乎没有什么作用。有时太精巧、太完美的东西反而会限制儿童的游戏。积木也许看起来并不完美和复杂，但它们使用的可能性是无穷的。所以设备应是简单、自然、无限制、可解释、可移动和适应性强的（Miller 1972）。

巴布尔（Barbour 1999）对德克萨斯州的两个学校提供给儿童在休息时使用的操场进行了研究。一个操场被描述为传统的，并有锯子、丛林健身房、滑梯这样的器材，且所有的设施都只与锻炼有关。另一个操场有更多种类的设备，包括通道、桥、环、宽平台、方向盘、高架梯等有游戏结构的设备以及各种零散的设施，如积木、木板、塑料线轴、工具、椅子、集装箱和沙坑、游戏屋、花园区。这个操场上的设施是为多个儿童设计的。研究者比较了不同运动能力的儿童在其中的活动后得出结论：单一注重体育锻炼的操场容易将儿童隔离开来，并妨碍他们进行一些社交活动。拥有固定设备的传统操场鼓励竞争性游戏而不是合作游戏。她认为，支持多种游戏类型的操场有助于"促进所有儿童的社会参与，不论其运动能力如何"（Barbour 1999：95）。这项研究发现，操场所配备的设施会影响儿童的社会性发展，进而影响其人格和情感的发展。虽然这是显而易见的，但如果我们想让儿童投入合作活动中，我们需要为他们提供有助于交流合作的设施，而不仅仅是一些让一部分儿童可以自信使用的设施。她进一步讨论道，专注体育技能的操场会自动将能熟练使用这些技能的儿童列为较高地位的成员，而使那些不能做到这一点的儿童获得较低的地位。虽然这项研究关注的是小学操场，但这些研究结果因涉及固定或可移动设施的讨论，也可供幼儿园阶段借鉴。

年幼儿童使用的固定设备，需要有零散的部分，儿童可以自己组装，从而改变设施的结构（Walsh 1993，Pellegrini 1991）。老式的、小型的、非永久固定式攀爬架具有这样的特征。复杂性是维持儿童兴趣、喜爱和发展的关键，并且需要被纳入游戏的规则中（Frost 1986）。让儿童灵活地组合木板、梯子和其他器材来制造宇宙飞船、船屋、建筑工地等。但有时这是很难实现的，因为固定游戏结构上的横条太宽，必须自制木板和梯子。同样，一些游戏屋外表精美，但内部通常很狭小而且非常昂贵。这些固定房屋的使用感会很差，因为提供的资源很少。就像任何角色扮演区一样，儿童需要良好的材料和专注力来进行游戏。因此，游戏屋可能是一个童话般的城堡、一个家庭、一个花店、一个火车站候车室，所有必要的材料与特定的环境都是相关的。例如花店有鲜花、大花瓶、纸、胶带、放钱的抽屉、钱、丝带和剪刀。然后这个游戏可以延伸到户外和室内的其他地方。自行车前栏上可以安装篮子或盒子，用来送花。如果教师对某个区域表现出兴趣，并在此表现出创造力，儿童会模仿。如果游戏屋仅仅有一张桌子、一张椅子和一张破床，它其实是在告诉儿童"我不在乎这个设施，那么你也不必在乎"。即使是沙坑和水坑也需要有零散且具有灵活性的部分，而不是全由教师布置。沃尔什（1991）在书中提到了一个多功能水上游戏的绝佳例子，其中包括一个水道，水可以被拦截，或建一座桥。修建一个水道比一些固定的攀爬架更加有意义。

教师可能觉得有必要将一些固定的设施放进规划中，然后据此来安排活动。这样一来，就成了设施在控制课程。相反，列出不同"学习港湾"或学习领域，然后再决定如何将这些永久性设施纳入各个港湾和区域会更有效。然而，如果他们占用太多宝贵的空间，就有必要舍弃这些物品。

布拉奇福德（1989）提醒业界在购买固定设施时需谨慎。他认为购买昂贵的户外设备往往不是基于明确的研究。相反，它更有可能是一个突发奇想，并寄希望于儿童会喜欢它。对于班级或学校来说，它不仅昂贵，而且还占据户外区域的主要部分。年幼儿童需要空间，而固定的、庞大的游戏结构则严重占用了宝贵的空间。唯一使用得很好的固定设备是"猴子架"。一所同时拥有攀爬架和"猴子架"的学校发现，相比于前者，后者在使用多年后仍然可用。另一所学校发现，儿童最初热衷于使用新安装的攀爬架，但两年后，就对这个昂贵的物品失去了兴趣。购买固定设备需要从儿童学习的角度来考虑，而不是作为一个向家长筹集募款的理由或者一个向别人炫耀的资本。

斜坡

在基础阶段中，多功能户外区域的标准增加了斜坡一项。陡峭的草坡可以用来将自己或物体滑上滑下。它的形态有助于鼓励合作游戏，例如儿童合力将卡车推上山坡。它是安全的，并可以让儿童在不影响安全的情况下寻找有意义的挑战机会。爬上处于陡峭的斜坡顶部和在攀爬架顶端一样会使儿童感到非常刺激。绳索可以牢固地固定在顶部的地面上，以帮助上下移动。这样一来，这就是一项有意义的投资。

天气

在户外，最不可预测的无疑是天气。然而，在布局时，考虑可能的天气情况，包括下雨、晴天、刮风、极热和极冷的天气，是很重要的。显然，对于极热和极冷的天气，儿童可以通过增减衣物来调节。但户外空间也需要树木来遮风挡雨。在设计新课程或调整旧课程时，我们有必要考虑校园的哪一部分最受风、日照和寒流的影响。持续的强风、常年的阴暗，会影响游戏开展，不利于学习。户外区域可以通过建筑物和树木来遮蔽强风。尽管一个朝南的场地十分理想，但是仍需要良好的遮阳条件，否则会太热。法兰克福的幼儿园通常是修建在朝南的地段，但同时也设立了遮阳的设施（Bergard 1995）。一个既有阳光也有荫蔽的户外区域是最理想的。地面也需要时常检查以了解排水情况，一个常年积水的场地再漂亮也是没有意义的。

天气同样也会影响室内活动。教室需要确保通风，空气新鲜，而且温度适宜。第一章详细介绍了缺氧和过热的教室是如何影响儿童的学习的。所以门窗需要每天打开，虽不必一直保持打开状态，但可以根据需要打开和关闭。通往外部区域的门可能需要持续打开。遇到寒冷的天气这可能是个问题，因为它会使房间太冷。我们可以考虑购买一个类似超市冷冻柜中看到的透明塑料门，既能使教室保持温暖，又可使儿童看到进门处是否有人以避免撞到彼此。

被覆盖的区域

理想的户外空间，应有一个走廊/覆盖通道/过渡平台，这样无论天气如何，儿童都可以在户外活动。幼儿园教育的先驱们认为走廊是幼儿园的重要组成部分。多年前建造的许多托儿所也有滑动门，这样幼儿园的一侧就可以完全打开。在澳大利亚，教室配有一个走廊是常态,"与许多澳大利亚幼儿园建筑一样,室内和户外之间没有明确的区别。滑动门创造了从游戏室到庭院到游乐场的轻松流动"(McLean 1991:71)。如果资金许可,那么走廊或有屋顶覆盖的区域将是理想的选择。更便宜的选择可以是购买商店里的遮阳篷,可在需要时拉出。藤架则是另一种在户外区域提供保护的方式,它可以安装在户外,也可以作为花园中的独立装置。但选址需要仔细考虑,因为它不应该占用户外太多的空间。茂盛的攀援植物很快就会给凉棚带来封闭的感觉,如果能将植物牵引至顶部则可以提供更多的遮盖。顶部的厚帆布或竹片可用来防雨、防风和防晒。儿童可以在他们的游戏中利用此区域,并使用积木和板条箱制作一个隐藏的洞。树木不能防雨,但可以起到良好的遮阳效果。无论是改进旧课程还是设置新课程,学校都应尽快种植树木。大小合适的树在三年内就可以长大遮荫。而无论在该区域是否已经有永久性遮蔽区域,都可以按需要在外面安装临时保护装置。例如,一张帆布可以连接到附近的栅栏、树木、灌木或墙壁上。攀爬架、A型架或水平连接的梯子可以用布料覆盖以遮阳。另一种好用的设施就是大型遮阳伞,如沙滩伞。这些可以遮阳,在冬天也可以作为儿童的休息点,或用于想象游戏,或用于安静地思考。

地面

在户外,最好是有各种不同的地面构造,就像是室内环境有不同的地面一样。不同的地面意味着可以提供不同的活动。硬地面是教学楼前或集合点的最好选择,这样就算在草坪非常泥泞的时候,儿童也可以到户外进行一些活动。

硬地面对于操作有轮子的脚踏车或推车更适宜。雷诺(Naylor 1985)在对多个研究进行总结的过程中发现,儿童更喜欢硬地面因为他们可以在上面骑车。在硬地面上进行建构游戏也比较容易。草地对于攀爬活动更为适合,因为草地比较柔软。想象游戏在两种地面上都可以进行。如果在只有硬地面的情况下,植物可以种植在花盆、花台,或者任何有土壤的容器中。在没有草地的情况下,有必要提供一些地毯或坐垫供儿童休息和游戏。长期来说,硬地面或草地(或土地)都应分别规划。

一些学校没有配备减震地面。这种地面不仅仅能用在攀爬架附近,同时也可以为任何设施提供保护。如果户外只有草地的话,长期规划应将其中一部分改为硬地面。

与此同时，儿童在下雨泥泞的时候可以穿着雨靴；儿童可以很快学会在一盆水中用刷子清理他们的雨靴；儿童只会在体验过泥泞草坪后才会学会如何在其间行走。在每天的活动中，教师应仔细考虑儿童是否需要到草地上玩耍，是否需要穿着雨靴，以使户外空间得到充分的利用。像"冬天不能去草坪"这种"一竿子打死"的硬性规定意味着我们会损失一项重要的资源。

座位

与其他区域相比，户外一般都缺少可以坐下的地方。因此，一些教师发现在户外工作很累，有些儿童在没有座位时会感到畏惧，这并不奇怪。设立一些座位会对户外的游戏产生重大而直接的影响；它还可以帮助教师更愉快地工作。我们可以将室内的椅子移至户外，也可以专门购买户外儿童椅；将木板放在板条箱上，或者大的轮胎也能充当座椅；可以灵活布置户外座椅，但在某些区域可能需要固定座椅，以免被盗。

外观

我们需要将空间变为让儿童有归属感并感到自豪的地方（Tovey 2007）。但是户外区域不是有受精心照料的玫瑰花坛的郊区花园，也不是有木制游乐设施的公园。这是一个适合年幼儿童的环境，因此它具有刺激性和充分的可能性。为了使户外区域令人兴奋，应设置灵活且可创造的器材和设施。

让户外课程看起来尽可能具有吸引力是非常重要的，这样儿童和教师才能在这片区域感到平静舒适，从而全身心投入。这可以通过多种植树木，使用优质设施以及精心布置器材和设施等来实现。吉尔克斯（Gilkes）描述了"一个人们可以想到的最无趣和最不吸引人的游戏区域"（1987：73）。她很现实地讨论了改变这片户外区域的难度，但是在投入大量的时间、工作、金钱，以及在教师和父母的参与及其他成人的帮助下，这个区域被改变了，变成了一个有趣、有吸引力的区域。灌木和树木会带来巨大的变化。沃尔什（1991：21）认为，理想情况下，有植物应该是操场最主要的特征。有了灌木和树木，很容易营造出儿童离开成人自己去玩耍的环境。图 8.2 列出了许多易于种植的树木。皇家园艺学会（The Royal Horticultural Society）和BBC园艺（BBC Gardening）的网站都提供了有关适合多种空间的植物的信息。ECA（1994）认为花园之外的空间也需小心规划。需要注意的是，那些即将配备的设施和那些实际上已存在的设施也应注意"景色、远景、吸引人的自然特征"。

应避免使用塑料和彩色的器材、设施或家具，这是至关重要的。一个用彩色笔做篱笆、配有塑料红色蘑菇或多色塑料微型汽车在视觉上是不美观的，不仅丑陋，并且无用。户外空间应尽可能多地使用自然材料，如果使用木材，则应侧重选择不涂漆的款式。在自然世界中，美观的材料应有尽有。

桤木
桦树
醉鱼草
铁线莲（蒙大拿州）
小冠花
山茱萸
贴梗海棠
连翘
犹太锦葵
杜松
薰衣草
墨西哥橙花
橡木
迷迭香
花葵
锦带花
柳树
若将三棵树种在同一个坑中，然后修剪旁枝，应该会很快得到一片好的遮荫处

参见 Cooper 和 Johnson（1991）关于有毒植物的清单

图 8.2　常见树木和灌木

存储室

户外设备可能庞大且笨重，因此需要占用相当大的存储空间。吉尔克斯（1987）

和比尔顿（1993）的研究都强调了教师对移动户外设备的担忧，若没有棚屋，这将变得更加困难。这种情况可能意味着需要教师费很大力气来长距离移动这些器材。缺少棚屋可能会妨碍户外操场的使用，因为设备的移动可能很困难；而使用室内区域来存放设备又会占用可用的室内空间。

若条件不允许建造一个棚屋，则可以检查一下现有的器材，想想哪些是不常用的，或者哪些用途比较单一，然后考虑舍弃掉这些器材。它们可以被更多功能和更轻便的器材所代替，如想象游戏设施。因为减少了器材的数量和体积，缺少一个棚屋也不会造成太大的问题。如果幼儿园所在的地区治安较好，塑料、铝和涂层的金属物体可以留在户外，但需要定期清洁和检查。

如果有可能建造一个棚屋，这个空间应该被最大限度地利用起来，教师可以灵活使用货架、挂钩和标签来整理棚屋。教师需要将棚屋视为像其他存储空间一样，儿童可以进入。在没有26辆自行车的情况下，棚屋可以成为一个非常有用的空间，所有的器材都能安全存放，这样儿童就知道他们可以自由获取所需的器材。现在市面上有各种各样的棚屋出售。从当地 DIY 商店购买的自行车棚可以用来容纳积木、玩沙设备甚至是想象游戏场景（Bilton 2002）。如果当地有火灾隐患，那么金属棚屋比木材的要好得

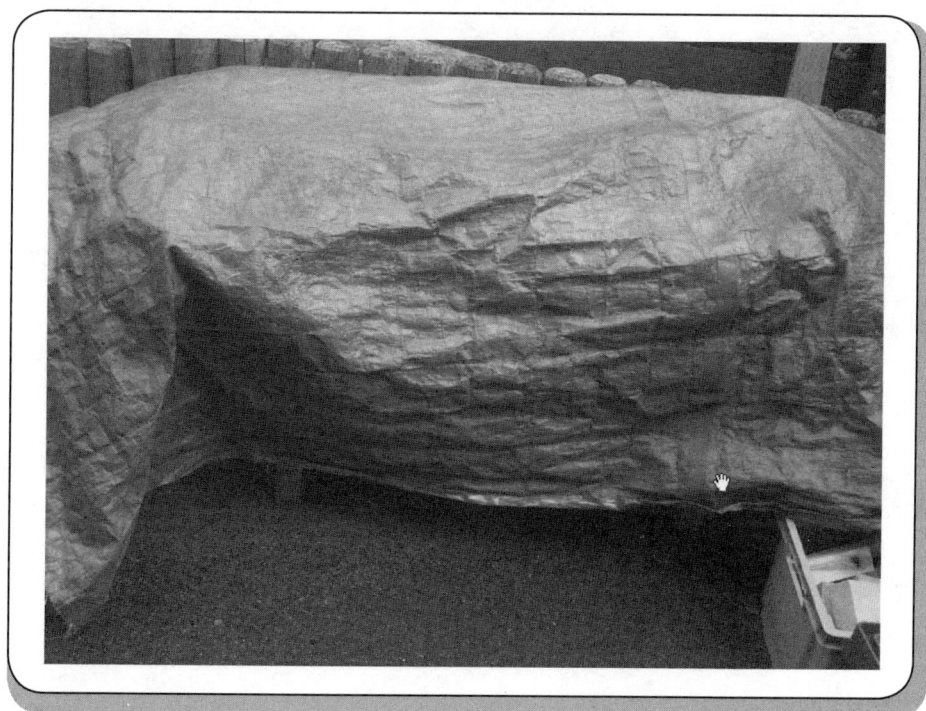

图 8.3　用油布遮盖设施

多。在一所幼儿园，教师将集装箱的后部作为棚屋，这确实非常坚固，但会占用比较大的户外空间。沙子可以存放在类似旧煤棚的小木箱中。通过这种方式，沙子可以在花园各处而不是在一个地方使用，但必须小心，因为坚硬的表面有沙子会变得非常滑。大的冰淇淋桶可用于容纳贝壳、瓶盖、锥体等。教师也可以直接将器材放在适当的位置，并在下雨时或在一天结束时用优质厚实的防水油布覆盖（见图 8.3）。儿童的衣服、帽子、手套、外套和雨靴可以存放在盒子里或架子上（见图 8.4）。

图 8.4　德博亨德小学（De Bohun Primary School）里的雨靴架

水龙头

户外水龙头和水管会使工作变得更加轻松，并确保儿童和教师可以：

- 为游戏和科学实验提供水源；
- 为植物浇水；
- 冲洗脏的区域；

- 为实验提供水坑和雨水；
- 填充戏水池／水托盘／泥坑。

设计师

设计师和规划师在为儿童设计户外空间时需要聆听教师的意见（Walsh 1991），因为了解景观设计并不意味着了解儿童户外操场。如果景观设计师完全根据自己的想法来设计户外区域，它很可能对儿童没有多大用处。它可能看起来令人惊叹，但儿童可能并不能找到归属感。当儿童对户外没有归属感时，他们就不会自信地在那儿进行最理想的游戏。这种类型的环境缺乏灵活性和适应性，就如同一个固定的攀爬架一样无法改变或修改。景观设计师需要学会创设一个专属于儿童的秘密基地，一个类似于森林空间的地方，儿童可以在树枝上盖织物、挖泥土。设计师应考虑如何合理修建荫蔽处、斜坡和遮阳步道，但不要过度发挥。如果他们建造了各种弯曲的小径、柳树结构和风帆，那留给儿童发挥创造的还有什么呢？如果我们回到引言并回想一下我们小时候玩的游戏，就会发现我们并没有在一个现成的游戏环境中玩耍。户外环境必须是一个可以随着时间的推移而发展的环境，这才是一个真正的"场所"的迷人之处。室内外最好一起规划，以便"两个空间互补并流动"（Walsh 1991：9）。

小学的课间休息

我已经清楚地表明，所谓的主要的或次要的游戏时间并不是最好的组织真正户外学习的方式，但是有关早期户外游戏空间的一些经验教训可以用在游戏时间安排上。

很早以前，课间休息时间已经成为教学系统的一部分，虽然已经有改进，但在操场上几乎没有改变。希尔伯恩（Seaborne，cited in Visser and Greenwood 2005）回顾了学校操场的发展，并提出操场上需要遮阳步道和各种设施的提议。佩列格里尼和布拉奇福德在研究操场活动方面发挥了重要作用。如果我们将游戏时间假设为大约一小时的午餐和一个十五分钟的休息时间，这仅仅占了在校时间的五分之一。如布拉奇福德所说的那样，令人震惊的是，其他方面上都做出了改变，但对户外游戏时间的关注如此之少，游戏时间就好像被遗忘了一样（1989：4）。

2006年，政府制作了一本名为《户外学习宣言》（*Learning Outside the Classroom Manifesto*）的小册子，敦促人们通过在线签名来承诺儿童在户外学习的机会。"户外"对政府来说就是在教室之外的任何经验，包括在校园外学习、参观公园、户外探险、实地考察、参观环境中心、剧院、博物馆，以及住宿旅行。令人遗憾的是，政府没有认识到游戏时间也是一种教室之外的经历，而儿童在每个上学日仅仅平均花费四分之一到五分之一的时间在游戏上。"在户外学习是指通过有组织的学习方法提高儿童发展，其中亲身经历至关重要。这不仅仅是关于我们学到的东西，更重要的是我们学习的方式和地点。"（DfES 2006：3）事实上，对政府而言，参观一个室内的环境是课堂外的学习，但在操场上游戏却不是。

研究表明，操场上发生较多欺凌现象（Whitney & Smith 1993，Berger 2007），儿童不愿在游戏时间进行冒险（Mooney et al. 1990），并且也存在着年龄、种族、民族和性别上的不公平机会（Blatchford 1998）。对于这些弊端，政府和许多学校的反应是缩短户外时间。这似乎是一种不负责任的反应，因为户外活动时间是儿童可以学到很多东西的时刻，他们能更自由地发展友谊，学习如何合作并与他人相处，并积极参与体育活动（Blatchford 1998，Tovey 2007，Yilmaz & Bulut 2007）。奥佩（1969）在研究中谈道：游戏时间是练习和发展语言以及学习生活社交技能的关键场所，但户外活动也存在着一些问题，需要予以注意。

无论是午餐时间还是休息时间，小学的玩耍时间可能出现本书中讨论的许多问题。例如，小学玩耍时间涉及大量儿童进入一个大而开放的空间。他们常常是由未经训练的成人陪伴的，往往这些成人没有拥有像教师一样的权力，所以孩子们认为"你不是老师，所以我不需要注意你"。在这种监管不严的情况下，儿童的身心可能会受到一定的伤害。教师可以利用休息之后和上课之前这段时间来处理在户外发生的一系列问题。

回顾前文关于大型空间的内容，就会发现儿童在大的空间会感到迷茫，并且不容易感到安定。为了解决这种情况，减少矛盾和事故，让儿童有事可做是很重要的。但这并不一定意味着提供昂贵的攀爬设备（见上述关于固定设备的讨论），而是意味着要提供空间和场所（见第五章），这个空间能提供各种活动的机会，也能使儿童建立起归属感并将其视为自己的一个"场所"。当然，空间必须足够宽敞使儿童可以玩足球、篮球或拍球等游戏。这是一个儿童可以在泥里玩耍、跳跃、玩拍手游戏的空间，也是一个儿童可以接触到叶子、树枝、泥土、苔藓和石头的地方。在那里，他们可以创造虚构的场景，无论它们是什么。在没有大人察看的情况下，他们可以坐下来聊天。他们感觉到这并不是一大群人的地方，而是一小群朋友的专属空间。

操场需要合理分区，以便儿童拥有许多"微环境"（见第五章）。这可以通过种植树木和灌木轻松完成。创建一个由醉鱼草、棣棠花、百子莲组成的封闭区域并不是很难。虽然这些与由叶子、苔藓和树枝组成的灌木丛不一样，但它们至少会创造一个可以隐藏的地方。从长远来看，学校可能希望创建一个由树木和灌木构成的区域，其中有原木座位和弯曲的自然小径。

虽然我们不断地改进户外区域，但我们无法保证花园里的一切都是完美的。维西尔和格林伍德（Visser & Greenwood 2005）的研究改变了操场的定义，并证明增加游戏和活动能减少轻微争吵的发生率，但没有减少严重争议的发生率。参与研究的教师表示需要他们处理争端和矛盾的数量更少了，而户外的氛围也令人愉快。但是，作者也指出了严重的、可能是长期存在的又根深蒂固的事件，例如性别歧视、种族主义或宗教差异导致的严重争议，并未因游戏的引入而减少。所以，需要做更多的工作来改善这一点。

正如第六章所讲的那样，康诺利（2003）讨论了女孩和男孩在游戏中的问题，以及女孩尤其容易处于弱势地位。在同一本书中，本杰明认为能够在体育，特别是足球方面表现出色是"在英格兰小学培养男子气概最重要的一个方面"（2003：102）。此外，本杰明引用的研究强调足球和学习成功之间的联系，认为那些因为在其他方面没有优势的儿童格外需要在足球场上取得成功。在性别方面，本杰明认为可能没有像男孩那样多的女孩被认定为 SEN，因为她们实际上从别人那里得到了足够的支持，而男孩则无法帮助自己。康诺利根据他的研究提出了改善游戏时间的建议，使得男孩和女孩都能在其间玩耍（Connolly 2003：128-129）：

- 需要有全校层面的政策来规范大家对操场的理解；
- 操场需要分区并提供一系列游戏机会来减少性别隔离；
- 教师需要密切观察操场上的游戏，并在发生性别隔离、对立的活动时进行干预；
- 教师需要认识到儿童发展中性别带来的影响，并对儿童进行相关的教育；
- 教师需要让儿童自己决定操场的设施和活动；
- 教师需要了解每个学校的操场都有所不同，并受到该地区文化的很大影响。

正如我们在第六章中看到的那样，杰戈发现女孩在操场上的活跃水平低于男孩，并认为我们需要确保操场上活动的均衡性，让男孩和女孩都能积极参与。他发现，规划均衡发展的户外空间存在三种障碍：态度性（教师和父母）、结构性（缺乏时间、空间或设备）以及功能性（缺乏对儿童、教师和父母的了解）障碍。他认为操场需要有足够的活动空间和时间；需要向儿童、教师和家长传播有关活动原因和方式的知识，并且需要"性别敏感"的游戏（2002：188），以确保所有儿童都能从户外游戏中受益（见图8.5）。这项活动可以为健康教育管理局建议儿童每天运动一小时的倡议做出重大贡献。他还指出，结构变化对改变的影响最大，但需要努力去保持，以确保儿童更积极地参与。这不是通过一次跳绳培训工作坊或增加一些球类设施就一蹴而就的。改进是一个需要高度关注和持续参与的事情。米利根（Milligan）在研究中认为儿童应该参与变革并产生重要影响；米利根研究中的一位儿童总结道："我们可以谈一谈我们喜欢的所有游戏，并讨论一些可以一起玩的活动。"（2008：28）

结构性供给
- 操场上的刺激物
- 空间
- 时间

"性别敏感"供给
- 男女活动的差异
- 针对性别的干预措施

教育性供给
- 有关为什么要进行户外活动的知识
- 有关如何进行户外活动的知识

图8.5　杰戈（2002）关于优化休息时间里体育活动的供给模型

也许是时候来改变成人在户外游戏里像纪律维护员一样只负责监督和控制的角色了。在过去，操场上总是有教师来维持秩序。随着工作模式的变化，教师不再进入操场。一些学校的教师也在扮演游戏领导者的角色，而不是控制者的角色。我们确实需要改变成人对操场的完全主导权，因为这是没有益处的。无论游戏时间以外的成人的头衔是什么，他们都需要训练，因为他们也会制造许多问题。回想第二章关于游戏中打闹的讨论，所有进入小学操场的人都应该能理解这个现象。成人需要知道玩耍打闹和真实打架之间的区别，否则他们可能会将儿童之间的追逐与玩耍视为暴力事件，从而阻止这些实际上有利于儿童发展的游戏。教师需要了解怀特布莱德的文章（参见第六章），其主张儿童发展自我调控能力，并表明随着年龄的增长，有自制力的儿童将会更加有成就。成人需要学习何时退后以及何时进行干预，需要了解性别隔离和控制，而不是站在操场上聊天。

让游戏时间发挥作用

梅登黑德（Maidenhead）的一所婴儿学校以及我有幸与之合作的一位特殊教师，多年来一直致力于促进游戏时间里的实践，并多次成功地帮助了儿童。2003年，由于游戏时间里的问题行为影响了随后课程的学习，学校决定改变操场的惯例。这涉及三个方面的改进（见图8.6）：

- 操场的挑战；
- 吹气设施；
- 精英挑战。

为了促进项目成功和可持续性发展（这个项目始于2003年，并仍在进行），需要采取一些举措。

1. 一位专门的教师来负责监督和促进项目开展，并让其他教师和儿童对项目充满热情。
2. 设置可管理的活动，它应具有足够的挑战性，但对于所有人来说都是可完成的。
3. 明确的程序、规则和规定，可以过塑起来并张贴在墙上。例如，跳马或者跳绳活动需要一个所有人都同意、知情并遵守的规则。
4. 涉及整个教师小组成员，包括负责午餐的职工。设有专门的会议来讨论项目的进展和需要改进的地方。
5. 有真正的学校理事会会议使儿童真实地看到他们的想法被采用，如精英挑战。
6. 设置可见的奖励系统，每个儿童都有一张卡片来记录他们游戏时的表现以及所获得的成就。然后，学校提供证书和精英挑战的金属徽章。
7. 每次新入学的儿童都要面临挑战。学校制作一个视频，供教师介绍挑战项目。
8. 展示挑战项目的特征，执行任务的儿童的照片，关于挑战的绘画和故事等。

该项目的成功与否取决于儿童的变化。波特分享了如下项目成果（2005：36）：

- 儿童快乐地玩耍；
- 陷入麻烦的儿童的数量减少；
- 无所事事、到处闲逛的儿童的数量减少；
- 游戏时间变得更加有条理、可控；
- 儿童获得更多锻炼；
- 更多地了解如何游戏；
- 儿童自尊心得到发展；
- 负责午餐的职工的态度变得更加积极。

儿童参与的三项不同活动：
- 操场的挑战
- 吹气设施
- 精英挑战

操场挑战包括五项体育活动，五个活动是：
1. 手脚并用沿着墙壁攀爬
2. 用大型跳绳跳 10 次
3. 沿着链子保持平衡
4. 玩跳房子
5. 沿着"猴子架"摆动而不会掉下来

吹气设施是可供学校使用的器材，并配备了相关的教师和助教培训（www.qca.org.uk）。学校还购买了一个棚屋，将这种专业设备从普通体育活动设备中分离出来，使其更加突出。设施每年都会进行更新。

精英挑战是根据已完成操场挑战并希望更进一步的儿童的需求所创造的。它涉及五个挑战：
1. 在高跷上行走
2. 沿着木制小径保持平衡
3. 有节奏地跳绳
4. 完成落落球（lo-lo ball）
5. 攀网上的攀爬

图 8.6 操场的改进

本项目将本书的指导原则（见第四章）付诸实践。尽管本书的大部分内容都是关于学前教育的，但原则适用各个年龄段。操场不是一个空荡荡的地方，而应被视为一个学习环境，也许其重要性不及室内，但至少应有一个较高的地位。空间可分为几个区域，教师对其进行评估。该空间被视为整个学校教学的一部分，需要定期重新审视。有人可能会说，儿童不应该在属于他们自己的空间中拥有这种高程度的控制权，而有些人会认为我们在儿童的游戏里不应该强加我们的意志。从这个学校的个案来看，儿童仍然在做自己的事情，仍然进行各种其他游戏，无论是追逐游戏、想象游戏，还是简单的聊天，这三项活动似乎没有剥夺儿童的自由，但他们的游戏有了重点，这有时候是儿童所需要的。学校没有停滞不前，而是提供了一个书写和绘画的桌子，免费提供蜡笔、纸、图画书、漫画。这是为了回应儿童的需求。

有计划的小学课程与户外活动

在我写这一部分时，是4月的清晨。天气晴朗明亮，但气温稍凉（所以外套，或对某些人来说，手套等还是需要的），空气清新舒适。然而在这个国家有多少儿童正在户外呢？我怀疑很少。当我站在户外时，我听不到任何儿童的声音。继续我们关于户外游戏和课程的讨论，学校很少有机会让儿童真正步入户外。然而，当你读到两名PGCE小学教师（一位负责4岁以下的儿童，一位负责10岁和11岁的儿童）的记录时（见图8.7），可以看出户外是儿童进行学习的重要场所。两篇记录都表明户外是一些儿童唯一能正常游戏和学习的地方。在第一篇记录中，一些不愿意书写的儿童开始在户外写字了；而在第二篇记录中，一名儿童在室内存在的问题行为到了室外则没有。正如这两位教师所证明的那样，户外游戏让儿童的学习和游戏变得简单。法比安（Fabian）希望改善儿童从基础阶段过渡到关键阶段1的过程，从而创造了"SPACE时间"，其学校的每个班级都在指定时间使用户外区域进行学习活动，如音乐和舞蹈。她得出的结论是，一年级的学生非常喜欢这个时间，因为他们感受了自由，并表现出更多的创造性（2005：7）。这是学校可以很容易引进的课程。

> **基础阶段：**
> "这是一封简短的电子邮件，为了告诉您我终于把孩子们带到了户外！可惜的是，这不是计划之中的事情。孩子们很聪明：他们很热情，我获得了有关重点观察对象的好素材。我还设法让三个非常不愿意写字的孩子在户外写字了。看见我在便签上书写，他们很感兴趣并表示也想'做重要的观察'。所以我们坐在长椅上，一起做了这次重要的观察。"
>
> **六年级：**
> "孩子们正在使用我制作的幻灯片对电子白板上的课程主题（即平行线和垂直线）做一些快速修改，这持续了大约 10—15 分钟。课程的主要部分发生在操场上，并涉及在户外寻找平行线和垂直线的真实例子。孩子们（一个低能力的六年级数学小组）真的从中收获了很多。一名有行为问题的男孩很兴奋，并带回了我们在全体会议上讨论过的许多好例子。我特别高兴的是，在课程开始时，几乎没有孩子知道垂直线是什么，但到最后，所有人都非常渴望向我展示他们在户外找到的例子。我还高兴的是，孩子们真的控制了他们自己在操场上的学习。我没有告诉他们要去的地方，他们为自己做了这件事。我还发现，通过把他们带到户外，他们表现出了很棒的行为，可能是因为他们非常专注。我还认为利用现实生活中的元素对于垂直线和平行线的学习比在练习册或教科书上的学习更有帮助（说实话，这个话题对孩子来说是挺无聊的）。"

图 8.7　对两个户外即兴活动的记录

讨论

布局、大小、设施、位置、座位、外观、天气都会影响户外学习空间以及所提供的教育水平。正如巴布尔所述，"操场的设计会影响儿童的运动能力和游戏行为，并最终影响其同伴关系"（1999：96）；弗罗斯特（1992）认为，一些户外学习环境比其他环境更能有效地支持儿童的成长和发展。本书第二章的证据也支持了这一观点。在规划阶段，我们需要用柏油碎石和草坪建造一个基本合理、面积相当大的空间；而秘密和捉迷藏的地方、荫凉处和掩蔽处必须使用灌木和树木；顶部有遮蔽的步道是必不可少的。设计师和规划师需要尊重儿童和教师的意见，并倾听他们真正的需求。空间要能拓展儿童而非成人的想象力。这个空间不可能在一夜之间创造出来：这是一个"有机"物，会在未来几年不断发展和变化。

问题

考虑到你所处环境中的儿童以及他们离开你时的年龄,你希望他们在技能、价值观、态度、知识和理解方面达到怎样的发展水平呢?你希望当他们离开时,在不同的设施、玩具或材料中展现怎样的技能呢?这可以是一个平均估计,但你必须了解3岁的儿童和5岁或7岁的儿童在玩沙子时不同的样子。如果你不这样做,儿童在7岁时可能仍然只会倾倒沙子这一简单行为,尽管周围有很多其他活动可以进行。我会希望我5—6岁的学生能够在沙子中建造隧道,但我不会对2岁的儿童抱有同样的期待。(详见第七章对此的讨论)

参考文献

Aasen, W. and Waters, J. (2006) 'The New Curriculum in Wales: a new view of the child?' *Education 3–13*. 34 (2), 123–9.

Adams, S., Alexander, E., Drummond, M. J. and Moyles, J. (2004) *Inside the Foundation Stage: Recreating the Reception Year*. London: ATL.

Anning, A. (1994) 'Play and legislated curriculum. Back to basics: an alternative view', in Moyles, J.R. (ed.) *The Excellence of Play*. Buckingham: Open University Press, 67–75.

Armstrong, N. and Bray, S. (1991) 'Physical activity patterns defined by heart rate monitoring', *Archives of Disease in Childhood* 66, 245–7.

Athey, C. (2007) *Extending Thought in Young Children. A Parent–Teacher Partnership* (2nd edn) London: Sage Publications.

Avery, J. G. and Jackson, R. H. (1993) *Children and Their Accidents*. London: Edward Arnold.

Bako-Biro, Zs., Kochhar, N., Clements-Croome, D. J., Awbi, H. B., and Williams, M. (2008) *Ventilation rates in schools and pupil performance using computerised assessment tests*. Indoor Air, Paper ID: 880, Copenhagen, Denmark.

Ball, C. (1994) *Start Right: The Importance of Early Learning*. London: The Royal Society for the Encouragement of Arts, Manufactures and Commerce.

Ball, D. (2004) 'Policy issues and risk benefit trade-offs of "safer surfacing" for children's playgrounds' in Accident Analysis and Prevention. 36, 661–70.

Barbour, A. (1999) 'The impact of playground design on the play behaviors of children with differing levels of physical competence', *Early Childhood Research Quarterly* 14(1), 75–98.

Barrett, G. (1986) *Starting School: An Evaluation of the Experience*. London: Assistant Masters and Mistresses Association.

Bartholomew, L. (1996) 'Working in a team', in Robson, S. and Smedley, S. (eds) *Education in Early Childhood*, 47–55. London: David Fulton Publishers.

Bates, B. (1996) 'Like rats in a rage', *The Times Educational Supplement* 2, 20 September, 11.

Bayley, R. and Broadbent, L. (2008) 'Child-initiated learning and developing children's talk', in Featherstone, S. and Featherstone, P. *Like Bees, not Butterflies: Child-initiated Learning in the Early Years*. London: A and C Black Publishers Limited.

BBC (2009) http://www.bbc.co.uk/digin (accessed 28.1.09).

Bee, H. and Boyd, D. (2006) *The Developing Child* (11th edn). New Jersey: Pearson Education.

Benjamin, S. (2003) 'Gender and special educational needs', in Skelton, C. and Francis, F. *Boys and Girls in the Primary Classroom*. Maidenhead: Open University Press, 98–122.

Bennett, N. and Kell, J. (1989) *A good start? Four year olds in infants schools*. London: Simon & Schuster Education.

Bennett, N., Wood, L. and Rogers, S. (1997) *Teaching Through Play. Teachers' Thinking and Classroom Practice*. Buckingham: Open University Press.

Berger, K. S. (2007) 'Update on bullying at school', *Developmental Review*, 27, 90–126.

Bergard, R. (1995) *Building for Children: The Frankfurt Nursery Building Programme*. Lecture given at the Royal Institute of British Architects, 4 December.

Betram, T. and Pascal, C. (2002) *Early Years Education: An International Perspective*. London: QCA and NFER.

Bilton, H. (1989) *The Development and Significance of the Nursery Garden and Outdoor Play*. Unpublished MA dissertation, University of Surrey.

Bilton, H. (1993) 'The nursery class garden – problems associated with working in the outdoor environment and their possible solutions', *Early Child Development and Care*, 93, 15–33.

Bilton, H. (1994) 'The nursery class garden: designing and building an outdoor environment for young children', *Early Years* 14(2), 34–7.

Bilton, H. (2002) *Outdoor Play in the Early Years*. London: David Fulton Publishers.

Bilton, H (2004a) *Physical Development. Study Topic 12*. Buckingham: The Open University.

Bilton, H. (2004b) *Playing Outside. Activities, Ideas and Inspiration for the Early Years*. London: David Fulton Publishers.

Bilton, H. (2004c) 'Movement as a vehicle for learning', in Miller, L. and Devereux, J. (eds) *Supporting Children's Learning in the Early Years*. London: David Fulton Publishers.

Bilton, H., James, K., Marsh, J., Wilson, A. and Woonton, M. (2005) *Learning Outdoors. Improving the Quality of Young Children's Play Spaces*. London: David Fulton Publishers.

Bird, W. (2009) 'Natural Health Service', in *The National Trust Magazine*, Spring. London: The National Trust, 20–3.

Blackstone, T. (1971) *A Fair Start. The Provision of Pre-School Education*. London: Allen Lane The Penguin Press.

Blair, S. N. and Connelly, J. C. (1996) 'How much physical activity should we do? The case for moderate amounts and intensities of physical activity', *Research Quarterly for Exercise and Sport*, 67(2), 196–205.

Blakemore, S. J. and Frith, U. (2005) *The Learning Brain. Lessons for Education*. Oxford: Blackwell Publishing.

Blatchford, P. (1989) *Playtime in the Primary School. Problems and Improvements*. Windsor: NFER-Nelson.

Blatchford, P. (1998) 'The state of play in schools', *Child Psychology and Psychiatry Review*, 3, 2, 58–67.

Blenkin, G. M. and Whitehead, M. (1988) 'Creating a context for development', in Blenkin, G. M. and Kelly, A. V. (eds) *Early Childhood Education. A Developmental Curriculum*. London: Paul Chapman Publishing, 32–60.

Blurton-Jones, N. (1967) 'An ethological study of some aspects of social behaviour of children in nursery school', in Morris, D., *Primate Ethology*. London: Weidenfeld and Nicolson, 347–68.

BMA (British Medical Association) (2005) *Preventing Childhood Obesity. A Report from the BMA Board of Science*. London: British Medical Association.

Board of Education (1905) *Reports on Children Under Five Years of Age in Public Elementary Schools by Women Inspectors of the Board of Education*. London: HMSO.

Board of Education (1912) *Statistics*. London: HMSO, Table 3(b).

Board of Education (1936) *Nursery Schools and Nursery Classes*. London: HMSO.

Boorman, P. (1988) 'The contributions of physical activity to development in the early years', in Blenkin, G. M. and Kelly, A. V. (eds) *Early Childhood Education. A Developmental Curriculum*. London: Paul Chapman Publishing, 231–50.

Booth, R. (2008) 'How we loved the open-air school', *Flashback* Issue 180, July 28, 3.

Boulton, M. (1992) 'Participating in playground activities', *Educational Research* 34, (3) 167–82.

Bradburn, E. (1976) *Margaret McMillan. Framework and Expansion of Nursery Education*. Redhill: Denholm House Press.
Brearley, M. (ed.) (1969) *Fundamentals in the First School*. Oxford: Blackwell.
Brown, J. G. and Burger, C. (1984) 'Playground designs and preschool children's behaviors', *Environment and Behavior* 16(5), 599–626.
Bruce, T. (1987) *Early Childhood Education*. London: Hodder & Stoughton.
Bruce, T. (2005) *Early Childhood Education* (3rd edn). London: Hodder Arnold.
Building Bulletin 101 (2006) *Ventilation of School Buildings. Regulations, Standards, Design Guidance*, 2006 July, ISBN 011-2711642.
Burstall, E. (1997) 'Unappreciated and underpaid', *Times Educational Supplement* 2, 14 February, 13.
Calfas, K. J. and Taylor, W. C. (1994) 'Effect of physical activity on psychological variables in adolescents', *Paediatric Exercise Science* 6, 406–23.
Campbell, J. and Neill, S. R. St J. (1992) *Teacher Time and Curriculum Manageability at KS1*. London: AMMA.
Carruthers, E. (2007) 'Children's outdoor experiences. A sense of adventure', in Moyles, J., *Early Years Foundations Meeting the Challenge*. Maidenhead: McGraw-Hill Education.
Children's Play Council (2003) 'Grumpy grown ups stop children play reveals Playday research', news story, 7 August 2003, http://www.ncb.org.uk/cpc/news_story.asp?id=116.
Clark, M. M. (1988) *Children Under Five: Educational Research and Evidence*. London: Gordon and Breach.
Cleave, S. and Brown, S. (1989) *Four Year Olds in School. Meeting their Needs*. Slough: National Foundation for Educational Research.
Cleave, S. and Brown, S. (1991) *Early to School. Four Year Olds in Infant Classes*. Windsor: NFERNELSON Publishing.
Clements-Croome, D. J. (2008) http://www.reading.ac.uk/about/newsandevents/releases/PR18842.asp (accessed 27.12.08).
Clements-Croome, D. J., Awbi, H. B., Bako-Biro, Zs., Kochhar, N. and Williams, M. (2008) 'Ventilation rates in schools', *Building and Environment The International Journal of Building Science and its Applications* 43, 3, 362–7.
Cohen, D. (1993) *The Development of Play* (2nd edn). London: Croom Helm.
Cole, E. S. (1990) 'An experience in Froebel's garden', *Childhood Education* 67(1), 18–21.
Connolly, P. (2003) 'Gendered and gendering spaces. Playgrounds in the early years', in Skelton, C. and Francis, B., *Boys and Girls in the Primary Classroom*. Maidenhead: Open University Press, 113–33.
Connor, K. (1989) 'Aggression: is it in the eye of the beholder?', *Play and Culture* 2, 213–17.
Cook, B. and Heseltine, P. (1999) *Assessing Risk on Children's Playgrounds* (2nd edn). Birmingham: RoSPA.
Cooper, M. and Johnson, A. (1991) *Poisonous Plants and Fungi – An Illustrated Guide*. London: HMSO.
Costello, P. J. M. (2000) *Thinking Skills and Early Childhood Education*. London: David Fulton Publishers.
Cowgate (2008) http://www.cowgateunder5s.co.uk (accessed 30.12.08).
Cratty, B. J. (1986) *Perceptual and Motor Development in Infants and Children* (3rd edn). New Jersey: Prentice Hall.
Cullen, J. (1993) 'Preschool children's use and perceptions of outdoor play areas', *Early Child Development and Care* 89, 45–56.
Cunningham, H. (2006) *The Invention of Childhood*. London: BBC Books.

Cusden, P. E. (1938) *The English Nursery School*. London: Kegan Paul, Trench, Trubner.
Darling, J. (1994) *Child-centred Education and their Critics*. London: Paul Chapman.
Davies, J. (1991) 'Children's adjustment to nursery class: how to equalise opportunities for a successful experience', *School Organisation* 11(3), 255–62.
Davies, J. and Brember, I. (1994) 'Morning and afternoon nursery sessions: can they be equally effective in giving children a positive start to school?', *International Journal of Early Years Education* 2(2), 43–53.
Davies, M. (1995) *Helping Children to Learn Through a Movement Perspective*. London: Hodder & Stoughton.
Davies, M. (1997) 'The teacher's role in outdoor play. Preschool teachers' beliefs and practices', *Journal of Australian Research in Early Childhood Education*, 110–20.
de Lissa, L. (1939) *Life in the Nursery School*. London: Longmans, Green and Co.
Department for Transport (2002) *National Travel Survey:1999–2001 Update*. London: Transport Statistics, Department for Transport.
Department for Transport (2006) *National Travel Survey: 2005*. London: Transport Statistics, Department for Transport.
DES (Department of Education and Science) (1989) *Aspects of Primary Education. The Education of Children Under Five. Her Majesty's Inspectorate*. London: HMSO.
DfCSF (Department for Children, Schools and Families) (2008) (May revised) *The Early Years Foundation Stage*. Nottingham: DfCSF Publications.
DfCSF (2009) *Independent Review of the Primary Curriculum: Final Report*. Nottingham: DfCSF Publications.
DfEE (Department for Education and Employment) (1996) *Schools' Environmental Assessment Method (SEAM)*. London: The Stationery Office.
DfES (Department for Education and Skills) (2004) *Every Child Matters: Change for Children*. London: DfES.
DfES (2006) *Learning Outside the Classroom Manifesto*. Nottingham: DfES Publications.
Dillon, J., Rickinson, M., Teamey, K., Morris, M., Choi, M. Y., Sanders, D. and Benefield, P. (2006) 'The value of outdoor learning: evidence from research in the UK and elsewhere', *School Science Review*, March, 87 (320), 107–11.
Dockrell, J.D. (2009) *The Learning Environment. How Classroom Acoustics Affect Learning and Attainment*. Lecture: University of Reading, Institute of Education 30.4.09.
Dombey, H. (1993) ' "And, they went, they lived there after": making written narrative accessible in the nursery class to children whose cultures do not embrace it', *Changing Education* 1(1), 141–53.
Donaldson, M. (1978) *Children's Minds*. London: Collins/Fontana.
Dowling, M. (1992) *Education 3–5* (2nd edn). London: Paul Chapman Publishing.
Dudek, M. (1996) *Kindergarten Architecture*. London: Chapman and Hall.
Dunn, J. and Hughes, C. (2001) ' "I got some swords and you're dead": violent, fantasy, antisocial behaviour, friendship, and moral sensibility in young children', *Child Development*, 72(2) 491–505.
Dunn, S. and Morgan, V. (1987) 'Nursery and infant school play patterns: sex-related differences', *British Educational Research Journal* 13(3), 271–81.
Dunne, E. and Bennett, N. (1990) *Talking and Learning in Groups*. London: Routledge.
Dyson, J. (2009) 'Battling for design', http://www.dyson.co.il/nav/inpageframe.asp?id=DYSON/HIST/BATTLE (accessed 7.5.09).

ECA (1994) *Planning the Location of Centre-based Early Childhood Services*. Queensland: ECA (QLD Branch).

ECA (2004) *Physical Environments for Centre-based Early Childhood Services*. Queensland: Early Childhood Association (Queensland Branch).

Eccles, R. (2002) 'An explanation for the seasonality of acute upper respiratory tract viral infections', *Acta Otolaryngologica* (Stockholm) 122: 183–91, http://www.cardiff.ac.uk/biosi/subsites/cold/commoncold.html (accessed 27.12.08).

Eccles, R. (2008) *General Common Cold Information*, http://www.cardiff.ac.uk/biosi/subsites/cold/commoncold.html (accessed 27.12.08).

Edgington, M. (2003) *The Great Outdoors. Developing Children's Learning through Outdoor Provision* (2nd edn). London: British Association for Early Childhood Education.

Edgington, M (2004) *The Foundation Stage Teacher in Action. Teaching 3, 4 and 5 year olds*. London; Paul Chapman Publishing.

Edwards, L. (1992) 'Osteoporosis: the fight for recognition', *Nestlé Worldview* 1(1), 8.

Endocrine Society, The (2008) 'OR46-4: Adequate vitamin D may help us live longer', http://www.endo-society.org/media/ENDO-07/research/Adequate-vitamin-D.cfm (accessed 28.12.08).

Esbensen, S. B. (1987) *The Early Childhood Playground. An Outdoor Classroom*. Ypsilanti, MI: The High/Scope Press.

Evans, J. (1989) *Children at Play Life in the School Playground*. Victoria: Deaken University Press.

Fabian, H. (2005) 'Outdoor learning environments: easing the transition from the Foundation Stage to Key Stage 1', *Education* 3–13, June, 4–8.

Fagen, R. (1981) *Animal Play Behaviour*. Oxford: Oxford University Press.

Fisher, J. (1996) *Starting from the Child?* Buckingham: Open University Press.

Fletcher, V. (2008) 'Sunshine Key to Long Life', *Daily Express* (24.6.08). London: Daily Express.

Forest Schools (2009) 'What are forest schools?', http://www.forestschools.com/what-are-forest-schools.php (accessed 17.5.09).

Formby, L. (2007) *Go4it Today's Pupils Tomorrow's Innovators*. Coventry: Heads, Teachers and Industry. (HTI).

Fox, K. (1996) 'Physical activity promotion and the active school', in Armstrong, N. (ed.) *New Directions in Physical Education. Change and Innovation*. London: Cassell, 94–109.

Francis, B. (1998) *Power Plays: Primary School Children's Construction of Gender, Power and Adult Work*. Stoke-on-Trent: Trentham Books.

Frost, J. L. (1986) 'Children's playgrounds', in Fein, G. and Rivkin, M. (eds) *The Young Child at Play – Reviews of Research*, Vol. 4. Washington, DC: National Association for the Education of Young Children.

Frost, J. L. (1992) 'Reflections on research and practice in outdoor play environments', *Dimensions* 20(3), 6–10.

Frost, J. L. and Campbell, S. D. (1985) 'Equipment choices of primary aged children on conventional and creative playgrounds', in Frost, J. L. and Sunderlin, S. (eds) *When Children Play. Proceedings of the International Conference on Play and Play Environments*. Wheaton, MD: Association for Childhood Education International, 89–101.

Gallahue, D. L. (1989) *Understanding Motor Development. Infants, Children, Adolescents* (2nd edn). Indianapolis: Benchmark Press.

Gallahue, D. L. (1993) *Developmental Physical Education for Today's Children*. IA: Wm. C. Brown Communications, Inc.

Gallahue, D. L. and Donnelly, F. C. (2003) *Developmental Physical Education for All Children*. IL. Champaign: HumanKinestics.

Gallahue, D. L. and Ozmun, J. C. (2005) *Understanding Motor Development: Infants, Children, Adolescents, Adults* (6th edn). New York: McGraw-Hill Companies.

Galton, M., Simon, B., Croll, P. (1980) *Inside the Primary Classroom*. London: Routledge and Kegan Paul.

Gater, M. (2009) 'A case study of the impact of the outdoor learning environment on pupil involvement in the foundation stage', dissertation in part fulfillment of the MA in Teaching Learning, University of Reading.

Gilkes, J. (1987) *Developing Nursery Education*. Milton Keynes: Open University Press.

Gill, T. (2007) *No Fear. Growing Up in a Risk Averse Society*. London: Calouste Gulbenkian Foundation.

Goddard-Blyth, S. (2000) 'First steps to the most important ABC', *Times Educational Supplement*, 7 January, 23.

Goldstein, J. H. (1994) *Toys and Play and Child Development*. Cambridge: Cambridge University Press.

Great Britain. House of Commons, Education, Science and Arts Committee (1988) *Educational Provision for the Under Fives: First Report from the Education, Science and Arts Committee, session 1988–9, II*. London: HMSO.

Gruber, J. J. (1986) 'Physical activity and self-esteem development in children: a meta analysis', *American Academy of Physical Education Papers* 19, 30–48.

Guldberg, H. (2009) *Reclaiming Childhood Freedom and Play in an Age of Fear*. London: Routledge.

Gura, P. (1992) *Exploring Learning: Young Children and Blockplay*. London: Paul Chapman.

Gwaltney J. M., Moskalski P. B., and Hendley J. O. (1980) 'Interruption of experimental rhinovirus transmission', *The Journal of Infectious Diseases* 142, 811–15.

Haines, J. S. (2000) 'What's in the garden? A comparative study of philosophies in English and Danish nursery settings and their influence on the use of the outside environment'. Unpublished Advanced Diploma, Homerton College.

Hall, N. and Abbott, L. (1992) *Play in the Primary Curriculum*. London: Hodder Arnold.

Halliday, J., McNaughton, S., Glynn, T. (1985) 'Influencing children's choice of play activities at kindergarten through teacher participation', *New Zealand Journal of Educational Studies* 20(1), 48–58.

Hanks, P. (ed.)(1986) *The Collins English Dictionary*. London: Collins.

Harris, P (2000) *The Work of the Imagination*. Oxford: Blackwell.

Hart, R. (1978) 'Sex differences in the use of outdoor space', in Sprung, B. (ed.) *Perspectives on Non-Sexist Early Childhood Education*, 101–9. New York: Teachers' College Press.

Hartley, D. (1993) *Understanding the Nursery School*. London: Cassell.

Hastings, N. and Wood, C. K. (2001) *Re-organising Primary Classroom Learning*. Buckingham: Open University Press.

Health Education Authority (HEA) (1998) *Young and Active?* London: Health Education Authority.

Health and Safety Executive (2009) http://www.hse.gov.uk/myth/index.htm (accessed 06.03.09).

Henniger, M. L. (1985) 'Preschool children's play behaviors in an indoor and outdoor environment', in Frost, J. L. and Sunderlin, S. (eds) *When Children Play. Proceedings of the International Conference on Play and Play Environments*. Wheaton, MD: Association for Childhood Education International, 145–9.

Henniger, M. L. (1993/4) 'Enriching the outdoor play experience', *Childhood Education* V, 87–90.

Heschong, L., Elzeyadi, I. and Knecht, C. (2002) *Re-Analysis Report: Daylighting in Schools, Additional Analysis. Task 2.2.1 through 2.2.5*. Sacramento: California Energy Commission, http://www.newbuildings.rog.pier (accessed 14.02.02).

Hetherington, E. M. (ed) *Handbook of Child Psychology. Vol IV Socialization, Personality and Social Development*. New York: Wiley, 693–77.

Hill, P. (1978) *Play Spaces for Preschoolers: Design Guidelines for the Development of Preschool Play Spaces in Residential Environments*. Ottawa, Canada: Central Mortage and Housing Corporation, National Office.

Hillman, M., Adams, J. and Whitelegg, J. (1990) *'One False Move ...' A Study of Children's Independent Mobility*. London: PSI Publishing.

Hilsum, S. and Cane, B. S. (1971) *The Teacher's Day*. Slough: National Foundation for Educational Research.

Holland, P. (2003) *We Do Not Play With Guns Here: War, Weapon and Superhero Play in the Early Years*. Maidenhead: Open University Press.

Holmes, B. M. and Davies, M. G. (1937) *Organized Play in the Infant and Nursery School*. London: University of London Press.

HTI Heads, teachers and industry (2009) *Go4it Information Pack*. Coventry: HTI, http://www.hti.org.uk/pdfs/go/300909%20version_WEB.pdf (accessed 25.1.10).

Hutt, C. (1972) *Males and Females*. Harmondsworth: Penguin Education.

Hutt, S. J., Tyler, S., Hutt, C. and Christopherson, H. (1989) *Play, Exploration and Learning: A Natural History of the Pre-School*. London: Routledge.

IOTF (International Obesity Taskforce) (2002) *Obesity in Europe: The Case for Action*. London: International Obesity Taskforce.

Isaacs, S. (1932) *The Nursery Years*. London: Routledge and Kegan Paul.

Isaacs, S. (1954) *The Educational Value of the Nursery School*. London: The Nursery School Association.

Jago, R. (2002) 'Testing a model for the promotion of pre-pubescent children's physical activity: the effects of school based interventions'. PhD University of Reading.

Johnson, J. E., Christie, J. F. and Yawkey, T. D. (1987) *Play and Early Childhood Development*. Glenview, IL: Scott Foresman, and Company.

Jones, C. (1996) 'Physical education at Key Stage 1', in Armstrong, N. (ed.) *New Directions in Physical Education. Change and Innovation*. London: Cassell, 48–61.

Jones, D. (2007) 'Cotton wool kids: releasing the potential for children to take risks and innovate', *HTI Issues 7*. Coventry: HTI.

Jordan, E. (1995) 'Fighting boys and fantasy play: the construction of masculinity in the early years of school', *Gender and Education* 7(1), 69–86.

Katz, L. G. and Chard, S. C. (1989) *Engaging Children's Minds: The Project Approach*. New Jersey: Ablex Publishing.

Katz, L. G. (1995) *Talks with Teachers of Young Children*. New Jersey: Ablex Publishing Corporation.

Kitson, N. (1994) ' "Please Miss Alexander, will you be the robber?" Fantasy play: a case for adult intervention', in Moyles, J. R. (ed.) *The Excellence of Play*. Buckingham: Open University Press, 88–98.

Klein, R. (1997) 'Let the children decide', *The Times Educational Supplement* 2, 31 October, 12.

Kostelnik, M. J., Whiten, A. P., Stein, L. C. (1986) 'Living with he-man: managing Superhero fantasy play', *Young Children* 41(4), 3–9.

Kounin, J. S. (1970) *Discipline and Group Management in Classrooms*. New York: Holt, Rinehart and Wilson.

Kritchensky, S., Prescott, E. and Walling, L. (1977) *Planning Environments for Young Children: Physical Space*. Washington DC: National Association for the Education of young children.

Lally, M. (1991) *The Nursery Teacher in Action*. London: Paul Chapman Publishing.

Lally, M. and Hurst, V. (1992) 'Assessment in nursery education: a review of approaches', in Blenkin, G. M. and Kelly, A. V. (eds) *Assessment in Early Childhood Education*. London: Paul Chapman Publishing, 69–92.

Lancy, D. F. (2007) 'Accounting for variability in mother-child play', *American Anthropologist*. 109 (2): 273–84.

Lasenby, M. (1990) *The Early Years. A Curriculum for Young Children. Outdoor Play*. London: Harcourt Brace Jovanovich.

Lepkowska, D. (2008) 'In your own time' (Stealth Learning), *Guardian* (17.06.08), 1.

Lindberg, L. and Swedlow, R. (1985) *Young Children: Exploring and Learning*. Boston, MA: Allyn and Bacon.

Lindon, J. (1997) *Working with Young Children* (3rd edn). London: Hodder and Stoughton.

Macintyre, C. (2001) *Enhancing Learning through Play*. London: David Fulton Publishers.

Mackett, R., Brown, B., Gong, Y., Kitazawa, K. and Paskins, J. (2007) 'Setting children free: children's independent movement in the local environment', *UCL Working Papers Series*. University College London Centre for Advanced Spatial Analysis. Paper 118-March: 1–13.

Manning, K. and Sharp, A. (1977) *Structuring Play in the Early Years at School*. London: Ward Lock Educational.

Martin, C. (1974) *The Edwardians*. London: Wayland Publishers Limited.

Matthews, J. (1988) 'The young child's early representation and drawing', in Blenkin, G. M. and Kelly, A. V. (eds) *Early Childhood Education. A Developmental Curriculum*. London: Paul Chapman Publishing, 162–183.

Matthews, J. (1994) *Helping Children to Draw and Paint in Early Childhood*. London: Hodder and Stoughton.

Matthews, J. (2003) *Drawing and Painting Children and Visual Representation*. London: Paul Chapman Publishing.

Maude. P. (2008) ' "How do I do this better?" From movement development to physical education', in D. Whitebread and P. Coltman, *Teaching and Learning in the Early Years* (3rd edn), London: Routledge, 251–68.

Maynard, T. and Waters, J. (2006*) Learning in the Outdoor Environment: A Missed Opportunity?* Paper presented at the 16th EECERA conference, Reykjavik, Iceland.

McAuley, H. and Jackson, P. (1992) *Educating Young Children. A Structural Approach*. London: David Fulton Publishers.

Mcintyre, C. (2001) *Enhancing Learning Through Play*. London: David Fulton.

McLean, S. V. (1991) *The Human Encounter: Teachers and Children Living Together in Preschools*. London: Falmer Press.

McMillan, M. (1919) 'Nursery schools', *The Times Educational Supplement*, 13 February, 81.

McMillan, M. (1930) *The Nursery School*. London: Dent and Sons.

MacNaughton, G. (1999) 'Even pink tents have glass ceilings: crossing the gender boundaries in pretend play', in Dau, E. (ed) *Child's Play: Revisiting Play in Early Childhood Settings*. Sydney: Maclennan and Petty.

McNee, D. (1984) 'Outdoor play in the nursery – a neglected area?', *Early Years* 4(2), 16–25.

Meadows, S. and Cashdan, A. (1988) *Helping Children Learn. Contributions to a Cognitive Curriculum*. London: David Fulton Publishers.

Mercogliano, C. (2007) *In Defense of Childhood: Protecting Kids' Inner Wildness*. Boston MA: Beacon Press.

Millard, E. (1997) *Differently Literate: Boys, Girls and the Schooling of Literacy*. London: Falmer Press.

Miller, P. (1972) *Creative Outdoor Play Areas*. New Jersey: Prentice Hall.

Miller, S. (1978) 'The facilitation of fundamental motor skill learning in young children'. Unpublished doctoral dissertation. Michigan State University.

Milligan, E. (2008) 'To what extent are there gender differences in the school playground?' MA Dissertation, University of Reading.

Mohr, S. B., Garland, C. F., Gorham, E. D., Grant, W. B., and Garland, F. C. (2008) 'Could ultraviolet B irradiance and vitamin D be associated with lower incidence rates of lung cancer?' *Journal of Epidemiology and Community Health*, Jan 2008; 62: 69–74.

Mooney, A., Creeser, R. and Mooney, A. (1990) 'Children's view on teasing and fighting in junior schools', *Educational Research* 33, (2): 103–12.

Morgan, V. and Dunn, S. (1990) 'Management strategies and gender differences in nursery and infant classrooms', *Research in Education* 44, 81–91.

Moser, T. and Foyn-Bruun, E. (2006) 'Small children condemned to freeze? The pedagogical foundations of Nature and Outdoor Kindergartens in Norway', paper presented at the 16th EECERA conference, Reykjavik, Iceland.

Moss, G., Jewitt, C., Levaaic, R,. Armstrong, V., Cardini, A., and Castle, F. (2007) *The Interactive Whiteboards, Pedagogy and Pupil Performance Evaluation: an Evaluation of the Schools Whiteboard Expansion (SWE) Project: London Challenge (Research Report RR 816)*. London: DfES.

Mostofsky, D. L. and Zaichkowsky, L. D. (2006) *Medical and Psychological Aspects of Sport and Exercise*. WV US: Inc Fitness Information Technology.

Moyles, J. (1989) *Just Playing? The Role and Status of Play in Early Childhood Education*. Milton Keynes: Open University Press.

Moyles, J. R. (1992) *Organizing for Learning in the Primary Classroom*. Buckingham: Open University Press.

Moyles, J. (2008) 'Empowering children and adults: play and child-initiated learning', in Featherstone, S. and Featherstone, P. *Like Bees, not Butterflies: Child-initiated Learning in the Early Years*. London: A and C Black Publishers Limited.

Murphy, P. (2002) 'Gendered learning and achievement', in Pollard, A (ed.) *Readings for Reflective Teaching*. London: Continuum, 323–6.

Nash, B. (1981) 'The effects of classroom spatial organisation on four- and five-year-old children's learning', *British Journal of Educational Psychology* 51,144–55.

Naylor, H. (1985) 'Outdoor play and play equipment', *Early Child Development and Care* 19, 109–30.

Neill, S. (1982) 'Open plan or divided space in pre-school', *Education 3–13* 10, Autumn, 45–8.

Neumark, V. (1997) 'Father and son reunion', *The Times Educational Supplement* 2, 13 June, 6.

Noble, C., Brown, J. and Murphy, J. (2001) *How to Raise Boys' Achievement*. London: David Fulton Publishers.

OMEP UK (World Organisation for Early Childhood Education) (2001) *Playing to Learn – the Foundation Stage*. Wolverhampton: OMEP UK.

Opie, I. and Opie, P. (1969) *Children's Games in Street and Playground*. Oxford: Claredon Press.

O'Sullivan, J. (1997) 'A bad way to educate boys', *The Independent, Education+*, 3 April, 8–9.

Ouvry, M. (2003) *Exercising Muscles and Minds: Outdoor Play and the Early Years Curriculum*. London: The National Early Years Network.

Overholser, K. M. and Pellerin, D. M. (1980) *An In-service Program in the Area of Children's Outdoor Gross Motor Playground Considerations, Design and Apparati, for the National Association for the Education of Young Children's 1980 Conference Attendees*. Conference paper,

Annual meeting of the National Association for the Education of Young Children, San Francisco, 21–4 November.

Owen, G. (1928, rev. edn.) *Nursery School Education*. London: Methuen.

Owens, P. (2004) 'Researching the development of children's environmental values in the early school years', *Researching Primary Geography* 1, August, 64–76.

Pahl, K. (1999) *Transformations: Meaning Making in Nursery Education*. Stoke on Trent: Trentham Books.

Paley, V. G. (1984) *Boys and Girls: Superheroes in the Doll Corner*. Chicago: The University of Chicago Press.

Paley, V. G. (1986) 'On listening to what children say', *Harvard Educational Review* 56(2), 122–31.

Palmer, S. (2006) *Toxic Childhood. How the Modern World is Damaging Our Children and What We Can Do About It*. London: Orion.

Parker, C. (2008) ' "This is the best day of my life! And I'm not leaving here until it's time to go home!" The outdoor learning environment', in Whitebread, D. and Coltman, P. *Teaching and Learning in the Early Years*. Abingdon: Routledge.

Parkin, J. (1997) 'Boys and girls come out to play', *The Times Educational Supplement*, Extra,13 June, VI.

Pascal, C., Bertram. T. and Ramsden, F. (1997) 'The effective early learning research project: reflections upon the action during phase 1', *Early Years* 17(2), 40–7.

Pellegrini, A. (1988) 'Elementary-school children's rough-and-tumble play and social competence', *Developmental Psychology* 24 (6): 802–6.

Pellegrini, A. D. (1991) *Applied Child Study*. New Jersey: Lawrence Erlbaum Associates.

Pellegrini, A. D. (2005) *Recess: Its Role in Education and Development*. Mahwah NJ: Erlbaum.

Pellegrini, A. D. and Smith, P. K. (1998) 'Physical activity play: the nature and function of a neglected aspect of play and social competence', *Developmental Psychology* 69 (3) 577–98.

Plaisted, L. (1909) *The Early Education of Children*. Oxford: Oxford University at the Clarendon Press.

Ploughman, N. (2008) 'Exercise is brain food: the effects of physical activity on cognitive function', Developmental Neurohabilitation, July–September, 11(3), 236–40.

Pollard, A. (2008) *Reflective Teaching*. London: Continuum International Publishing Group.

Pollard, A. and Tann, S. (1987) *Reflective Teaching in the Primary School*. London: Cassell.

Porter, H. (2005) 'Take the playground challenge', *Child Education*. London: Scholastic Publications. September, 33–6.

Postman, N. (1982) *The Disappearance of Childhood*. London: Allen.

Pound, L. (1987) 'The nursery tradition', *Early Child Development and Care* 28, 79–88.

Pugh, A. (2005) *Climbing Higher. The Welsh Assembly Government Strategy for Sport and Physical Activity*. Cardiff: Sports Policy Unit.

QCA (2000) *Curriculum Guidance for the Foundation Stage*. London: Qualifications and Curriculum Authority.

Ranzoni, P. (1973) *Considerations in Developing an Outside Area for Schools/Centers for Young Children*. Orano: University of Maine.

Richards, R. (1983) 'Learning through science', in Blenkin, G. M. and Kelly, A. V. (eds) *The Primary Curriculum in Action*. London: Harper and Row.

Roberts, R. (1980) *Out to Play: The Middle Years of Childhood*. Aberdeen: Aberdeen University Press.

Robson, M. and Hunt, K. (1999) 'An innovative approach to involving parents in the education of their early years children', *International Journal of Early Years Education* 7(2), 185–93.

Robson, S. (1996) 'The physical environment', in Robson, S. and Smedley, S. (eds) *Education in Early Childhood*. London: David Fulton Publishers, 153–71.

Rogers, S. and Evans, J. (2008) *Inside Role-Play in Early Childhood Education. Researching Young Children's Perspectives*. Abingdon: Routledge.

Ross, C. and Ryan, A. (1990) *'Can I stay in today, Miss?' Improving the School Playground*. Stoke on Trent: Trentham Books.

Rubin, K., Fein, G. and Vandenberg, B. (1983) 'Play', in Hetherington, E. M. (ed.) *Handbook of Child Psychology. Vol IV Social Development*. New York: Wiley, 693–774.

Salmon, M. (2009) 'Brainsex – a new way of learning for girls and boys', *Headteacher Update Magazine* May, summer 1, 17–18.

Sammons, P., Sylva, K., Melhuish, E. C., Siraj-Blatchford, I., Taggart, B. and Elliot, K. (2004) *Measuring the Impact of Pre-school on Children's Progress over the Pre-school Period. (The Effective Provision of Pre-School Education (EPPE) Project, Technical Paper)*. London: Institute of Education.

Seaborne, M. (1971) *The English School: Its Architecture and Organisation 1370–1870*. London: Routledge.

Schafer, M. and Smith, P. K. (1996) 'Teachers' perception of play fighting and real fighting in primary school', *Educational Research* 38 (2) 173–81.

Shackell, A., Butler, N., Doyle, P. and Ball, D. (2008) *Design for Play: A Guide to Creating Successful Play Spaces*. Nottingham: DfCSF.

Sheridan, M. D. (2008) *From Birth to Five Years Children's Developmental Progress* (3rd edn). Abingdon: Routledge.

Shield, B. M. and Dockrell, J. E. (2008) 'The effects of environmental and classroom noise on the academic attainments of primary school children', *The Journal of Acoustical Society of America* Vol 123, 1, 133–44.

Singer, D. and Singer, J. (1990) *The House of Make-Believe: Play and the Developing Imagination*. Cambridge, MA: Harvard University Press.

Siraj-Blatchford, I. (1999) 'Early childhood pedagogy: practice, principles and research', in Mortimore, P. (ed) *Understanding Pedagogy: and its Impact on Learning*. London: Paul Chapman.

Siraj-Blatchford, I. (2007) 'Looking closely at teaching. Promoting adult pedagogy and child learning in the EYFS'. *The Early Years Foundation Stage: Views from near and far*. Conference 23.1.07. Oxford University Department of Education.

Siraj-Blatchford, I. and Sylva, K. (2004) 'Researching pedagogy in English pre-schools'. 30 (5) 713–30.

Skelton, C. and Francis, F. (2003) *Boys and Girls in the Primary Classroom*. Maidenhead: Open University Press.

Smilansky, S. and Shefatya, L. (1990) *Facilitating Play: A Medium for Promoting Cognitive, Socio-Emotional and Academic Development in Young Children*. Gaithersburg, MD: Psychosocial and Educational Publications.

Smith, F. (1982) *Writing and the Writer*. London: Heinemann Educational Books.

Smith, P. K. and Connelly, K. J. (1981) *The Ecology of Pre-School Behaviour*. Cambridge: Cambridge University Press.

Sports Council (1992) *Allied Dunbar National Fitness Survey. A Summary*. London: The Sports Council and the Health Education Authority.

Steedman, C. (1990) *Childhood, Culture and Class in Britain: Margaret McMillan, 1860–1931*. London: Virago.

Stephenson, A. (2002) 'Opening up the outdoors: exploring the relationship between the indoor and outdoor environments of a centre', *European Early Childhood Research Journal*, 10, 1, 29–38.

Stevenson, C. (1987) 'The young four year old in nursery and infant classes: challenges and constraints', in *Four Year Olds in School. Policy and Practice*. Slough: NFER/SCDC, 34–43.

Stewart, D. (1989) 'Forward role', *The Times Educational Supplement*, 21 April, B2.

Stine, S. (1997) *Landscapes for Learning: Creating Outdoor Environments for Children and Youth*. New York: Wiley.

Stratton, G. (1999) 'A preliminary study of children's physical activity in one urban primary school playground. Differences by sex and season', *Journal of Sport Pedagogy* 5 (2), 71–81.

Sugden, D. and Wright, H. (1996) 'Curricular entitlement and implementation for all children', in Armstrong, N. (ed.) *New Directions in Physical Education. Change and Innovation*. London: Cassell, 110–30.

Sylva, K., Roy, C., Painter, M. (1980) *Child Watching at Playgroup and Nursery School*. London: Grant McIntyre.

Sylva, K., Melhuish, E., Sammons, P., Siraj-Blatchford, I. and Taggart, B. (2004) *The Effective Provision of Pre-School Education (EPPE) Project: Findings from Pre-school to End of Key Stage 1*. Nottingham: DfES. Ref: SSU/FR/2004/01.

Sylva, K., Siraj-Blatchford, I. and Taggart, B. (2006) *Assessing Quality in the Early Years*. Stoke on Trent: Trentham Books Ltd.

Szreter, R. (1964) 'The origins of full-time compulsory schooling at five', *British Journal of Educational Studies* XIII, 1.

TACTYC (2007) 'Research: reception year teachers most important for primary', TACTYC newsletter October 17.

Taylor, B. J. (1980) 'Pathways to a healthy self-concept', in Yaroke, T. D. (ed.) *The Self Concept of the Young Child*. Salt Lake City: Brigham Young Press.

Taylor, P. H., Exon, G., Holley, B. (1972) *A Study of Nursery Education*. London: Evans/Methuen Educational.

TeachersTV (2006) *Early Years In Action – The Learning Environment*. Number 227. 11 January, http://www.teachers.tv/video/227 (accessed 24.1.09).

Teets, S. T. (1985) 'Modification of play behaviors of preschool children through manipulation of environmental variables', in Frost, J. L. and Sunderlin, S. (eds) *When Children Play. Proceedings of the International Conference on Play and Play Environments*. Wheaton, MD: Association for Childhood Education International, 265–71.

Thomas, G. and Thompson, G. (2004) *A Child's Place*. London: Demos/Green Alliance.

Thorne, B. (1997) 'Children and gender constructions of difference', in Gergen, M. M. and Davies, S. N. (eds) *Towards a New Psychology of Gender*. London: Routledge, 186–96.

Thorne, B. (2002) 'How to promote co-operative relationships among children', in Pollard, A (ed) *Readings for Reflective Teaching*. London: Continuum, 318–20.

Tizard, B., Philps, J., Plewis, I. (1976a) 'Play in pre-school centres – I. Play measures and their relation to age, sex and IQ', *Journal of Child Psychology and Psychiatry* 17, 251–64.

Tizard, B., Philps, J., Plewis, I. (1976b) 'Play in pre-school centres – II. Effects on play of the child's social class and of the educational orientation of the centre', *Journal of Child Psychology and Psychiatry* 17, 265–74.

Tizard, B., Philps, J., Plewis, I. (1977) 'Staff behaviour in pre-school centres', *Journal of Child Psychology and Psychiatry* 18, 21–33.

Tovey, H. (2007) *Playing Outdoors. Spaces and Places, Risk and Challenge*. Maidenhead: Open University Press.
Trevarthen, C. (1994) *How Children Learn Before School*. Lecture Text. London: British Association for Early Childhood Education, 2 November.
Ungar, M (2007) *Too Safe for their own Good: How Risk and Responsibility Help Teens Thrive*. Toronto: McClelland and Stewart.
Van Liempd, I. (2005) Making use of space: theory meets practice, *Children in Europe* 8, 16–17.
Visser, J. G. and Greenwood, I. G. (2005) 'The effects of playground games, as agents for changing playground ethos, on playground disputes', *Education* 3–13. June 27–30.
Vogele, C. (2005) 'Education', in Kerr, J., Weitkunat, R. and Moretti, M. *ABC of Behavior Change. A Guide to Successful Disease Prevention and Health Promotion*. Philadelphia: Elsevier Churchill Livingstone.
Vygostsky, L. (1967) 'Play and its role in the mental development of the child', *Soviet Psychology*, 5(3), 6–18. (Original work published 1966).
Vygotsky, L. (1978) *Mind in Society. Development of Higher Psychological Processes*. Cambridge, MA: Harvard University Press.
Waite, S. and Rea, T. (2006) *Pedagogy or Place?: Attributed Contributions of Outdoor Learning to Creative Teaching and Learning*. Paper presented at the British Educational Research Association Annual Conference University of Warwick 6–9 September 2006, http://www.leeds.ac.uk/educol/documents/162159/htm (accessed 18.10.2007).
Walden, R. and Walkerdine, V. (1986) 'Characteristics, views and relationships in the classroom', in Burton, L. (ed.) *Girls into Maths Can Go*. London: Holt, Rinehart and Winston.
Walkerdine, V. (1996) 'Girls and boys in the classroom', in Pollard, A. (ed.) *Readings for Reflective Teaching in the Primary School*. London: Cassell, 298–300.
Walkerdine, V. and Lucey, H. (1989) *Democracy in the Kitchen: Regulating Mothers and Socialising Daughters*. London: Virago.
Walsh, P. (1991) *Early Childhood Playgrounds. Planning an Outside Learning Environment*. NSW: Pademelon Press Pty Ltd.
Walsh, P. (1993) 'Fixed equipment – a time for change', *Australian Journal of Early Childhood* 18(2), 23–9.
Walsh, P. (1998) *Best Practice Guidelines in Early Childhood Environments*. Sydney: NSW Department of Community Services.
Webb, L. (1974) *Purpose and Practice in Nursery Education*. Oxford: Blackwell.
Wells, G. (1987) *The Meaning Makers. Children Learning Language and Using Language to Learn*. London: Hodder & Stoughton.
Wetton, P. (1983) 'Some observations of interest in locomotor and gross motor activity in nursery schools', *PE Review* 6(2), 124–9.
Wetton, P. (1988) *Physical Education in the Nursery and Infant School*. London: Routledge.
Wetton, P. (1998) 'Physical development in the early years', in Siraj-Blatchford, I. (ed.) *A Curriculum Development Handbook for Early Childhood Educators*. Stoke on Trent: Trentham Books Limited.
Whalley, M. (1996) 'Working as a team', in Pugh, G. (ed.) *Contemporary Issues in the Early Years* (2nd edn). London: Paul Chapman Publishing.
Whalley, M. (1997) *Working with Parents*. London: Hodder Education.
Wheeler, O. and Earl, I. (1939) *Nursery School Education and the Re-organization of the Infant School*. London: University of London Press.
Whitbread, N. (1972) *The Evolution of the Nursery-Infant School*. London: Routledge and Kegan Paul.

Whitebread, D. (2000) *The Psychology of Teaching and Learning in the Primary School*. Abingdon: Routledge.

Whitebread, D. (2008) *Play and Learning: Psychological Perspectives*. TACTYC Conference PP. 8.11.08.

Whitebread, D. and Coltman, P. (2008) *Teaching and Learning in the Early Years* (3rd edn). Abingdon: Routledge.

Whitebread, D., Pasternak, P., Sangster, C. and Coltman, P. (2007) 'Non-verbal indicators of metacognition in young children', *Iskolakultura* 11 (12), 82–91.

Whitebread, D., Anderson, H., Coltman, P., Page, C., Pasternak, D. P. and Mehta, S. (2005) 'Developing independent learning in the early years', in *Education 3–13*, March, 40–50.

Whitebread, D., Dawkins, R., Bingham, S., Aguda, A. and Hemming, K. (2008) 'Our classroom is like a little cosy house!', in Whitebread, D. and Coltman, P., *Teaching and Learning in the Early Years*. Abingdon: Routledge.

Whitehurst, J. (2001) 'How the development of high quality outside areas for reception children can promote play and personal, social and emotional learning'. Unpublished MA dissertation, University of Hertfordshire.

Whitney, I. and Smith, P. (1993) A survey of the nature and extent of bullying schools', *Educational Research* 35, (1), 3–25.

Whyte, J. (1983) *Beyond the Wendy House: Sex Role Stereotyping in Primary Schools*. York: Longmans for Schools Council.

Williams-Siegfredsen, J. (2005) *The Competent Child: Developing Children's Skills and Confidence Using The Outdoor Environment: A Danish Perspective*. Paper presented at the British Educational Research Association Annual Conference, University of Glamorgan, 14–17 September 2005, http://www.leeds.ac.uk/educol/documents/143308.htm (accessed 18.10.07).

Wood, D. (1988) *How Children Think and Learn*. Oxford: Blackwell.

Wood, D. (1998) *How Children Think and Learn: The Social Contexts of Cognitive Development* (2nd edn). Oxford: Blackwell Publishers.

Wood, E. and Attfield, J. (1996) *Play, Learning and the Early Childhood Curriculum*. London: Paul Chapman Publishing.

Wood, L. and Bennett, N. (1997) 'The rhetoric and reality of play: teachers' thinking and classroom practice', *Early Years* 17(2), 22–7.

World Health Organisation (WHO) (1981) *Global Strategy of Health for All by the Year 2000*. Geneva: WHO.

Wragg, E. C. (1993) *Class Management*. London: Routledge.

Wragg, E. C. (1997) 'Oh Boy!', *The Times Educational Supplement* 2, 16 May, 4–5.

Wragg, E. C. and Brown. G. A. (2001a) *Questioning in the Primary School* (2nd edn). Abingdon: Routledge.

Wragg, E. C. and Brown. G. A. (2001b) *Explaining in the Primary School* (2nd edn). Abingdon: Routledge.

Yerkes, R. (1982) 'A playground that extends the classroom', Report: ERIC ED239802.

Yilmaz, S. and Bulut, Z. (2007) 'Analysis of user's characteristics of three different playgrounds in districts with different socio-economical conditions', *Building and Envrionment* 42 (10): 3455–60.

Zaichkowsky, L. D., Zaichkowsky, L. B., Martinek, T. J. (1980) *Growth and Development: The Child and Physical Activity*. London: C V Mosby.

后 记

我总是记得在哈克尼一个温暖的周一早晨,达伦(Darren)的母亲冲进来并说:"达伦已经会写自己的名字了。你没有教他,而我也没有教他。"我把这件事当成是一种恭维。达伦和他的朋友詹森(Jason)常常在户外的花园中玩耍,但是当他们需要户外游戏所需的材料时都会使用室内空间。达伦按照本书中所描述的使用室内区域的方式,在四岁半就成功地"写出"了自己的名字。他的母亲看过我在学习与教学的环境中与达伦一起游戏和工作,所以她并不认为我已正式教他了。

室内与户外一起构成了一个完整的幼儿园学习与教学的环境。当达伦离开家去学校时,他的母亲见识到了户外游戏的能量。

改进实践可采取本书提及的一些小步骤。只有通过这些小步骤,才能实现大的飞跃。